科思论丛　本书由中国劳动和社会保障科学研究院资助出版

ZHONGGUO
GONGSHANG BAOXIAN
ZHIDU JIANSHE YU
FAZHAN YANJIU

中国工伤保险制度建设与发展研究

张军　著

中国劳动社会保障出版社

图书在版编目(CIP)数据

中国工伤保险制度建设与发展研究/张军著. -- 北京：中国劳动社会保障出版社，2018

ISBN 978-7-5167-3631-9

Ⅰ.①中… Ⅱ.①张… Ⅲ.①工伤保险-保险制度-研究-中国 Ⅳ.①F842.616

中国版本图书馆 CIP 数据核字(2018)第 163526 号

中国劳动社会保障出版社出版发行

(北京市惠新东街 1 号 邮政编码：100029)

*

北京市艺辉印刷有限公司印刷装订 新华书店经销

787 毫米×1092 毫米 16 开本 25.25 印张 251 千字

2018 年 7 月第 1 版 2018 年 11 月第 2 次印刷

定价：88.00 元

读者服务部电话：(010) 64929211/84209101/64921644

营销中心电话：(010) 64962347

出版社网址：http://www.class.com.cn

前言

从 1951 年《中华人民共和国劳动保险条例》(以下简称《劳动保险条例》)颁布算起，我国工伤保险已有 60 多年的发展历史。在一个甲子年中，劳动者的职业伤害经历了由企业保障到社会保险的巨大变化。1993 年，中国共产党第十四届三中全会通过的《中共中央关于建立社会主义市场经济体制若干问题的决定》提出，要“普遍建立企业工伤保险制度”。1996 年，劳动部根据经济改革的需要，在总结各地实践经验和借鉴国际做法的基础上制定颁布了《企业职工工伤保险试行办法》，提出实行工伤社会保险模式，建立工伤保险基金，实行工伤社会化管理。2003 年，国务院颁布了《工伤保险条例》，首次以单项行政法规的形式明确工伤社会保险的制度模式和内容，为制度运行提供了法律保障。2010 年 10 月 28 日，第十一届全国人民代表大会常务委员会第十七次会议通过了《中华人民共和国社会保险法》(以下简称《社会保险法》)，该法第四章共有 11 个条款对工伤保险内容进行了规范，构建了我国工伤保险法律制度的基本框架。依据《社会保险法》的规定，2010 年 12 月 20 日国务院公布《关于修改〈工伤保险条例〉的决定》，2011 年 1 月 1 日修订后的《工伤保险条例》开始实施。

我国现行的工伤保险制度以《社会保险法》和《工伤保险条例》为法律依据，基本构建起了工伤预防、待遇补偿和工伤康复三位一体的制度体系，全面保障了职工的工伤权益，有效分散了用人单位的职业风险，发挥出了社会“稳定器”和经济“助推器”的作用。但是，随着我国全面改革的深化，发展理念的转变，产业结构的调整，互联网经济的涌现，工伤保险制度正面临着新挑战，而在新形势下我国现行工伤保险制度也暴露出一些自身的不足和不适宜之处。

笔者长期从事工伤保险理论和政策研究，一直密切跟踪和分析工伤保险制度及政策的实施情况。基于此，在尊重我国工伤保险制度的发展历史，借鉴国际经验的基础上，对完善我国工伤保险制度作了一些思考。同时，围绕工伤保险制度建设与发展过程中存在的一些重点、难点问题进行了专题探讨，如工伤预防、工伤康复理念的建立及推行问题，公务员的工伤保障问题，工伤保险先行支付政策的实施问题，48小时突发疾病死亡条款的认定问题等。在大量研究的基础上，笔者提出今后一段时期我国工伤保险制度的发展应以习近平总书记在党的十九大报告中提出的“完善工伤保险制度”为出发点，按照社会保障兜底线、织密网、建机制的要求，坚持以工伤职工为中心的思想，以建立工伤预防、待遇补偿和工伤康复相结合的多层次工伤保障制度体系为发展方向和目标，努力实现广大职业劳动者都有相应制度保障，进一步优化待遇保障结构，切实保证工伤人员能够得到及时的医疗救治和基本的生活保障，增强工伤人员的获得感和幸福感。同时，积极促进用人单位自觉防控工伤事故，最大程度维护劳动力资源，合理分担用人单位的工伤风险，充分体现出工伤保险的制度价值和社会价值，为促进社会和谐稳定和经济发展发挥积极作用。

本书在写作过程中得到了人力资源和社会保障部工伤保险司、社会保险事业管理中心领导和同志们的许多业务帮助，在此表示衷心感谢。同时，非常感谢中国劳动和社会保障科学研究院金维刚院长及汪泽英、刘璐、李常印、米海杰、郭婕等同志提供的支持和对本书作出的贡献。

由于笔者水平有限，书中难免有疏漏之处，敬请广大读者批评指正。

著者

2018 年 6 月

目 录

第一篇
完善我国工伤保险制度研究（主报告）

工伤保险是对劳动者职业伤害的保障，是以工业生产为诞生基础，现已成为世界上覆盖国家最多、较为成熟的一项社会保障制度。我国工伤保险制度从建立到改革发展走过了60多年的历程，现行的工伤保险制度以医疗救治和生活保障为主要内容，同时注重工伤预防和工伤康复，已初步构建起了工伤预防、待遇补偿和工伤康复三位一体的制度体系，全面保障了职工的工伤权益，有效分散了用人单位的工伤风险，发挥出了社会“稳定器”和经济“助推器”的作用。但是，随着我国全面改革的深化，发展理念的转变，产业结构的调整，互联网经济的涌现，工伤保险制度正面临着新挑战，而在新形势下我国现行工伤保险制度暴露出了一些自身的不足和不适宜之处。根据党的十九大报告中提出的完善工伤保险制度的要求，基于我国工伤保险制度的历史发展及现实基础，同时借鉴国际经验及发展主流趋势，笔者现就完善我国工伤保险制度提出一些建议，目的是为我国工伤保险制度更加符合经济社会发展的需要，推进工伤保险事业更加健康、可持续地发展，充分实现制度的自身价值和社会价值做贡献。

一、我国工伤保险制度发展历程及基本规律

（一）我国工伤保险发展历程

1. 工伤待遇由企业和劳动保险基金共同承担阶段

1951 年 2 月 25 日，政务院颁布《劳动保险条例》，这是新中国第一部包括养老、医疗、生育等保险项目在内的综合性法规，也是我国有关工伤保险内容最早的行政法规，其中第十二条涉及的是工伤待遇内容。该条款明确规定工伤保险的保障对象主要为国营企业职工，工伤待遇保障责任由企业和劳动保险基金共同承担。同时规定工伤职工的诊疗费、药费、住院费、住院时的膳费与就医路费由企业负担。因工造成伤残的工伤职工由残废审查委员会审定确定伤残等级后，根据伤残等级程度，由劳动保险基金支付相应津贴待遇。根据有关统计，截至 1952 年年底，全国实行《劳动保险条例》的企业有 3 861 个，职工有 302 万人，包括供养直系亲属在内约有 1 000 万人次享受了各项劳动保险待遇，共支付保险待遇 17 亿元[①]。《劳动保险条例》确立的工伤待遇保障制度，保障了工伤职工及其家庭的基本生活，为新中国生产建设和工业发展提供了重要的制度保障。

① 数据来源：于欣华. 中国工伤保险制度的演进.《现代职业安全》，2014—01—15

2. 工伤待遇由企业保障阶段

1969 年 2 月，财政部发布《关于国营企业财务工作几项制度改革意见（草稿）》，规定国营企业一律停止提取工会经费和劳动保险金，企业的退休职工、长期病号工资和其他劳保开支，改在企业营业外列支。该意见同时取消了由国家统筹管理用于企业间调剂使用的保险基金，工伤待遇所需的费用全部由企业负担，工伤风险由社会和企业共同承担转为完全由企业承担。1977 年 12 月，轻工业部、财政部、国家劳动总局发布《关于手工业合作工厂劳动保险福利待遇标准和劳保费用列支问题的通知》，依然强调不得提取劳动保险基金，按照企业成本直接从营业外列支。在随后的近 20 年时间里，工伤待遇的保障责任一直由企业全部承担。

3. 工伤社会保险阶段

1993 年，中国共产党第十四届三中全会《关于建立社会主义市场经济体制若干问题的决定》提出，要建立企业职工工伤保险制度。1996 年，劳动部根据经济改革的需要，在总结各地实践经验和借鉴国际做法的基础上制定颁布了《企业职工工伤保险试行办法》（劳部发〔1996〕266 号），提出建立工伤社会保险制度，建立社会统筹基金，实行工伤职工社会化管理。作为配套政策，劳动部、卫生部、全国总工会研究制定了《职工工伤与职业病致残程度鉴定标准》（GB/T 16180—1996），由国家技术监督局发布，同年 10 月 1 日起正式实施。

2003 年，国务院颁布了《工伤保险条例》，首次以单项行政法规的形式明确工伤社会保险的制度模式和内容，为制度运行提供了法律保障。为了推动工伤社会保险制度的实施，原劳动和社会保障部先后制定了《工伤认定办法》《因工死亡职工供养亲属范围规定》《非法用工单位伤亡人员一次性赔偿办法》《职工工伤与职业病致残程度鉴定标准》（GB/T 16180—2006）等一系列配套文件和标准，形成了工伤保险的政策体系。

2010 年 10 月 28 日，第十一届全国人民代表大会常务委员会第十七次会议通过了《社会保险法》，该法第四章共有 11 个条款对工伤保险进行了规范，构建了我国工伤保险法律制度的基本框架。依据《社会保险法》规定，2010 年 12 月 20 日国务院公布《关于修改〈工伤保险条例〉的决定》，2011 年 1 月 1 日新修订的《工伤保险条例》实施。《工伤保险条例》修订后，人力资源和社会保障部陆续制定或修订了一系列配套政策，例如：修订了《工伤认定办法》《部分行业企业工伤保险费缴纳办法》《非法用工单位伤亡人员一次性赔偿办法》，制定了《实施〈中华人民共和国社会保险法〉若干规定》《社会保险基金先行支付暂行办法》等，工伤保险的法律体系不断完善。2011 年 4 月 22 日，第十一届全国人民代表大会常务委员会第二十次会议修正了《中华人民共和国建筑法》（以下简称《建筑法》）和《中华人民共和国煤炭法》（以下简称《煤炭法》），解决了这两部法律与《工伤保险条例》在实施中存在的冲突和相互掣肘的问题。2011 年 12 月 31 日，第十一届全国人民代表大会常务委员会第二十四次会议又通过了《关于修改〈中华人民共和国职业病防治法〉的决定》，修正了《中华人民共和国职业病防治法》（以下简称《职业病防治法》）的相关内容。这一系列的立法和修法行为，为建立具有中国特色的工伤保险制度奠定了坚实的基础。

（二）我国工伤保险发展规律

总结我国工伤保险制度的演变及发展历程，呈现出以下规律：

1. 工伤保险制度发展紧紧跟随我国社会经济改革的步伐

中华人民共和国成立之初至20世纪80年代是我国计划经济时期，生产单位以国有企业为主，辅有少量的集体企业。在这个时期，工伤保险制度的覆盖范围主要是国有企业，集体企业参照国有企业的工伤保险政策实行。20世纪80年代，我国进入社会经济改革时期，探索实行多种经济形式并存，除了国有企业、集体企业外，出现了合资、外资、私营、个体等企业形式。为了适应生产经营企业形式多样化的趋势，各地进行了工伤保险改革探索。1996年，在总结各地实践经验的基础上，劳动部出台了《企业职工工伤保险试行办法》，不分类型将我国境内的所有企业纳入工伤保险范围，有劳动关系的企业职工都是制度的保障对象。2010年，国务院颁布的《工伤保险条例》再次扩大覆盖范围，将事业单位、社会团体、民办非企业单位、基金会、律师事务所、会计师事务所等组织的职工纳入工伤保险制度保障范围。

自《企业职工工伤保险试行办法》实施以来，我国工伤保险制度深受劳动法的影响，劳动关系成为劳动者获得工伤保险保障的基本前提。工伤保险将事业单位和社会团体的劳动者作为保障对象，意味着我国工伤保险覆盖范围从以劳动关系为调整模式，转为以劳动关系为主体、以人事关系为辅助的调整模式。

2. 保障范围根据发展需要而不断扩大

工伤保险制度是以待遇保障为起点建立的，在最初的发展阶段主要是以医疗救治和经济补偿为主。随着社会经济的发展及劳动者对生命权、健康权的重视，单纯的以待遇补偿为主的工伤保险制度已经无法满足广大劳动者的需要。在德国第一个建立工伤预防、待遇补偿和工伤康复相结合的工伤保险制度后，这种三结合的制度模式被广泛认同，也被我国所借鉴。20 世纪 90 年代，我国工伤保险制度开始以德国为模本，进行了工伤预防、待遇补偿和工伤康复相结合模式的尝试。虽然在 20 世纪 90 年代末，由于我国行政体制设置原因，三结合的模式没有坚持下去。但是，值得欣慰的是，“十一五”时期，我国明确提出了工伤预防、待遇补偿和工伤康复相结合的工伤保险制度发展目标，修订后的《工伤保险条例》以法规的形式再次明确工伤保险要走三结合的发展道路。至此，工伤保险的保障范围得到扩展，从单一的待遇补偿，扩展到预防和康复领域。这一转变不仅仅是保障范围的扩大，更是对工伤保险制度理解的一次重要提升，标志着工伤保险保障范围从以职业伤害为标界，转为以保障劳动者职业安全健康为出发点和目标。这是认识和理念的转变，也是“以人民为中心”思想的具体体现。新型工伤保险制度是以劳动者为核心，以保护劳动者不遭受职业伤害为第一目标，以使工伤职工得到有效康复，恢复身体功能和回归社会为第二目标，以为工伤职工提供医疗救治和基本生活保障为基础保障。

3. 保障水平随着经济发展水平的提高而适时调整

工伤保险设立之初的目的和主要功能在于给予遭受职业伤害人员以及时的医疗救治和基本的生活保障，因此工伤保险待遇分为两大类，一是医疗救治，二是经济补偿。1951年《劳动保险条例》规定的工伤保险待遇是由企业行政或资方全部承担工伤职工的治疗费、药费、住院时的膳费及就医路费，并规定在医疗救治期间职工工资照发，在医疗期满或伤情处于相对稳定状态后，需要安装假腿、假手、义眼的，其所需费用全部由企业方面负担。职工完全或部分丧失劳动能力后，由劳动保险基金支付相关伤残待遇。这一规定奠定了我国工伤保险确定待遇内容和待遇水平的基本思路，即凡是涉及工伤医疗救治方面的费用基本上是全额支付，涉及生活保障的费用则与工伤职工伤残程度及本人受伤或工亡前的工资收入相关联。

1996年《企业职工工伤保险试行办法》规定工伤医疗费、护理费、伤残抚恤金、一次性伤残补助金、残疾辅助器具费、丧葬补助金、供养亲属抚恤金、一次性工亡补助金均由工伤保险基金支付。2003年颁布的《工伤保险条例》提高了工伤保险待遇标准，增加了一次性医疗补助金和一次性就业补助金，将“因工残废抚恤费”“因工残废补助费”“伤残抚恤金”等，改称为“伤残津贴”。用“津贴”替代“抚恤”，意味着工伤保险理念的变化，获取工伤保险待遇不再是国家给予劳动者的福利，而是劳动者的权益。2010年新修订的《工伤保险条例》提高了一次性伤残补助金的计发月数，大幅度提高了一次性工亡补助金的水平，进一步增强了制度的补偿功能。

总结历年工伤保险待遇的调整，基本上都是向上提高待遇而没有向下降低过待遇。工伤待遇水平的提高着重从三方面进行：一是，通过增加待遇项目从而提高待遇总体水平。如增加一次性伤残补偿金、一次性医疗补助金、一次性就业补助金等项目。二是，在单项上提高待遇水平。如提高各伤残等级的一次性伤残补助金的计发月数，大幅度提高一次性工亡补助金水平。三是，建立起长期待遇的定期调整机制。根据我国经济发展水平、物价水平等指标的变化，大多数省市每年或每两年对伤残津贴、供养亲属抚恤金、生活护理费等待遇进行调整，使领取长期待遇的伤残职工及供养亲属能及时分享社会经济发展成果，增强了他们的获得感和幸福感。

（三）评价

1. 取得的成就

纵观我国社会保险事业的发展，工伤保险无疑是社会保险中法律体系最为完善、制度建设最为规范的保险制度之一。尤其是经过近十几年来的改革与发展，我国工伤保险在制度建设、覆盖范围、待遇水平和管理服务能力方面均取得了重大进展。

（1）制度建设成效显著，三位一体的工伤保险制度体系架构已基本形成。“十一五”期间，我国根据工伤保险发展的需要和国际工伤保险的主流趋势，确立了工伤预防、待遇补偿和工伤康复相结合的发展目标。在待遇补偿基础上，扩展了制度内容，提升了工伤保险制度的视野，从更高、更广的角度，全面保障广大职工的安全健康。2007

年，劳动和社会保障部办公厅发布了《关于印发加强工伤康复试点工作指导意见的通知》，2009 年印发了《关于开展工伤预防试点工作有关问题的通知》，以试点的形式在全国范围内启动工伤预防和工伤康复工作。2013 年，人力资源和社会保障部印发了《关于进一步做好工伤预防试点工作的通知》和《关于进一步做好工伤康复试点工作的指导意见》，要求各地进一步做好工伤预防和工伤康复试点工作。截至 2016 年，全国有 54 个地市开展了工伤预防试点工作。经过几年的实践，试点工作成效初显，很多地区呈现出工伤预防意识提升、工伤保险参保率上升、工伤事故率下降“两升一降”的良好态势，受到了用人单位和职工的普遍好评。工伤康复试点工作稳步推行，全国已有 160 多家工伤康复定点机构，仅 2016 年全国就有 5.1 万人次进行了工伤康复。

2011 年，借助《社会保险法》实施的有利时机，《煤炭法》和《建筑法》进行了修正，明确规定了煤矿企业和建筑施工企业应当依法参加工伤保险，原规定必须参加的意外伤害保险改为鼓励企业自愿参加。根据《社会保险法》和新修订的《工伤保险条例》要求，人力资源和社会保障部陆续制定和修订了《部分行业企业工伤保险费缴纳办法》《工伤认定办法》《非法用工单位伤亡人员一次性赔偿办法》《社会保险基金先行支付暂行办法》《工伤预防费使用管理暂行办法》等配套规章，进一步完善了工伤保险政策体系。

（2）参保人数大幅增加，高风险行业实现全覆盖。2003 年《工伤保险条例》颁布后，工伤保险制度在全国范围内全面推行，所有省份都实施了工伤社会保险。参保人数快速增长，由 2003 年的 4 500 万人，增加到 2016 年的 21 889 万人，13 年间增加了近 5 倍，目前我国参加工伤保险的人数规模超过了其他工业化国家。重点推进了高危行业和企业参保，先后推行了“平安计划”“同舟计划”，国有高危企业已全部参保，新开工的建筑项目基本上做到了全员参保。重点推进了农民工参保，取得显著成效，截至 2016 年年底，农民工参保人数达到 7 510 万人，大多数与用人单位建立相对稳定劳动关系的农民工都参加了工伤保险。事业单位参保工作进展顺利，截至 2016 年年底，事业单位参保人数达到 2 880 万人。除此之外，部分省市还在探索将公务员纳入工伤保险，北京、天津、上海、河北、云南、海南等 18 个省（市）已将公务员和参照公务员法管理的事业单位工作人员纳入工伤保险制度的覆盖范围。图 1—1 所示为 2004—2016 年我国工伤保险参保人数情况。

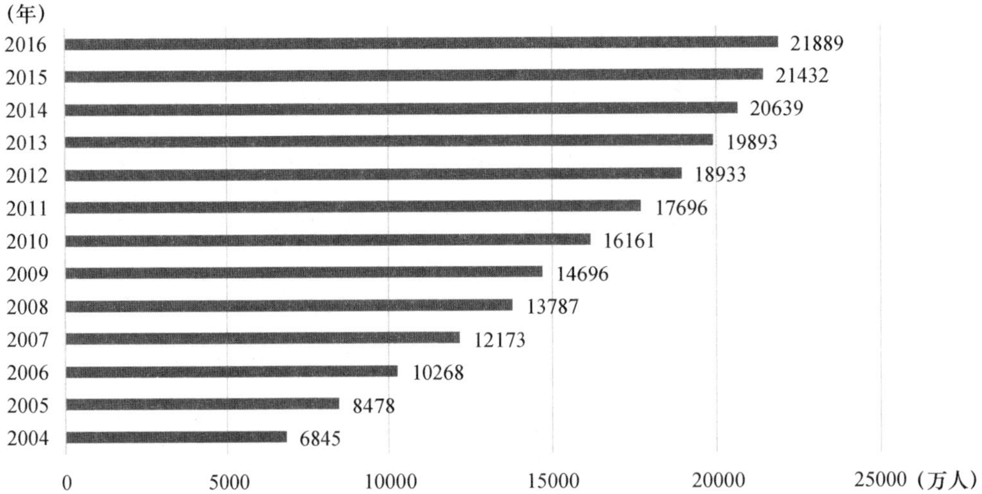

图 1—1　2004—2016 年我国工伤保险参保人数情况

（3）基金保障能力增强，待遇水平稳步提高，工伤保险基金规模收入不断扩大。2016 年全国工伤保险基金收入达到 737 亿元，累计结存 1 410.9 亿元，有 98%以上的地市实现了市级统筹，有 11 个省份实现了省级统筹，30 个省份建立了储备金，截至 2016 年年底全国储备金规模达到 239 亿元，增强了工伤保险基金的抗风险能力，确保了工伤保险制度的平稳运行。2010 年修订的《工伤保险条例》提高了工伤保险待遇水平，提高了伤残津贴标准，特别是大幅度提高了一次性工亡补助金标准。2016 年，全国人均一次性工亡补助金达到 58.2 万元，人均一次性伤残补助金为 29 383 元，人均伤残津贴为每月 2 675 元，切实保障了工伤职工及工亡职工供养亲属的基本生活。

（4）解决了历史遗留问题，数百万"老工伤"人员纳入工伤保险统筹管理。从 2010 年开始，通过工伤保险基金承担、企业趸缴部分费用、各地财政资金补助的"三家抬"办法，将全国 312 万国有企业"老工伤"人员纳入了工伤保险统筹管理，基本解决了长期影响社会稳定的突出的历史遗留问题，保障了"老工伤"人员的工伤医疗和基本生活。

（5）工伤保险管理服务能力不断提升，为制度运行提供了组织和技术保障。2010 年颁布的《社会保险法》第三十六条第二款规定："工伤认定和劳动能力鉴定应当简捷、方便"。在该原则指导下，2010 年修订的《工伤保险条例》进一步简化了工伤认定程序，提高工作效率。首先，缩减了工伤认定时间。社会保险行政部门对受理的事实清楚、权利义务明确的工伤认定申请，工伤认定决定作出时间从 60 日缩减为15日。其次，减少工伤认定争议处理程序，行政复议被设置为选择性程序，一定程度上缩减了工伤认定时间，提高了工伤认定效率。另外，一些省市建立了工伤认定的快捷通道，对于一些工伤事实清楚、工伤医疗费在一定金额以下的工伤申请，采取直接认定及支付待遇的做法，大大减少了工伤职工及用人单位的事务负担。

建立了工伤认定、劳动能力鉴定和管理经办三支队伍，为工伤保险管理服务提供了机构和人员保障。制定了工伤保险经办技术标准、经办业务流程和各项管理办法，使工伤保险管理不断规范化。通过协议管理，规范了工伤医疗、康复、配置辅助器具的服务行为，建立起服务机构准入和退出机制。

加强了信息化建设。大多数省市区按照“金保工程”的要求，实现了工伤保险数据的联网上传。一些地区实现了智能监控，对工伤定点医疗机构进行实时监管。通过多种信息管理手段，工伤保险管理服务能力不断提升，为参保职工享受优质便捷服务提供了技术支撑。

2. 存在的问题

在看到成绩的同时，也要不断查找工伤保险制度建设中存在的问题。只有坚持问题导向，对制度发展中存在的问题不断思考、研究，并加以解决，才能不断完善我国工伤保险制度，使工伤保险事业上一个新的台阶。毕竟我国工伤保险制度建立发展的时间不长，需要一个不断改革完善的过程。从当前看，工伤保险制度建设存在的问题主要表现在以下几个方面。

（1）二元结构影响工伤保障的公平性。1951年《劳动保险条例》

确定了企业职工工伤实行劳动保险模式。与此同时，政务院、内务部先后颁布了《革命烈士家属革命军人家属优待暂行条例》《革命残废军人优待抚恤暂行条例》《革命军人牺牲、病故褒恤暂行条例》《民兵民工伤亡抚恤暂行条例》《关于全国各级人民政府、党派、团体及所属事业单位的国家工作人员实行公费医疗预防的指示》《国家工作人员公费医疗预防实施办法》等一系列法律规章，形成了各级人民政府、党派、团体及所属事业单位等工作人员以及革命军人通过公费医疗制度解决工伤医疗问题，通过抚恤制度解决生活保障问题的"公伤"保障制度。企业职工的"工伤"与国家工作人员的"公伤"在适用范围、认定机构、认定标准、评残等级以及补偿标准等方面都有很大差别，其核心差别在于公务员的公伤保障属于社会福利和社会抚恤的范畴，而工伤保险属于社会保险制度。这种由于所在工作单位性质不同形成的工伤保障二元结构模式，至今仍是我国工伤保障的基本模式。

随着工伤保险事业的推进，工伤二元保障格局的坚冰正在逐渐消融，已有部分省市将公务员纳入工伤保险制度范围。但是，由于没有明确的法律政策规定，不少地区面临着缺乏上位法支撑的无法可依问题，在操作中也面临着公务员中"老工伤"人员如何纳入，工伤保险待遇与民政伤残抚恤如何衔接等具体问题。从目前形势看，公务员已具备纳入工伤保险制度的条件，将公务员和参照公务员法管理的事业单位工作人员纳入工伤保险制度应是大势所趋，也是宪法规定的公民享受平等物质帮助权利的体现。

（2）工伤预防、待遇补偿和工伤康复三大制度内容发展不均衡。

从理想的角度讲，工伤保险首要功能不是提供经济补偿，而应该是在工伤事故未发生之前提供预防干预，一旦发生工伤，首先要积极地进行治疗和采取有效的康复措施，最大限度地保护工伤人员的生活及劳动能力，最后才是给予经济性保障。

由于我国多年来对工伤预防和工伤康复的认识和定位有一个反复过程，导致工伤预防和康复工作进展较为缓慢。受试点城市数量的限制，目前多数地区仍没有开展工伤预防工作。即使是已开展了工伤预防的地区，多数正处于起步的初期阶段，还没有产生出预期的效果。工伤康复虽然起步早于工伤预防，但是从各地开展的情况看，主要开展的是医疗康复，对职业康复涉及较少。另外，即使是医疗康复，一些地区也无法做到先康复、再补偿，而是享受待遇后再进行康复，失去了开展工伤康复的真正意义。

（3）工伤保险与商业保险的关系没有厘清。从伤害情形看，工伤保险与商业意外伤害保险的保障范围有一定重合之处，都是对伤害情形给予保障。而从一些国家的做法看，也有通过商业保险的形式对职业伤害进行保障的，因此说工伤保险和商业保险在保障范围和保障手段上有一定的共通性。从工伤保险的实践看，一些地区的工伤保险机构正在通过购买服务等方式与商业保险进行合作，在工伤认定的调查取证、劳动能力鉴定受理等环节上借助于商业保险公司的力量。但是在工伤保险和商业保险如何划分边界、如何合作的问题上，在国家层面还缺乏一个清晰认识和准确把握，导致一些地区在与商业保险公司合作时底线不守、界限不清、责任不分。

（4）有一定数量的应保未保人员，距实现人员全覆盖还有差距。目前，在工伤保险法定覆盖范围内的职工还有一部分人员没有参保，主要集中在小微企业及有雇工的个体工商户。小微企业特别是服务行业的小微企业，由于人员流动性大，且多数是微利经营，因此参保率较低。有雇工的个体工商户由于人员较为分散，缺乏组织管理，主动参保的较少，而社保部门对其参保扩面投入精力较大、成本较高，收效却有限，因此有雇工的个体工商户几乎是工伤保险参保的盲点。另外，目前还有一定数量的农民工没有参加工伤保险，乡村地区企业参加工伤保险的人数也相对较少。除此之外，公务员参加工伤保险问题还没有解决，灵活就业人员、新业态从业人员也需要有工伤保障的制度安排。

（5）工伤保险保障结构不够合理。现行工伤保险的保障范围包括七种认定工伤情形和三种视同工伤情形。认定工伤情形主要是按照与工作有直接关系的标准划分，既包括在工作时间和工作场所内因工作原因受到伤害的“三工”情形，也包括从事与工作有关的预备性或者收尾性工作受到事故伤害情形，因工外出期间由于工作原因受到伤害或者发生事故下落不明情形，在上下班途中受到非本人主要责任的交通事故或者城市轨道交通、客运轮渡、火车事故伤害情形。视同工伤情形一般与工作没有直接关联，如在工作时间和工作岗位突发疾病死亡或者在48小时之内经抢救无效死亡情形。在实践中，对“三工”原因导致伤亡的工伤认定一般没有太大争议，但对上下班途中受到非本人主要责任而发生的交通事故及48小时突发疾病死亡这类情形的争议较大，主要原因在于这类情形的“三工”属性不明显，且受一定的个人因素影响。另外，对于这些情形的发生，用人单位是无法控制的。针对实践中存在的这些问题，有必要对现行工伤保险保障结构进行进一步优化，使其更加科学合理。

（6）市级统筹无法解决部分地市的工伤风险。尽管近年来人力资源和社会保障部一直在指导各地提高统筹层次，成绩也十分显著，绝大多数地区已经实现了市级统筹。但就工伤保险来说，市级统筹还是没法解决一些地区的工伤风险。如中、西部地区，由于地市间经济状况、行业分布差异较大，有的地市工业人口少，基金抗风险能力弱，无法应对重特大事故带来的风险，在市级统筹的层级下仍难以抵御重大的工伤风险及保持基金收支平衡，需要进一步提高统筹层级。

（7）管理服务能力与社会需求有一定差距。近年来工伤保险经办机构一直非常重视工伤保险的管理服务，也取得了很大成效。但是从不断提升管理服务水平的自身要求看，从广大参保单位和职工的需求看，工伤保险的管理服务还存在着一定的差距，存在着信息化程度低、经办效率有待提高等问题，尤其是在对工伤人员人性化服务方面还较为欠缺。

二、工伤保险制度建设和发展的外部环境影响及内部需求

（一）影响工伤保险发展的因素

工伤保险不仅仅是一项社会保险制度，同时也是受经济、社会、

文化等多种因素影响的综合反映。从工伤保险性质和内容看，影响工伤保险制度发展及目标确定的因素主要有：

1. 工业化的影响

工伤保险是因工业而建立的，也就是说没有工业就没有工伤保险，因此工伤保险与工业化生产的关系最为密切。在工业化早期，工伤保险是以待遇补偿为主，主要是因为当时在工厂劳动的多为男性，一旦受伤失去工作能力，不但医疗费用是个大问题，而且其家庭也会失去经济来源，生活水平要大幅下降。工伤保险制度建立之初是针对这一社会问题设计的，以保证工伤人员得到及时的医疗救治和伤后必要的生活保障，从而减少劳资冲突、维护社会稳定。欧洲国家在制度发展到一定时期后，认识到工伤事故是可以防控的，而且不发生工伤是最经济、最根本的办法，因此工伤预防成为工伤保险制度的重要内容。德国是最早将工伤预防引入工伤保险制度的国家，从 20 世纪 50 年代，德国工伤事故开始呈下降趋势，随后其将工伤康复内容也纳入制度范围，构架起了预防、康复和补偿三位一体的制度体系，也形成了一预防、二康复、三补偿的“三步曲”工作程序。在欧美国家进入工业化后期，由于生产设备的安全性能大大提高及第一、二产业大量外移等因素，工伤事故大大减少，英国煤矿业生产已出现年度零死亡统计，德国现在的生产事故反而低于上下班途中的交通事故。

工伤保险制度重心随着工业化的不同进程而有所变化。工业化的前、中期主要是以待遇补偿为主，进入工业化中期工伤预防开始得到重视，工业化中、后期工伤康复则成为重点。

2. 社会文化背景的影响

各国所选择的制度模式与其社会文化背景也有很大关联性。美国作为典型的移民国家又是自由主义盛行的国家，各种不同文化观念和行为方式碰撞、交织在一起，加之联邦的政治体制，也就确定了美国工伤保险制度是以州立法为基础并组织开展实施。欧洲有关国家由于工会的发展历史深厚，行业工会具有很大的话语权，形成了非常有特色的工会文化，因此这些国家的工伤保险在政策制定、费率确定、待遇保障等方面，行业工会的参与度都非常高。而德国深受日耳曼文化的影响，其缜密严谨的作风在工伤保险的管理服务上也表现得淋漓尽致。

3. 思想意识的影响

社会对工伤保险的认识和理解有一个过程。许多专家认为德国工伤保险制度的成功不仅在于其完善协调的管理，而且还在于其先进的制度理念。由于工伤保险是从待遇补偿开始的，因此许多人认为工伤保险的职责就是待遇补偿。事实上，工伤保险制度内容是从待遇补偿逐步扩展的。因此说，工伤保险是发展的制度。从单一的待遇补偿向预防、康复、补偿相结合的转变有一个过程，在这个过程中与社会对工伤保险制度的认识和理解不断深入有密切关系。总体上说，首先工伤保险保障的是由于生产事故导致伤残的劳动者，是社会所同情的群体，因此各国对工伤人员都给予了最完整的法律和制度保障，给予了高于养老保险、医疗保险的待遇保障。其次大多数国家认为要通过预防干预和费率调控，最大限度地减少工伤事故。我国从 20 世纪 90 年代起开始重视工伤预防，虽然其间有过对工伤保险实施工伤预防行为的不同意见，但是修订后的《工伤保险条例》最终明确了工伤预防的内容，说明我国已经认识到了在工伤保险制度中实施工伤预防的必要性。

4. 经济发展水平的影响

国家的经济水平是工伤保险待遇水平确定的一个重要标尺，而经济水平是通过工资收入具体体现的，包括在职职工工资平均水平和个人收入两个具体标准。我国长期以来把握的是：与个人生活水平相关的待遇，如伤残津贴、遗属抚恤金等以伤亡职工本人的工资收入为基数计发，以保证职工本人及供养亲属不因伤残（亡）而大幅降低原有的生活水准。与个人生活水平没有直接关系的待遇则以当地职工社会平均工资为基数计发，如护理费、丧葬费等，使同一区域内的工伤职工用同一标准享受公共资源。修订后的《工伤保险条例》又增加了一个待遇计发基数，即城镇居民可支配收入，用于对特定待遇，即一次性工亡补助金的计发，以做到“同命同价”。

工伤保险待遇是随着经济发展水平的提高而提高的，尤其是对长期待遇建立了定期调整机制，随着职工社会平均工资、物价指数等指标的上涨而进行调整，使工伤职工可以及时分享经济发展成果，保持基本生活水平不下降。但工伤待遇也不是越高越好，各国在计发工伤保险待遇时都秉持着工伤保险是保障而非赔偿的原则。生命是无价的，任何经济赔偿都不能对等生命的价值，因此多数国家工伤保险制度都是坚持对工伤人员给予终身保障。工伤保险待遇的计发通常有一些参照系，如在职职工工资水平、养老金水平、最低生活保障水平等指标。在我国，还要考虑烈士抚恤标准、军人抚恤标准等。

总之，各国的工伤保险待遇都是坚持保障适度原则。既要保障职工因工伤残后收入不过多降低，影响伤后的生活水平，又不能因伤残而获益，产生负面导向作用。因此，多数国家坚持政府主导实施的多项补偿待遇间不双重或多重给付。

（二）促进我国工伤保险制度发展的内部驱动力

未来一段时期是我国全面深化改革的重要时期，工伤保险事业面临着新的发展机遇和一系列的有利条件。一是党中央、国务院高度重视保障和改善民生，坚持以人民为中心的发展思想，为工伤保险事业发展提供了政治保障；二是我国经过改革开放以来近40年的发展，经济总量已超过80万亿元，为工伤保险事业奠定了物质保障；三是《社会保险法》和《工伤保险条例》的实施，为工伤保险事业的发展提供了法律保障；四是随着金保工程、社会保障卡发放、全民参保登记等工程的全面实施，工伤保险管理服务能力进一步提高，为工伤保险事业的发展提供了技术保障。但是，在新形势下我国工伤保险事业发展还将面临一些新情况和新挑战，需要加以应对和妥善处理。

1．经济发展新常态产生新影响

随着经济结构的不断优化升级，工伤保险扩面资源正经历着结构性调整。一方面，去产能、调结构等政策的实施，煤炭矿山、制造业等传统行业面临着优胜劣汰的调整，工伤保险在传统行业的参保扩面空间有所收窄；另一方面，“放管服”一系列重大战略政策的实施，服务业发展空间将被进一步释放，形成工伤保险新的重点扩面资源。经济发展态势和产业结构的变化趋势，要求工伤保险在参保扩面工作上作出相应的调整及侧重点的转移。同时，在减轻用人单位负担、增强企业活力的大背景下，工伤保险面临着费率下调和待遇刚性上涨的双重压力，需要发挥浮动费率机制的灵活性，加强精细化管理，将基金收支控制在合理水平。

2. 新的就业形态不断涌现带来新问题

随着以互联网为依托的平台经济的迅猛发展，不断催生出分享经济、众创、众包等新型就业形态，形成了新业态就业群体；随着农业劳动合作社化，职业农民队伍不断形成；随着已退休人员再就业人数的增多，非劳动关系劳动者的职业风险保障诉求在增加。新的就业形态的用工非正规化特性，给现行工伤保险制度带来了巨大挑战，需要工伤保险开拓思路、积极创新，作出适应性调整，妥善解决新业态从业人员的工伤保障问题。

3. 科技进步新发展出现新机遇

移动互联网等信息技术发展，推动了政府管理服务效能的提高，为工伤保险工作提供了良好的机遇和解决问题的途径。信息系统的广泛应用及对大数据的积累和分析，可支撑工伤保险重大政策的决策，提高决策的科学化、规范化水平，并可在费率政策落实、待遇调整、基金管理、案例分析、工伤预防、工伤康复等方面发挥重要作用。

4. 社会治理新要求启发新思路

党的十八届四中全会强调坚持系统治理、依法治理、综合治理、源头治理，提高社会治理的法治化水平。工伤保险工作以贯彻落实《社会保险法》和《工伤保险条例》为主线，坚持依法行政，有力地保障了工伤职工和用人单位的合法权益。特别是工伤保险畅通行政救济渠道的制度设计，正是落实党中央所倡导的依法解决争议和矛盾的基本举措。因此，进一步加强工伤保险法治化建设，特别是对一些重点难点问题的综合治理和风险管理，有利于进一步提高工伤保险的依法行政水平。

5. 职业健康危害的新变化带来新挑战

（1）职业危害的地域分布有所变化。随着产业结构的战略调整，劳动密集型产业、低端加工产业向内地和中西部地区梯次转移，东部沿海地区传统的职业危害风险将下降，而中西部地区在经济发展的同时，工伤事故和职业病可能会同步上升，这使得中西部地区将面临工伤事故多发和基金收支平衡的双重压力。

（2）职业伤害类型更加多样化。受基础产业结构、管理水平、劳动者素质等因素影响，未来一段时间，我国的职业伤害类型主要还是机械伤害和尘肺病。但是，随着国家大力推进经济增长方式转变和在工作场所实施更加严格的劳动安全和职业病防护措施，这些传统类型的职业健康风险会逐渐减少，而新的工作和生活方式带来的一些新的职业健康风险会有所上升。此外，随着机关、事业单位逐步纳入工伤保险覆盖范围，其职业健康风险也会出现一些不同于企业单位的新特点，如由于工作压力导致的精神疾患，由于长期办公室工作导致的颈脊椎及视力疾患等，这类办公室类疾病是否属于职业病范畴也是需要研究的。

（3）历史遗留的职业病问题将有所突显。据估计，在我国大约有2亿多劳动者有过职业病危害接触史。由于有的职业病潜伏期长，特别是尘肺病潜伏期可长达二三十年，因此未来一段时期我国职业病可能仍是高发状态。由于很多有职业病危害接触史的人过去没有参保，有的已经流动到其他地方，变换了多家用人单位，有的已返乡回家务农多年，有的下岗失业多年，有的已经退休，总之情况非常复杂，解决起来难度很大，涉及劳动关系确认、工伤认定、劳动能力鉴定以及待遇补偿等一系列问题。但如果处理不当，则会影响到社会稳定的大局。近些年来，河南省农民工张海超“开胸验肺”事件、湖南耒阳和张家界籍农民工因尘肺病在深圳追讨补偿的群体性事件，以及发生在江西省修水县和武宁县500多人的矽肺病事件等，都曾在全国引起很大反响。因此，应妥善解决历史遗留的职业病问题。

6. 保护劳动力资源要求做好工伤预防和工伤康复工作

改革开放以来，我国经济的迅速发展在一定程度上得益于巨大的人口红利。但是，随着我国人口老龄化加速、劳动年龄段人口所占比例不断下降，我国面临着从劳动力过剩到短缺的转折，目前一些地区出现的“民工荒”，倒逼劳动力价格上涨就是实证。在我国，劳动力资源越来越珍贵，对劳动力的保护也越来越重要，而工伤预防和工伤康复是保护和修复劳动力资源的一个有效手段。因此，加强工伤预防和康复不仅是工伤保险制度发展的需要，同时也是今后一段时期社会经济发展的需要。

7. 工伤管理服务需求提出更高要求

工伤保险的服务对象是特殊群体也是弱势群体，是最需要社会关爱的群体，因此工伤保险的管理和服务需要融入更多的人文关怀，同时对管理服务质量和效率也有更高的标准。工伤保险经办部门需要多换位思考，从工伤职工的角度设计工作流程、制定管理办法，提高经办服务的社会化、人性化和便捷化程度，以更好地满足工伤职工的需要。

三、国际工伤保险制度发展规律及方向

（一）历程概述

世界工伤保险发展的历史，主要经历了三个阶段。

1. 个人承担职业风险阶段

欧洲工业化早期，由于劳动条件差、机器设备简陋，职业伤害不断发生，恶性工伤事故及急性职业中毒事故屡见不鲜，但因工业生产造成的伤害并没有引起社会的足够重视。18 世纪英国著名的经济学家亚当·斯密（Adam Smith）在他的“风险承担理论”中这样认为，给工人规定的工资标准中，已包含了对工作岗位危险性的补偿，而工人自愿与雇主签订了合同，那就意味着他们是自愿接受了危险，接受了补偿这种风险的收入。因而，工人理应负担其在工作过程中因发生工

伤事故而蒙受的一切损失。这一理论风行于早期资本主义时代，成为雇主推卸工伤责任的理论依据。20 世纪前，欧美国家的生产工人要个人承担在工作岗位遭受伤害所造成的一切损失。

2. 雇主过失赔偿阶段

随着市场经济的发展，机器生产所导致的工伤事故日益增多，伤害程度不断加剧，工人不仅要承受身体伤害所造成的痛苦，还要承受由此带来的沉重的经济负担。随之而来的是工人维护自身利益的呼声越来越强烈，由此引发的工人运动愈演愈烈，职业伤害成为严重的社会问题。19 世纪 80 年代，英国国会被迫通过了《雇主责任法》，这一法案开启了雇主过失赔偿的先河。

英国、美国的普通法规定，雇主必须提供合理的安全工作场所，如果做到这一点，雇主可以免于对工伤事故的责任。如果受伤的雇员能在法庭上证明雇主确有过失，雇主则要承担其伤害造成的部分损失。一般情况下，工人很难得到雇主的赔偿，原因为：第一，雇主经济上处于优势，可以聘请到更好的律师为其辩护。第二，雇员很难拿到雇主过失的证据。现实中，很少有人甘于冒丢失工作的危险为受伤雇员出庭作证。第三，雇主可以很容易证明受伤雇员自身存在问题。根据有过失学说及工友协同原则，只要雇主通过他人证明受伤工人是由于自身疏忽造成事故，就可以逃避责任。第四，当上述办法都失效时，雇主还可以通过证明受伤雇员对工作岗位的危险性有事先的了解和认知，也可以免责。因此，按照民法的规定和程序，受伤害者很难得到应有的赔偿，也难以解决工伤引发的社会问题。多数情况下，受伤雇员会选择和雇主在庭外和解，雇主往往只需要支付很少的钱就可以了事。

3. 无责任补偿阶段

由于《雇主责任法》使受伤者很难得到赔偿，导致欧洲工人运动不断爆发。而随着社会的发展，法律思想也发生了深刻变化。在侵权法领域，出现了无过错责任原则。19世纪末，法国、德国、英国等国家开始认同“职业危险”原则，即：凡是利用机器或雇员体力从事经济活动的雇主或机构，就有可能造成雇员受到职业方面的伤害；意外事故无论是由于雇主的疏忽还是由于受伤害者或同事的粗心大意，甚至雇主根本不存在什么过失，雇主都应进行赔偿。这一原则最重要的变化是坚持了“补偿不究过失原则”，即“无责任补偿原则”。

无责任补偿原则与职业危险原则应用于工业伤害领域，代表着雇主责任制的开始。1884年，德国首创了“无责任赔偿”的工伤保险法，即《工伤事故保险法》。依照此项法案，工人受到工业伤害而受伤、致残、死亡，不管过失出自哪里，雇主均有义务赔偿工人的经济损失。其后，奥地利、捷克斯洛伐克、挪威、芬兰、英国、爱尔兰、法国、西班牙、丹麦、瑞典等国家都迅速地制定了无责任补偿的工伤保险法。从此，“无责任补偿原则”便盛行开来，成为现行工伤保险制度建设的一项铁的原则。

20世纪初，美国一些州制定了类似的工人赔偿法律。1902年马里兰州第一个制定了《工人赔偿法》，但1904年被州法院裁定为违宪而作废。蒙大拿州和纽约州于1910年制定类似的法律，也被认定为违宪。第一批被法院确认的工人赔偿法律是1911年由加利福尼亚、新泽西、华盛顿和威斯康星等州通过的法律。到1920年，美国一半以上的州有了类似立法。1948年，密西西比州作为最后一个州也完成了立法，至此，美国历经半个世纪完成了工人职业伤害的法律保护工作。美国各州的职业伤害赔偿的法律内容虽不尽相同，但也存在一些相同点。一是，对雇员的范围有所限定。一般把农场工人、慈善机构雇员及临时工排除在适用范围之外。二是，大多数州规定了享受待遇的等待期。一般为一个星期，这样可以减少如皮外伤等小伤的费用支出。三是，待遇给付和伤情程度相关联。各州根据死亡、永久性全部伤残、永久性部分伤残、临时性部分伤残等情形给予不同金额的赔偿。伤情越严重，赔偿金额就越多。

工伤保险在历经百年的历史中，是在不断发展中走向成熟的。在这一过程中，工人的抗争，工会组织的不懈努力，政府的参与支持发挥了重要作用。同时，工伤保险思想体系的形成和不断完善，也丰富了工伤保险理论。

（二）发展规律

虽然说各国的社会背景不同、经济发展水平不同，导致工伤保险制度有所差异，但是工伤保险的发展脉络总体上说较养老保险、医疗保险等社会保险项目更清晰，各国对工伤保险的发展方向和目标基本是一致的。基于这点，工伤保险发展存在许多共同规律。

1. 制度发展规律

（1）覆盖范围逐步扩大，从产业工人逐步扩大到职业劳动者。工伤保险制度因工业化而起，各国覆盖范围最初基本上是从产业工人开始，经历了一个逐步扩大范围的过程。1885 年德国工伤保险创建之初，也是从部分工业行业开始逐步发展到所有雇员，1942 年覆盖了全部企业，1971 年德国私营和公共部门各类人员被这一制度覆盖，至此从工人、学徒工、政府工作人员，银行、保险业、律师事务所管理服务业职员，到个体经营者、家庭手工业者以及中小学生甚至幼儿园儿童都纳入了制度保障范围，实际上已从工伤保险过渡到伤害保险。

一些国家工伤保险制度建立之初限定了企业的规模、范围。如韩国实施之初规定工伤保险的适用范围是 500 人以上的矿业、制造业企业。意大利工伤保险最初的保障范围仅限于 28 种危险性劳动。随着时间的推移和社会的进步，人们认识到所有的劳动都有危险，工伤保险的保障范围因此不断扩大。1987 年韩国工伤保险扩大到雇员 5 人以上的所有企业。1917 年，意大利颁布第 1450 号法律将工伤保险扩展到农业。目前，意大利将家务劳动、手工劳动、脑力劳动、农业劳动（包括直接耕种、林业、畜牧业）都纳入了工伤保险的保障范围。还有一些国家为某一类人群制定了单独的保障制度，如法国对农业工人和农场主有特殊政策规定，荷兰对自营就业者有专门的强制职业伤残保险。

（2）保障范围逐步扩大，从事故伤害扩展到职业病、上下班交通事故。19 世纪末，工业引发的事故极为严重，但多是机器设备等外力造成的肢体损伤。欧洲建立工伤保险的国家也首先是对外力事故方面的伤害进行经济赔偿或补偿。1925 年德国修正工伤保险法时，将 11 种职业病列入保险范围，同时将上下班交通事故也纳入了工伤保险的保障范围。同年，国际劳工组织把铅中毒、汞中毒、炭疽病感染三种疾病列入工伤范围，到1980年被国际劳工组织列入职业病的疾病种类已经达到29种。目前各国纳入工伤保险保障范围的职业病已达150种，一些国家把“鼠标手”“过劳死”等现代白领病纳入职业病范围，韩国对工作中发生的性骚扰也给予工伤赔偿。将上下班交通事故纳入保障范围的国家有韩国、俄罗斯、芬兰、菲律宾等50多个国家。

（3）制度内容逐步扩大，从待遇补偿入手逐步扩展为预防、补偿、康复相结合。工伤预防、工伤康复通常被认为是遏制工伤事故的第一道和第二道防线，而工伤待遇补偿是最后一道保障屏障，因此加强工伤预防和工伤康复是非常重要和必要的。德国在1881年3月8日提交《帝国保险法》，1882年修改时加入了工伤预防的内容，1884年通过的《帝国保险法》已经涵盖了工伤预防的内容。1963年，德国在《事故保险规定法案》中明确提出“工伤预防优先”的口号。德国是较早提出工伤预防内容的国家，对于大多数国家来说，在制度建立的初期基本上都是以待遇补偿为主，随着社会经济的发展，逐步增加了工伤预防和工伤康复的内容。1929年，国际劳工组织曾倡导由工伤保险机构赞助或投资，以合作方式实施工伤事故预防，并于1964年通过了《工伤事故和职业病津贴公约》（第121号），其中明文规定：“每个成员国必须制定工业安全与职业病预防条例。”医疗康复一般都不是单独存在的，多数国家医疗康复和工伤抢救治疗紧密结合，早期康复介入对减小伤残率提供了很大的帮助，因此医疗康复包括辅助器具的配置在许多国家实施较早。20世纪50年代国际劳工组织倡导职业康复，以便使残疾人恢复合适的工作。各国也在致力于使伤残职工重返工作岗位，如韩国建立了以工伤人员职业康复为主的劳动福利事业，对伤残人员进行印刷、缝制、美术、各种木工艺和金属工艺加工等多种职业训练，以帮助伤残人员获得重新就业或自谋职业所需的劳动技能。现今工伤待遇补偿已不是工伤保险制度单一的内容，工伤预防、职业康复的加入不仅使工伤保险制度的内容更加丰富，更是对工伤保险制度认识的升华，全面保障劳动者职业健康是三结合的根本目的，目前德国等国家的工作重心已经发生了转移，事故预防和伤后重返就业岗位成为重点。

2. 待遇发展规律

（1）待遇项目基本统一，各国在主要项目设置上没有太大差异。各国工伤保险支付给个人的待遇主要包括两大类：一是医疗救治费用给付，二是伤残亡待遇给付。伤残亡待遇的给付包括一次性待遇给付和永久性待遇给付。除此之外，根据伤残程度和需要，还有护理费、就医交通费等项目。工伤保险除了支出给个人的待遇外，还有一些公共支付项目，如工伤预防费的支出，职业康复费、社会康复费的支出等。在个人待遇给付项目方面，各国间差异不大，而一些公共支出项目则与本国工伤保险制度的发展程度相关，欧洲工伤保险制度成熟的国家公共项目的支出比例大大高于发展中国家。

（2）待遇水平逐步提高，各项待遇随着社会经济水平提高而逐步提高。由于工伤保险待遇，尤其是长期抚恤待遇关系到伤残人员及工亡人员供养亲属的生活水准，多数国家采取定期或不定期调整的办法，不断提高伤残津贴待遇水平，以确保伤残人员及工亡人员供养亲属的生活能维持在一定的水平。

（三）经验总结

1. 各国对工伤保险制度有共同的认同感

首先，对工伤人员普遍报以同情。工伤保险制度的保障对象特殊，是健康的劳动者因事故原因而造成暂时或永久丧失劳动能力，对于这部分人群，社会报以更多的是同情，因此给予工伤人员良好的保障是各国一致奉行的。其次，共同遵守无责任补偿原则。在工伤保险发展史上，曾经出现过过失责任补偿和无过失责任补偿的短暂之争，而“职业风险理论”的提出使争论尘埃落地。该理论认为：“凡是利用机器或劳动者体力从事经济活动的雇主或机构就可能造成劳动者受到职业方面的伤害，意外事故无论是由于雇主的疏忽，还是由于受害人同事的粗心大意，甚至根本不存在什么过失，雇主也应进行补偿。雇主支付职业伤害补偿金是一笔日常开支，就像是修理和维护设备的保养费和给职工工资一样。”“职业风险理论”得到了许多国家的认同，以致国际劳工组织在其报告中这样写道：“还没有哪一种学说有这么大的力量，使之在如此短暂的时间里被这么多国家所接受。”基于“职业风险理论”形成的无过失补偿制度奠定的工伤保险制度的基本原则，也成为工伤保险不同制度模式共同遵守的准则。

2. 工伤保险先行国家奠定了良好的制度基础

德国是最早建立工伤保险制度的国家，也是最早建立工伤预防、待遇补偿和工伤康复制度体系的国家。从建立之初到当今的发展延着从待遇补偿，扩展到工伤预防，再扩展到工伤康复这样一个发展路径。以现在的眼光看，这样的制度模式依然是先进的、可持续发展的，已成为当今工伤保险发展的主流趋势。德国同业公会专家认为，德国的工伤保险制度其基本制度与方法在产生之后基本没有改变，经历了战争时期、通货膨胀、经济萧条，以及1948年的货币改革，不但制度幸存，而且一直能提供保险待遇和运行，这其中归功于引入了预防的理念，工伤预防发挥了重要作用。工伤保险基金里只有8%花在预防上，却可以减少和控制工伤保险基金的总体支出规模。德国的模式在欧洲被迅速仿效，最后在美洲、亚洲乃至非洲传播。目前有66%的国家建立了工伤社会保险制度，多数国家沿着先预防、后康复、再补偿的轨迹在推动工伤保险制度的发展。正是有了像德国等国家成熟且成功的经验，使得工业化较晚国家有了学习借鉴的机会。而另一方面在历史上亚非国家许多是欧洲的殖民地，因此在工伤保险制度上与欧洲国家相近，一定程度上扩大了对德国式工伤保险的认同度。

3. 国际劳工组织起到了积极的推动作用

国际劳工组织的宗旨是促进社会公平和国际公认的人权和劳动权利，并建立和提供有关工作的世界理论体系。自成立以来，国际劳工组织向各成员国宣传和推进劳工权利及劳工健康安全的保障，积极促进工伤保险制度的发展。国际劳工组织主要是通过公约和建议书的形式，推进各国改善劳工工作状况，保障劳动者的权利，督促向被伤害劳工提供及时和适当的补偿。其主要贡献为：一是推进各国工伤保险制度的建立，扩大工伤保险覆盖范围；二是确定补偿的标准和比例，形成待遇框架的趋同性；三是推进“工伤预防、工伤康复和工伤补偿”三结合的制度框架，提倡工伤预防和工伤康复的介入；四是促进工伤保险同等待遇，以适应劳动力流动及经济全球化。

4. 多领域共同作用促进工伤保险发展

由于工伤保险涉及的内容和范围很广，与许多领域的业务内容都有关联，如工伤预防内容与安全生产管理有较多关联，工伤的抢救治疗离不开医疗机构，工伤人员的康复需要康复机构的积极配合，工伤人员康复后需要安排再就业等。另外，工伤保险和社会保险的其他项目也密切相关，如伤残津贴待遇与养老金待遇有平衡和衔接的问题，工伤的治疗与医疗保险的医疗范围有边界划分的问题。因此说，工伤保险不但要注重自身的发展，还要处理好与相关部门和领域的关系，更要与相关部门保持密切联系，形成工作合力，共同促进工伤保险事业的发展。

5. 严格监管促使工伤保险有效实施

各国从工伤申报，到抢救治疗，到康复，到给付待遇都有严密完整的工作程序。如英国、日本、阿根廷等国都有完善的工伤事故和职业病的申报系统，发生工伤事故后，用人单位必须及时申报，否则会受到重罚。美国的工伤保险虽然采取的是商业化运作方式，但政府却从未放松监管：通过经济性监管，确保保险公司的赔付能力；通过社会性监管，促使用人单位对工伤事故及职业病进行防控并采取积极的预防措施。

（四）发展趋势

1. 制度目标趋同化

从工伤保险制度的运行方向看，各国改革的目标都是向实现预防、康复和补偿并重的体系化制度发展。虽然从理论上讲，工伤保险制度应当是工伤预防、待遇补偿和工伤康复三者的结合体，但是现实中要真正实现三者的有机结合并非易事。从各国的发展轨迹看，都是经历了漫长的调整和完善过程。如：阿根廷工伤保险制度改革的重要原因之一就是原来的工伤保险在工伤预防方面的能力不足。在1996年的改革中，阿根廷为克服工伤预防不力的弊病，新的工伤保险法建立了严格的工伤预防制度，规定保险机构必须对投保企业进行安全生产方面的检查和指导，严格了职业伤害申报制度，以便政府机构及时掌握工伤信息。利用费率手段刺激企业进行工伤预防也是各国控制工伤事故的共同手段之一。再如：美国、阿根廷和澳大利亚等国家，行业分类多达500多个，工伤保险费率等级也相应增加到500多个，奖惩分明，从而对企业发挥了良好的安全激励作用。总之，各国工伤保险制度在调整和改革的过程中都是逐渐地实现由赔偿的单一功能向预防、补偿和康复的多功能并进的目标发展。

2. 保障人群最大化

从各国的参保范围看，纳入制定保障范围的人群是有所不同的。覆盖人群较大的主要是欧美国家，基本上实现了职业劳动者全覆盖，覆盖人群较小的集中在发展中国家，覆盖范围主要是产业工人和有稳定职业的劳动者。由此看来，工伤保险的覆盖范围与社会经济发展水平和工业化程度有着密切的关系。但总体看，工伤保险制度的覆盖人群有一个由小到大不断扩展的过程，从产业工人扩大到非产业人员，从稳定就业的劳动者扩大到灵活就业的劳动者，从城镇就业人员扩大到农业劳动者，从陆地就业人员扩大到海洋工作者。覆盖范围不断扩大的目的是使更多的劳动者能得到制度的保障，享有保障权益。德国目前已经把中小学生纳入了工伤保险的保障范围，突破了传统的工伤保险理念。从严格意义上讲，德国现在实施的应是强制性全民伤害保险。

3. 管理服务人性化

对于工伤保险来说，由于服务对象主要是工伤人员，因此提供人性化、便捷化的管理服务是非常重要和必要的。在此方面，各国都采取了一些针对性措施，归纳起来主要有：一是注重服务态度，从语言表达到服务态度更加注重平等和尊重，让工伤人员感受到温暖。二是增强服务设施适应性。根据工伤人员的身体特点设置服务设施和服务方式，如在服务场所设置坡道、自动开关门、供轮椅上下的电梯等，另外减少柜台式服务设计，建立面对面沟通方式等。三是追求服务信息化。为了减少工伤人员往返于服务机构的舟车劳顿，所有的申报手续、业务经办及咨询尽量通过网络、电话、信函等方式完成，待遇给付及机构间转账则是通过银行等公共服务机构完成。

四、完善我国工伤保障制度的设想

基于我国社会经济发展水平，根据我国工伤保险制度的基础及发展轨迹，借鉴各国工伤保险制度的发展经验和发展趋势，现提出未来一段时期我国工伤保障制度的发展目标和具体任务。

（一）总体目标

按照党的十九大提出的社会保障兜底线、织密网、建机制的要求，以职业劳动者为中心，建立保障内容齐全、相互促进的工伤预防、待遇补偿和工伤康复相结合的多层次工伤保障制度体系，见图1—2。充分保障职业劳动者的工伤权益，分散用人单位的工伤风险，促进社会和谐稳定；工伤保险制度覆盖到所有用人单位，所有职业劳动者都有相应制度的安排；建立与经济发展水平相适应的工伤保险待遇保障机制，提供多元化保障，增强工伤人员在共建共享发展中的获得感和幸福感；加强具有人性化的工伤保险服务体系建设，建立运行高效、服务便捷、监管有力的管理系统，确保工伤保险基金运行平稳，促进工伤保险事业健康、可持续发展。

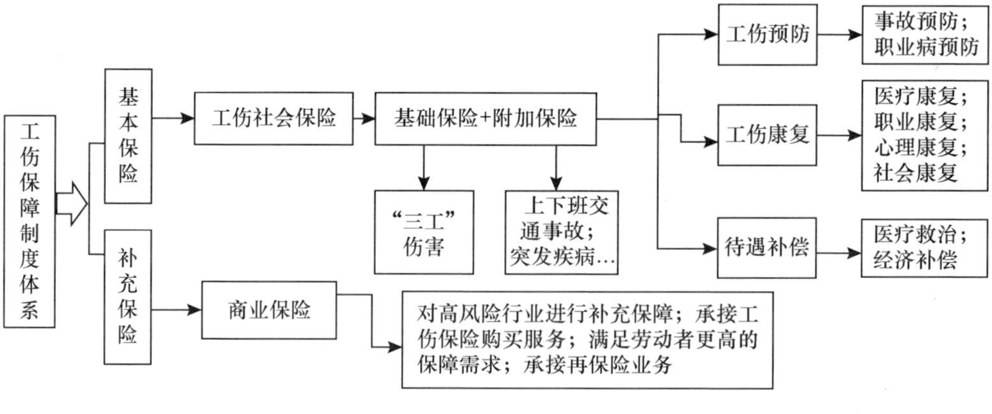

图1—2　工伤保障制度体系框架图

（二）遵循的原则

1. 权利与义务对等原则

享受工伤保险待遇是法律赋予每一个职业劳动者的权利，同时按时缴纳工伤保险费也是用人单位应尽的义务，两者缺一不可。工伤保险要始终坚持权利与义务对等原则，坚持先参保后享受待遇，鼓励各类用人单位及职业劳动者依法参加工伤保险，确保职业劳动者享有工伤保障权益。

2. 基本保险和补充保险相结合原则

以工伤保险作为基本保险，坚持全覆盖、保基本的原则，广大职业劳动者都应享有法定的工伤保险，在待遇保障范围内工伤人员享有同等待遇标准。以商业保险作为补充保险，在参加工伤保险的基础上，为职业劳动者提供更高水平保障或特定保障。商业补充保险的缴费水平与保障水平相对应，缴费水平越高，保障水平越高。通过以工伤保险为基本，以商业保险为补充的多层次工伤保障制度体系满足广大职业劳动者多元化的保障需求。

3. 统筹兼顾，突出重点原则

坚持以待遇保障为重点，工伤预防和工伤康复共同发展的基本思路。完善待遇保障政策，确保包括“老工伤”人员、农民工群体在内的工伤人员得到及时的医疗救治和基本的生活保障。加强工伤预防工作，从源头控制工伤事故，最大程度降低工伤风险。加强工伤康复工作，帮助伤残职工最大程度恢复生活能力，促进伤残职工回归社会，实现再就业。

4. 保障水平与经济发展水平相适应原则

工伤保险的待遇水平应与经济发展水平、社会平均工资等社会发展指标挂钩，既要保证工伤人员伤后的基本生活水平，也要保证领取长期工伤待遇的人员可分享社会发展成果，增强其获得感和幸福感。同时，也要防止超越社会经济发展水平和用人单位经济承受能力的过度保障，影响工伤保险制度的健康发展。对于部分用人单位和职业劳动者更高的工伤保障需求，可以通过商业补充保险给予满足。

5. 管理服务与制度建设并重原则

我国工伤保险在经历了制度建立、全面推动的进程后，制度建设已基本完成，形成了较为完善的工伤保险法律政策体系。而随着参保人群不断扩大及工伤保险政策深入人心，广大用人单位及参保人员对工伤保险管理服务水平的要求将会不断提高。因此，在继续完善工伤保险制度政策体系的同时，应加强管理服务能力的建设，坚持以工伤人员为本，牢固树立服务意识，不断提高管理服务专业化、人性化、便捷化的能力和水平。

（三）主要任务

1. 以工伤保险为基本，以商业保险为补充，建立多层次工伤保障制度体系

坚持工伤保险保基本原则，逐步建立以工伤保险为基本，以商业保险为补充的多层次工伤保障制度体系。在工伤保险项目和内容的基

础上，发挥商业保险的补充作用，构建“基本+补充”的体系架构，形成多层次保障格局，满足广大职业劳动者多元化的保障需求。

(1) 继续完善工伤社会保险制度，确保法定覆盖范围内的职业劳动者都享有工伤保险权益，实现全员参保。

(2) 科学划分工伤社会保险和商业保险的边界，确定国家法定保险和商业保险的职责范围，形成多层次的工伤保障架构。

(3) 发挥商业保险优势，研究确定商业保险在工伤保障制度体系中的发展空间。通过商业保险的补充作用，满足职业劳动者及用人单位更多、更高的保障需求。

2. 以待遇保障为重心，加快推进工伤预防和工伤康复工作

今后一段时期，我国工伤保险仍应以待遇补偿为主，同时应加强工伤预防、工伤康复工作，形成以工伤待遇补偿为主体，以工伤预防、工伤康复为两翼的三位一体的工伤保险制度体系。

(1) 确定符合我国国情的工伤预防、待遇补偿和工伤康复三项内容的结构布局，全面保障劳动者的职业风险。

(2) 继续完善工伤待遇保障政策。根据《社会保险法》和《工伤保险条例》要求，进一步完善工伤待遇保障政策，制定配套的规范和标准。

(3) 完善工伤事故与保险费率挂钩机制，用经济手段强化用人单位的工伤预防责任。重点开展对高风险行业、单位和岗位的工伤预防工作。指导各地完善费率浮动办法，建立工伤保险费率定期调整机制。

(4) 建立用人单位工伤风险评估系统，促进工伤预防。利用工伤

保险信息系统，对参保单位的工伤风险进行定期评估，重点加强对高风险行业和事故高发单位的监控，对在一定时期内事故高发的单位要进行警示并提出整改建议。

（5）处理好用人单位、安全生产监管部门及社会保险机构对事故预防的职责关系，建立协调合作机制，共同做好工伤预防工作。

（6）实行医疗救治和医疗康复一体化管理。建立工伤“大医疗”概念，把工伤医疗救治和医疗康复视为一个整体，实现先治疗康复、后鉴定补偿，最大限度地维护工伤人员的生活和劳动能力。

（7）坚持以医疗康复为基础、以职业康复为目标，强化职业康复工作。建立国家、省级、市级三级职业康复服务网络，提供更加专业的、有针对性的职业康复训练，有效提高工伤人员回归社会能力和再就业能力。探索以回归原单位为主要渠道的多种再就业途径，增加工伤人员再就业机会。建立激励机制，通过表彰、经济补贴等方式激励用人单位接收工伤人员就业。

（8）重视工伤人员的心理康复。对工伤人员及其家属进行心理干预，尽量减少工伤事故对个人及家庭的影响，帮助工伤人员及工亡人员遗属度过心理创伤期。

（9）加强监督检查，规范各地工伤预防、工伤康复工作。一是规范工伤预防和工伤康复的工作流程和招投标制度；二是规范工伤预防费和工伤康复费用的使用办法；三是进行全程监管，做到事前、事中和事后都有监督管理；四是建立社会监督举报制度，杜绝违法违规行为。

3. 以有劳动关系的职工为主要参保对象，逐步向各类职业人群扩展

法定覆盖范围内的职工要全员参保，法定覆盖范围以外的职业劳动者要有制度保障。对于可以纳入工伤保险制度的人员应尽快纳入，对于暂时无法纳入工伤保险制度的职业劳动者，应研究制定工伤保障办法，做到所有职业劳动者都有相应制度的安排。

（1）将现行法定覆盖范围内的职工全部纳入工伤保险制度，实现应保尽保。重点加大对小微企业、有雇工的个体工商户的参保扩面力度。巩固农民工参保成果，保护农民工的工伤权益。加强劳动监察，促进法定范围内的职工全员参保。

（2）解决工伤保障双轨制问题，将公务员和参照公务员法管理的事业单位工作人员全部纳入统一的工伤保险制度。制定公务员和参照公务员法管理的事业单位工作人员参加工伤保险的具体办法。

（3）探索自雇人员、新业态从业人员、职业农民等灵活就业人员的工伤保障办法，给予其制度性安排。

4. 以“三工”伤害为核心，建立附加保险，进一步优化工伤保险保障结构

借鉴国外经验，调整现行工伤保险保障结构，构建“基础保险＋附加保险”的工伤社会保险框架。基础保险作为工伤保险制度的核心保障内容，保障范围为因工作原因，在工作岗位、工作时间受到的职业伤害情形，按照现行制度规定由用人单位缴纳保险费，个人不缴费。附加保险的保障范围为在上下班途中受到交通事故伤害、突发疾病死

亡等情形，由于这类伤害的发生存在一定的个人因素，因此保险费由用人单位和个人共同缴纳，以用人单位缴费为主，个人缴费为辅。

（1）开展工伤保险结构调整的可行性研究和风险评估，设计“基础保险＋附加保险”工伤社会保险结构框架方案，为制定结构调整政策提供理论支撑。

（2）选取部分地区进行试点，跟踪进展情况，及时总结经验，查找问题，为全面实施提供实践基础。

（3）在总结试点经验的基础上，通过法律法规形式予以确定，并在全国范围内实施。

5. 以市级统筹为基础，以省级统筹为目标，提高工伤保险基金的抗风险能力

全面实行市级统筹，规范工伤保险市级统筹做法。推行省级统筹，制定切实可行的省级统筹管理办法，处理好县、市、省三级的人、事、权、责关系，处理好工伤认定、劳动能力鉴定和工伤待遇给付各环节的关系，建立激励机制，充分调动市、县两级的工作积极性。

（1）统一参保范围和参保对象，统一费率政策和缴费标准，统一工伤认定和劳动能力鉴定办法，统一待遇支付标准，统一经办流程和信息系统。

（2）根据工伤保险经办工作环节多、过程长的特点，制定省级统筹管理指导办法，明确各级间的人、事、权、责关系，建立激励机制，调动市、县两级的工作积极性。

（3）积极鼓励中、西部地区及各地市发展不平衡的省份先行实现

省级统筹，进而在全国范围内全面实现工伤保险省级统筹。

6．以推进人性化服务体系建设为重点，全面提升工伤保险管理服务水平

在社会保险管理服务体系化、规范化、人本化、信息化的“四化”目标框架下，针对工伤保险保障人群的特殊性，进一步加强工伤保险的人性化服务体系建设，使工伤保险的管理服务有更多的人文关怀，让工伤人员感受到制度给予的温暖。

（1）制定和完善工伤保险管理服务的规章办法和标准，规范工伤认定、劳动能力鉴定、工伤康复及辅助器具配置等工作环节，进一步简化工作流程。

（2）进一步完善工伤保险信息系统，规范工伤保险数据指标，提高工伤保险数据质量，为工伤保险统计、分析、决策提供数据支撑。

（3）实现工伤医疗费直接结算，实现工伤医疗费异地结算，实现伤残津贴等工伤待遇社会化发放。

（4）在服务场地、服务设施等硬件设施建设上要充分考虑工伤人员的特殊性，以更加尊重、平等的方式经办工伤保险业务。

（5）建立全国统一的工伤保险待遇定期调整机制，确保工伤人员及工亡职工供养亲属的基本生活保持在一定水平。

（6）建立工伤保险责任员制度，把服务下移到用人单位，由保险责任员负责区域内的工伤保障政策宣传、事故监查、经办服务指导等工作。

（四）工伤保障制度体系建设的体制机制保障

1. 加强组织保障

建立与工伤保障事业发展相匹配的管理、服务队伍，是保证工伤保障事业健康可持续发展的必要条件。要按照《工伤保险条例》规定，建立工伤认定、劳动能力鉴定和管理经办服务三支独立的队伍。工伤认定工作要定岗定编，人员不能混岗使用。劳动能力鉴定机构要独立设置，不应挂靠行政或经办机构，以保证劳动能力鉴定的独立性和公平性。工伤认定、劳动能力鉴定、管理和经办服务队伍要根据工作量配备相应人员，并根据工作需要配备必要的车辆和设备，以保证工作的顺利开展。同时要加强对工伤保障行政、管理、经办人员的培训，建立培训考核制度，力争把工伤保障队伍建设成一支集管理人才、业务专家、岗位标兵等各方面人才于一体的配置合理的优秀专业队伍。

2. 建立部门间合作机制

由于工伤保障的工作内容与多部门、多机构都有关联，因此为了使工伤保障工作顺利开展，需要建立一个良好的外部工作环境，以形成合力，共同促进工伤保障事业的发展。当前可通过联席会议制度、信息通报等形式加强与相关部门、相关机构的沟通和联系，增加他们对工伤保障工作的了解，共同解决工伤保障制度体系建设中存在的问题。

3. 营造社会支持氛围

一是进一步加强工伤保障宣传，使工伤保障政策得到社会的广泛认知，形成我要参保的主观能动性，增强用人单位和广大职业劳动者参保的积极性。二是重视社会监督力量，建立畅通的社会举报渠道，加强对违法违纪行为的查处，共同维护工伤保障事业的健康发展。

第二篇 我国工伤预防政策与国际经验分析[①]

国际劳工组织曾经估算过，全球每年因工伤事故和职业病死亡的人数超过200万人，带来的经济损失约占全球国民生产总值的4%。可见，因工伤带来的伤害和损失是非常巨大的。工伤预防是防控工伤事故，降低职业风险的有效手段，可从根本上保障职工的生命权和健康权，减少人力资源和经济财富的损失。因此，开展工伤预防不仅是工伤保险制度发展的需要，同时具有重要的社会意义。

一、我国工伤预防发展及现状分析

（一）工伤预防政策演变与发展

工伤保险发展以《劳动保险条例》《企业职工工伤保险试行办法》《工伤保险条例》三个法规文件的颁布实施为主线，可划分为四个阶段。由于各个阶段的社会经济背景和制度模式不同，对工伤预防工作

① 本报告于2014年完成。2017年8月17日，人力资源和社会保障部会同财政部、国家卫生计生委、国家安全监管总局颁发《工伤预防费使用管理暂行办法》（人社部规〔2017〕13号）。工伤预防工作在全国全面展开。

也有着不同的理解和定位。

1. 第一阶段：《劳动保险条例》实为企业自我保障，工伤预防的责任在企业

有关工伤保险方面的规定最早来自1951年的《劳动保险条例》。这是一部综合性法规，对工伤、医疗、养老、生育和职工应该享受的福利待遇都做了规定，同时也规定了《劳动保险条例》所确定的待遇主要由企业负责。这个时期，我国的劳动保险实际上是企业责任保险，企业要承担职工因工负伤、残疾、死亡等一切待遇的赔付责任。经济付出自然形成一种约束作用，促使企业重视安全生产，尽量减少伤亡事故发生。在企业自我保障的背景下，《劳动保险条例》和1953年的实施细则修正草案中，把工伤保险的重点放在了待遇补偿方面，对有关工伤预防和职业安全内容并没有涉及。但这一时期，国家颁布了一系列相关法规对企业的安全生产行为和劳动保护进行了规范，如1956年国务院发布了《工厂安全卫生规程》，对厂院、工作场所、机械设备、电气设备、锅炉和气瓶、供水、生产辅助设施和个人防护用品等进行了要求和规定，使安全生产和工伤预防工作有章可循，有法可依。

2. 第二阶段：《企业职工工伤保险试行办法》确立工伤保险为社会保险模式，工伤预防受到重视

1996年，劳动部颁发了《企业职工工伤保险试行办法》，标志着我国工伤保险在经历四十多年的企业自我保障后，进入了社会保险阶段。工伤保险实行社会统筹，进行社会化管理。由于工伤保险开始实行社会保险模式，因此在《企业职工工伤保险试行办法》中突出强调

了工伤预防的作用。《企业职工工伤保险试行办法》明确提出“工伤保险要与事故预防、职业病预防相结合。企业和职工必须贯彻‘安全第一，预防为主’的方针，遵守劳动安全卫生法规制度，严格执行国家安全卫生规程和标准，防止劳动过程中的事故，减少职业危害”。同时，在工伤保险基金中允许事故预防费、安全奖励金、宣传和科研费等有关工伤预防方面的费用支出。在工伤保险经办机构的职责中也规定要“开展工伤保险和工伤预防的宣传、教育和咨询”。

3. 第三阶段：由于部门职责调整，《工伤保险条例》中弱化了工伤预防内容

2003 年，国务院颁布了《工伤保险条例》。《工伤保险条例》的颁布是在 1998 年我国机构改革、部门职责调整之后，因此在工伤预防方面和前两个时期有所不同。机构改革后，由于安全生产监督管理部门承担了企业安全生产的监察和管理职能，因此在《工伤保险条例》中工伤预防的内容被大量削减，在提法上也更加原则化，如在第一条中规定工伤保险的目的是“为了保障因工作遭受事故或患职业病的职工获得医疗救治和经济补偿，促进工伤预防和职业康复，分散用人单位的工伤风险”。同时，在第四条中规定，“用人单位和职工应当遵守有关安全生产和职业病防治的法律法规，执行安全卫生规程和标准，预防工伤事故发生，避免和减少职业病危害”。除此以外，在《工伤保险条例》中并不见有关工伤预防的更详尽规定。在工伤保险基金的项目支出中取消了有关工伤预防方面的支出。

4. 第四阶段：《工伤保险条例》修订后，工伤预防内容重新纳入

法律规范

2011 年 1 月 1 日，新修订的《工伤保险条例》实施，明确工伤保险基金可用于工伤预防的宣传、培训等费用的支出。第十二条规定："工伤保险基金存入社会保障基金财政专户，用于本条例规定的工伤保险待遇，劳动能力鉴定，工伤预防的宣传、培训等费用，以及法律、法规规定的用于工伤保险的其他费用的支付。"从法律文本看，这项修订是对自 2004 年 1 月 1 日实施的《工伤保险条例》没有安排工伤预防支出项目的弥补，又是对 1996 年 10 月 1 日实施的《企业职工工伤保险试行办法》（2004 年 1 月终止）规定工伤预防项目的完善与健全。2013 年，人力资源和社会保障部颁布《人力资源和社会保障部关于进一步做好工伤预防试点工作的通知》，要求各地进行工伤预防试点。人力资源和社会保障部根据各省（区、市）上报的工伤预防试点城市名单，经对各地试点城市名单进行审查，按照符合条件、地方自愿的原则，确认了天津市等 50 个城市（统筹地区）为工伤预防试点城市。同时，规定工伤预防费控制在本统筹地区上年度工伤保险基金收入的 2%，主要用于开展工伤预防的宣传、培训以及法律法规规定的其他工伤预防项目。

（二）工伤预防工作的实施探索情况

尽管在工伤保险领域开展工伤预防工作存在过争议，工伤预防工作曾一度处于停滞状态。但由于我国工伤保险自 1996 年开始实行社会统筹以来运行了近 20 年，各地在实践中充分认识到了工伤预防工作的重要性，因此部分省市一直坚持“安全第一、预防为主”的方针，高度重视工伤预防工作。新修订的《工伤保险条例》实施后，各地工伤预防工作有了新的进展。

1. 工伤预防经费有保障

广东、海南、河南三省以省颁条例的形式明确了工伤预防费的提取比例和使用范围，并就费用拨付使用程序、监管等问题进行了规定。另有一些省规定以不超过当年工伤保险基金实际收缴总额的一定比例提取工伤预防费，如：吉林省提取比例为3%、广东省为5%、江西省为3%、山西省为3%、河南省为5%、陕西省为5%。也有部分城市作出了提取工伤预防费的规定，比如：西安市规定为不得超过全市当年征收工伤保险基金总额的4%，南昌市为5%、泰州市为3%、南通市为3%、淮安市为5%、汉中市为4%。深圳市社会保险机构每年从当年征收的工伤保险基金中提取5%作为工伤预防费，其中3%用于工伤预防的调研、宣传、教育，2%用于支付伤残职工的劳动鉴定费用。除此之外，还有部分省市规定了一揽子提取工伤预防费、工伤认定调查核实费、劳动能力鉴定费，未单独规定工伤预防费的提取比例。如，宁夏回族自治区规定了按照当年工伤保险基金实际征收总额的8%提取工伤预防费、工伤认定调查核实费、劳动能力鉴定费，没有规定用于工伤预防费的具体比例。海南省2012年通过了《海南省人民政府关于修改〈海南省经济特区工伤保险实施办法〉的决定》（以下简称《办法》）。根据修改后的《办法》相关规定，海南省提高了工伤预防费用。《办法》将年度工伤预防费用、工伤职业康复费用的提取范围，由工伤保险基金上年度收支结余的20%，修改为工伤保险基金上年度收入的15%。根据2010年的数据测算，按照新的提取方法，全省工伤预防费用1年可增加253万元。

2. 工伤预防内容主要为宣传和培训

目前开展工伤预防的地区主要以工伤保险的宣传、培训为主，以此手段，提高职工的安全生产意识和防控事故的能力，进而减少伤亡事故和职业病的发生。山西省把参加工伤保险和岗前培训列入验收标准中，并把为职业病高发岗位的职工体检列入工伤预防内容。海南省规定，对从事有毒有害工种的参保人员每3年进行一次职业健康检查。广东省着力构建全方位、立体化的宣传格局，推动劳动者从“要我预防”向“我要预防”转变。一是以“点”为支撑，开展针对性宣传。以企业职工为重点，通过发放宣传资料、咨询服务、参与知识竞答等，在工伤保险各环节对劳动者开展职业风险防范宣传教育。二是以“线”为主轴，突出重点行业宣传。重点抓好制造、建筑、陶瓷、五金、黏胶等行业工伤预防宣传教育，制作高危行业工伤预防宣传资料，每年深入企业发放宣传海报、手册、折页等。三是以“面”为基础，打造宣传品牌。打造工伤预防宣传大讲堂、百厂行、巡回义演、知识竞答、职业安全防护品展示等五个品牌活动，持续扩大宣传覆盖面。

3. 强化浮动费率的经济调节作用，强化工伤预防功能

天津、上海等多省市实施了浮动费率政策，在支缴率基础上，将工伤发生率、死亡人数、安全生产达标、职业危害因素监测等指标纳入浮动费率考核体系，强化费率经济杠杆作用，对于事故多发企业实

行高费率，以促使企业重视安全生产，降低工伤事故。上海市将用人单位安全生产标准化建设和创建和谐劳动关系示范单位相关指标纳入工伤保险浮动费率考核办法。广州市根据用人单位上期实际发生工伤保险费用占所缴纳工伤保险费的比例划分档次，收支率在60%以下的降低缴费率；在61%到70%之间的缴费率不变；在71%以上的提高缴费率。提高和降低参保单位缴费率的幅度最高分别为本行业差别费率的35%和30%。浮动费率每年调整一次，每年7月根据上年度用人单位工伤保险费用收支情况，在规定该行业差别费率的基础上进行增减，不实行累计浮动费率。

4. 重点对高风险和职业病高发行业进行监控

针对职业病危害大但早期预防效果好，以及工伤事故多发于高危行业的特点，广东省将噪声、粉尘、有毒有害等职业危害大、劳动保护落后的企业，以及建筑、矿山、危险化学品等高风险企业列为工伤预防监控的重点，加大预防监控力度，取得事半功倍的良好效果。比如韶关市是老工业城市，采矿、冶炼等企业比重较大，职业病的发生率较高。韶关市规定，用人单位参加工伤保险时，必须对将从事接触职业危害工作的新员工，进行上岗前的职业健康检查，且上岗后要定期进行健康检查，检查结果交工伤保险管理部门备案存档。如果用人单位未对从事接触职业危害的作业人员进行健康检查或让已患有职业病的人员继续从事接触职业危害性工作，其职业病人员的工伤保险待遇由用人单位承担。通过这一措施，促使企业做好职业病的防治工作。广州市也建立对职业危害大的行业的监测机制，从工伤保险基金提取费用支持与引导企业进行工伤预防性职业健康检查，目前已对 11 200 多名职工进行了职业危害健康监测，有效地降低了职业病的发生率。

5. 个别地区建立了工伤预防组织机构

南昌市在工伤保险经办机构内部成立了工伤预防科，并抽调和聘用企业安全生产管理人员为工伤预防监督员。工伤预防科的主要职责是对参保企业工伤预防规章制度的执行情况进行监督检查，负责开展工伤预防的宣传教育，组织企业对从事工伤保险的人员进行培训，研究制定、调整企业行业差别费率和企业浮动费率方案，定期组织实施，对事故原因进行分析和研究。

6. 建立工伤预防相关部门协调合作机制

上海市建立了由市人社局、市安监局、市卫计委、市财政局、市总工会和市社保中心等部门作为成员单位的市工伤预防工作联席会议制度。广东省各级人社部门注重与安监、卫计等有关部门的协调沟通，建立工伤预防联席会议制度和安全生产监督检查联合行动制度，互通信息，相互配合，强化联合执法，共同做好安全生产、职业危害防治与工伤预防工作。江苏省人社部门与安监部门有资质的培训机构签订协议，联合开展安全生产教育培训。南京市人社部门对工伤事故发生率较高的单位进行筛选，及时通报给相关领导和安监部门；与安监部门配合，到事故多发企业进行政策宣传，帮助企业查找内部管理、安全教育培训等方面存在的问题。苏州市人社部门与安监等部门建立工伤事故与安全生产信息互通制度，每周进行一次数据交换和情况通报，对瞒报工伤事故和未参保的企业加强重点监控，并按照各自的职责分工对其进行教育和查处。

（三）取得的成就与问题分析

1. 取得的成就

根据工伤保险发展需要和顺应国际工伤保险发展趋势，“十一五”期间，我国确立了预防、补偿和康复相结合的工伤保险制度发展目标。在待遇补偿的基础上，增加了预防和康复内容，从更高、更广的角度全面保障职业劳动者的合法权益。2010年修订的《工伤保险条例》颁布后，对工伤预防作出了制度安排，工伤预防工作稳步推进，全国50个城市（统筹地区）率先开展了工伤预防试点，为工伤预防工作的全面展开打下了坚实基础。

（1）树立了工伤预防、工伤康复、待遇补偿相结合的现代工伤保险制度理念。从国际发展看，工伤保险已经走过了只注重待遇补偿的被动保险阶段，工伤预防、工伤康复和待遇补偿相结合成为工伤保险发展的主流。从实际效果看，单纯强化待遇补偿，既不能从源头上遏制工伤事故的发生，也不利于解决工伤职工后续的一系列生存问题。因此，建立工伤预防、工伤康复和待遇补偿三者有机结合的工伤保险制度是我国今后工伤保险发展的方向和目标。

（2）增强了劳动者的安全意识，保护了劳动者的身心健康。我国部分地区多年来一直注重工伤预防工作，如广州市在全国较早推行“预防优先、监控危害、保障健康”的工伤预防理念，积极创新工伤预防培训教育方式，通过开展参与式工伤预防持续改善培训项目，改善了职工的工作环境，提高了职工的防护意识，得到了企业和职工的认可。再比如，乌鲁木齐市通过培训、教育等手段，在工伤预防方面取得了良好的成效。一是利用专项资金建立了工伤预防教育培训室，配备了必要的教学设备。二是每年培训企业班组长以上人员 800 余人。三是在全市大中型企业均建立了工伤预防教育培训室，定期对其员工进行必要的安全生产、工伤保险知识等方面的培训。通过开展工伤预防工作，增加了劳动者的安全生产意识，传播了安全生产知识，规范了劳动行为，也遏制了全市工伤事故居高不下的势头，为工伤保险制度的平稳运行创造了有利条件。

（3）降低了工伤事故发生率，减少了工伤保险赔付。广东省在采取了一系列工伤预防措施后，工伤事故率开始稳步下降。2004 年参保人数 1 215 万人，参保职工工伤事故受伤人数约 10.79 万人，工伤事故发生率为 0.89%；其中致残人数约 3.78 万人，工伤致残率为 0.31%。2013 年参保人数为 3 057 万人，工伤事故受伤人数约为 16.7 万人，工伤事故发生率为 0.55%；其中致残人数约为 7.05 万人，工伤致残率为 0.23%。工伤事故发生率、工伤致残率同比都有了大幅下降。

2. 存在的困难和问题

一是对工伤预防认识不足。首先是部分地方政府对工伤预防的认识不足，认为工伤预防是企业和安监部门的职责范围，工伤保险只是对工伤职工进行医疗和待遇保障。其次是用人单位对工伤预防工作认识不足，尤其是中小企业不愿意为宣传培训、设备改造和环境改良进行经济投入。最后是职工的事故预防意识不足，尤其是对低等级伤残事故的防范意识不强。

二是工伤预防项目窄，所能发挥的作用有限。工伤预防费目前可使用的范围较窄，按规定只能用于宣传和培训，使得开展预防工作受到很大限制。

三是费率浮动机制不到位，没有真正发挥作用。从各地的实施情况看，工伤保险费率固化问题比较严重，一些地市费率多年不变，费率浮动机制没有建立起来，用经济手段调控风险的作用没有发挥出来。

四是安全生产监管和工伤预防间缺乏协调机制。现阶段我国安全生产的管理力度不断加大，但仍存在管理能力不足的问题，很难满足现实的需要。我国建筑业有80%的农民工，煤矿有200多万的农民工在高危岗位上劳动，各类工矿商贸企业共计有近2亿的农民工，但绝大多数的农民工在上岗前没有经过系统的安全培训。因此，在安全生产形势严峻的情况下，完全由安监部门一个部门抓安全生产管理和事故预防是不现实的，需要利用各方的优势资源共同做好安全生产和事故预防工作。但由于人社部门与安监部门在事故预防方面没有建立有效的沟通协调机构，大多数地区还是在“单兵作战”。

二、国外开展工伤预防的做法及经验

国际劳工组织先后就工伤事故、职业病的预防和安全生产内容发布了30多个公约和建议书。1964年，第121号《工伤事故和职业病津贴公约》第二十六条明确规定：“各成员国应在规定条件下采取针对工伤事故和职业病的预防措施。”

目前，欧美国家及经济较发达国家已把“控制损失”作为工伤保险最主要的目标。认为工伤保险的首要任务是事故预防，同时认为工伤预防在工伤保险制度中成本效益比最大，是最高效的投入产出方式。以德国为例，由于工伤预防的作用，工伤事故发生率呈连年下降趋势，2002 年的工伤事故数量已经降到了 1960 年总量的 57%。由于工伤事故降低，工伤保险的缴费率也由 1970 年的 1.51%降到了 2004 年的 1.33%。

（一）各国工伤预防规定的立法支撑

德国是实施工伤保险最早的国家，1881 年在《社会保险宪章》中规定了事故保险。1884 年颁布的《工伤事故保险法》，涉及了工业事故、职业病的预防、补偿和康复等内容，成为世界上最早对工伤预防进行法律规定的国家。

20 世纪中期开始，工伤预防内容陆续被各国写进了工伤保险的法律条款。如：1950 年，英国法律规定，工伤保险负责工伤的预防与善后处理工作；1955 年，澳大利亚社会保障制度规定，工伤保险的目的在于事故预防，然后是处理伤亡事故、职业恢复及发放补偿金；1956 年，玻利维亚社会保障法规定，社会保障基金会必须负责职业伤亡预防工作。

在亚洲，日本的社会保障制度规定，社会保险基金必须支持各有关部门的职业伤害预防组织，必须支持各种推动社会保障预防工作的协会，必须自主进行各种工业安全与医药卫生的科研与实验活动等。日本允许社会保障部门做预防工作。同时，对不同的工伤预防组织给予财政权力。缅甸法律规定，社会保障局可以教育雇主和雇员与工厂的检查员及其他组织合作，制定预防工伤的措施。

另外，巴西、尼加拉瓜、智利、危地马拉、厄瓜多尔、委内瑞拉等国家都在社会保障立法中规定了预防事故的内容。如巴西的社会保障法规定社会保险机构必须向工业安全、健康及医药卫生基金会交纳一定的费用，保险机构的一部分收入必须用于安全措施的建立或事故预防工作；尼加拉瓜法律规定，社会保障机构必须帮助雇主制定安全措施，并且为其提供如何提高效率及安全的信息。

有些国家的工伤保险法规定，所有企业必须建立安全机构或安全委员会。如智利法律规定，300 人以上的企业必须有事故预防机构，并且由一个有经验的专家负责，如果企业人数少于 300 人而多于 25 人，必须有一人从事安全工作，或者与其他企业合作成立一个安全委员会，其任务是指导工人实施安全操作。加拿大的省级保险法要求所有的雇主必须在企业内建立一个安全委员会。

（二）工伤预防管理体制

在各国的社会保障项目中，工伤保险起步较早，而且管理体制比较稳定。在许多国家，虽然有政权交替，但是工伤保险制度和管理体制基本保持不变。一般说来，工伤预防管理体制属于工伤保险体系的一部分，也有一些国家涉及安全生产、卫生等相关部门的一些职能机构。目前，世界上工伤预防体制主要可以分为三类。

1. 工伤保险和安全生产由一个机构管理

日本工伤保险和安全生产分属两个机构，但统一由劳动省基准局管理，并设立民间组织“劳动福利事业团”办理具体业务。劳动福利事业团向劳动省提出计划，申请经费，独立经营，建立工伤保险医院、疗养院、康复中心等工伤福利设施；向中小企业提供低息贷款，帮助改善劳动条件；工伤保险工作做到了人、钱、事统一管理。

2. 工伤保险同时承担安全生产管理职能

德国最大的工伤保险管理机构——同业公会把事故预防、职业康复和待遇补偿紧密结合，采取了预防、补偿、康复三位一体的工作方法。其有关工伤预防方面的职责是：①根据国家安全生产法律法规制定有关规定；②监督事故隐患整改；③安全咨询；④提供培训服务；⑤职业病预防；⑥健康危害监测与调查；⑦产品安全标准鉴定。在联邦州劳动与社会部设有工伤事故监督局，负责追查工伤事故的责任者，并监督安全法规的实施，形成了一种制约机制，发挥经济杠杆作用，促进事故预防。

意大利的工伤保险管理机构为工伤保险局，国家通过立法赋予工伤保险局建立工伤预防制度的权力，并资助预防领域的技术创新计划，为工人提供信息和培训，在安全卫生方面根据法律规章的要求提供帮助和建议。

3. 多部门联合管理工伤预防工作

在英联邦国家及中东欧一些国家工伤保险立法与职业伤亡预防没

有任何联系，工伤保险由国家实施，负责工伤赔付和康复，其职业安全与卫生工作由两个相互独立的政府部门管理，一个部门主管职业安全（隶属于劳工部），另一个分管职业卫生（隶属于卫生部）。美国社会保障机构在事故预防中也起了相当大的作用。如俄亥俄州的保险计划委员会实施了许多事故预防工作，这些工作由安全和健康基金会执行。在事故预防中的主要工作有：建立预防数据库，开展宣传和培训，以及资助与事故预防相关的项目等。

（三）工伤预防的资金来源

大部分国家都设立了工伤预防基金，用于奖励、促进企业管理、开展安全培训与教育。从工伤保险基金中提取工伤预防资金，是世界上大多数国家的做法。但工伤预防资金的提取比例，各国有所不同。许多国家对工伤预防工作实行的是预算制，在上一年做下一年的工作计划和资金预算，根据工伤预防工作计划来确定所需要的资金量，但工伤预防资金一般不会超过上年工伤保险基金收缴的10%。

（四）工伤预防措施

工伤预防是通过采取一切有效手段预防事故和控制职业病，保障劳动者在工作中免遭伤害。从已开展工伤预防工作的国家看，工伤预防工作主要包括以下几个方面。

1. 建章立制，制定工伤预防办法

这方面的工作主要包括几方面：制定、公布、印刷职业安全方面的规程和规定；研究新技术、新科学领域、新危险物质和新生产工序所带来的风险，提出针对性预防措施；对可能发生的工伤事故和职业病进行预测；对可能发生工伤事故和职业病的后果评估以及采取可能的预防措施。其中最有代表性的是德国同业公会制定的工伤预防办法。德国同业公会被赋予一定的立法权，除了在安全方面作出的规定经劳动和社会秩序部批准才能生效外，同业公会代表大会作出的其他决议不经任何部门批准即有“法律效力”。同业公会可以为其下属企业制定相关事故预防法，实行自我管理，其中全德同业公会的职业安全研究中心在颁布系列安全系数和标准方面具有重要的作用，它提供的一些安全法规草案经同业公会通过在德国行业中实施之后，有的已成为欧共体国家承认的统一标准。因此，同业公会负责各分支行业法规的制定。在制定劳动保护规范方面的具体体现为：国家制定劳动保护规范的框架，同业公会据此规范细节，这些具体的细节就形成了劳动保护方面的规程和规范。目前德国劳动保护方面的规程和规范总计约130个，涉及劳动保护的各个方面，包括机器安全设置方面的规范，也包括使用机器时的劳动防护用品方面的规范。同业公会在制定劳动保护规程和规范时，除了由同业公会自己的劳动保护专家参加外，还邀请雇主、雇员、工会和政府工作人员共同参加起草。经同业公会代表大会通过后，报联邦政府劳工部签署发布。这些规程与规范具有强制的法律效力，生效后印发给企业，企业必须遵照执行。如同业公会的监察员发现企业有违规行为，会通过调整费率予以处罚。

2. 加强对用人单位管理人员和雇员的教育培训

美国曾有一份事故统计显示，85％的事故是因工作人员的“不安全行为”所致，仅15%的事故缘于“不安全的环境和设备”。意大利也曾统计过，80%的工伤事故是因工作人员的失误造成的，只有20%的事故是因技术方面的原因造成的。国际劳工组织认为：“雇员和工人的安全卫生认识水平或意识水平是确保工作场所安全卫生的一个关键因素。因此，培育建立一种安全文化是重要的。”各个国家都把开展安全教育培训作为预防工伤事故的一个重要手段，通过有关安全知识和社会保险知识的培训和教育，以增强安全生产意识，传播安全生产知识和规范劳动行为。德国为开展安全教育培训，在全国设立了22个培训中心，通过电视、计算机等工具，对学员进行基础和劳动安全教育培训。参加培训的学员在培训期间的食、宿、培训、交通一律免费，由工伤预防经费列支。对劳动者和企业管理人员的培训教育需要一个长期的过程，但是非常重要而且有效。意大利规定了企业安全负责人、工人安全代表以及普通员工的职业健康和安全培训时间，并要求对这些人的培训工作常态化和长期化。

3. 加强监管，加大处罚力度

劳动监察对于促进雇主遵守有关安全生产法律和规范具有决定性的作用。在许多国家，劳动监察的基本法律基础已存在于国家宪法之中。以劳动监察名义开展的工伤预防使劳动监察员与雇主和工人之间建立起一种新型的关系体制。监察员必须极其认真地密切跟踪并强制实行企业制定的所有预防性措施。

在监管的同时，通过加大处罚力度也会起到震慑作用。西班牙在2003—2005年期间，加大了对企业工伤预防计划制订的检查力度，对于违反规定未制订事故预防计划的企业，政府除了责令限期完成计划制订外，还会处以最高80万欧元的罚款甚至刑事处罚。在意大利，如果发生违反安全生产法律法规的情况，有关人员要承担法律责任。其中，对雇主的处罚最为严厉，如果因为雇主原因，工人受伤超过40天，雇主可能会受到刑事处罚，最严厉的情形可能会被监禁9年。对违法的雇员也有处罚，最高处罚600欧元。需要指出的是，意大利规定即便没有发生工伤事故，但如果没有落实相关法律规定的安全措施，雇主也会受到处罚，比如雇主对劳动场所的安全风险不实施评估，可能会受到法官或者劳动安全监督部门处以最高3年期的监禁处罚。

4. 通过费率的经济杠杆作用促使企业重视安全生产

很多国家的工伤保险都实行差别费率和浮动费率。其中差别费率是按行业的风险等级确定的，浮动费率则根据企业的工伤事故发生率，在行业基准费率基础上每年进行上下浮动，以示奖惩，以此敦促企业重视安全生产，降低工伤事故发生率。比如德国根据行业的不同特点设置了380个费率档次，费率最低为0.71%，最高为14.58%，两者相差18倍，浮动费率的浮动幅度最高达30%。日本工伤保险费率按行业差别划分，共分8大产业53个行业，最高费率为14.8%，最低费率为0.5%，另外各行业都附加0.1%的通勤事故保险费率，行业差别费率相差25倍，企业费率上下浮动最高达40%。法国国家实行处罚性费率，对于屡出工伤事故的企业，其缴费率可提高2倍。

（五）结论

1. 不同经济发展状况的国家对工伤预防的重视程度不同

从现行情况看，经济发达国家都已开展了工伤预防，并作为工伤保险制度的重要组成部分。而发展中国家，工伤预防工作开展得并不是很好，原因是多方面的，但其中经济因素起了决定作用。这类国家往往受到失业、不充分就业的困扰，人们谋生的愿望超越了对工伤和健康的担忧。另外，发展中国家在财政支出方面更倾向于解决当务之急和投向经济回报快的方面，在认识上没有对工伤预防给予足够的重视。

2. 开展工伤预防的国家工伤事故呈明显下降趋势

对各国工伤事故情况的分析显示，开展工伤预防的国家工伤事故和职业病发生率都呈下降趋势，德国等欧洲国家是最好的例证。而一些发展中国家和没有采取工伤预防手段的国家工伤事故发生率是上升的，其中原因可能是多方面的，与各国所处的社会经济发展阶段及国民素质、管理水平等因素有关，与该国是否采取有效的工伤预防措施更是有着直接的关系。

3. 立法是工伤预防实施的重要保障

大多数国家工伤预防工作是通过立法加以确立的。近年来，许多国家开始对立法进行改革，将大量新的工伤预防、工伤康复要求融入各自的立法中。越来越多的国家通过立法赋予工伤预防人员以权力，如可要求企业作出改善、停工或不经法庭直接对企业强制罚款。这些刚性规定和处罚措施大大震慑了雇主，遏制了工伤事故的发生。

三、完善我国工伤预防工作的政策建议

（一）提高用人单位的工伤预防意识

分析近年来工伤事故发生率和职业病发病率长期居高不下的情况，除生产技术工艺落后、安全设施不完善等原因外，生产经营管理人员与从业人员的法律意识、劳动防护意识和职业危害意识不强也是一个重要原因。据统计，有80％以上的工伤事故是人为原因造成的，多数是可以避免的。要改善这种状况，除加强职业安全健康监察工作外，有必要建立工伤保险宣传、教育和培训的平台，通过经常性地在全社会开展工伤保险与工伤预防的宣传，普及工伤保险知识；通过对企业生产经营管理人员尤其是中小企业、个体工商户、农民工等的教育培训，增强法律意识和劳动保护意识。

（二）全面启动工伤预防工作

增强用人单位和职工的工伤预防意识，重点提高高风险行业、单位和岗位人员的事故防控能力，减少工伤事故发生。加强对工伤预防费用使用的监督检查，确保工伤预防费使用安全、有效。结合现阶段行业工伤风险的变化，覆盖范围的变化及统筹层次的变化，完善工伤保险费率政策，以适应新情况、新要求的需要。完善浮动费率办法，建立浮动费率定期调整机制，发挥浮动费率的经济调节作用，有效控制工伤事故，维护基金平衡。

（三）建立完善工伤预防机制

一是要明确人社部门与安监部门在工伤预防方面的职责分工，明确人社部门承担的工伤预防职能范围。借鉴各国经验，并结合我国现行机构设置和职责范围情况，人社部门开展工伤预防工作应着重从保护劳动者权益、提升劳动者职业健康水平的角度出发，进行有关职业安全方面的帮助和干预。

二是建立人社部门与安监、卫计部门的合作机制。工伤预防的有效开展需要多方协同合作，建立事故通报机制，定期交流工伤事故、职业病的处理情况以及行业、用人单位的安全状况评估，职业危害等信息；联合组织安全生产、职业卫生大检查；共同确定工伤预防工作方向，联合开展各种形式的工伤保险、事故预防和职业病防范的宣传、培训教育活动。

三是加强工伤预防政策和技术手段研究，对一些影响职工安全与健康的危害因素作前瞻性的专题研究，如职业风险评估体系研究、高风险行业职业风险防控手段和措施研究等。

（四）完善工伤保险费率浮动机制

针对目前工伤保险费率浮动小，在工伤预防方面发挥的作用不够的问题，应在总结地方经验及问题的基础上，进一步研究和确定符合我国国情的工伤保险费率模式。适时调整浮动费率，增加费率浮动空间，尤其是适当增加风险大的行业的浮动空间，以有效发挥浮动费率对用人单位的制约和激励作用。在加大浮动空间的同时，各地要制定费率调整标准及用人单位工伤保险考核评估指标，以减少人为因素影响，增加费率调整的科学性。

（五）建立工伤信息交换机制与数据分析系统

建立部门间的信息交换、数据共享、情况通报平台，及时对工伤事故、职业病的发生情况，职业危害评估状况、安全生产情况进行信息交换，为安全生产监管、工伤保险费率的确定或调整提供及时有效的数据支撑。同时，要加强对工伤保险数据的整理分析，及时掌握职业伤害发生的类型、高发岗位、高发人群及基金支出等情况，做到有的放矢地开展工伤预防工作。

第三篇

我国工伤保险待遇研究①

工伤保险产生于工业化，初建于德国。1884 年，德国颁布了世界上第一部《工伤事故保险法》，确立了以医疗救治和经济补偿为主要内容的工伤保险制度基本架构。随后，德国工伤保险制度被工业化发源地欧洲各国所效仿，从 20 世纪初中期开始，逐步被美洲、亚洲各国所接受，工伤保险制度迅速在世界各国建立。目前，工伤保险已成为覆盖国家最广、普及率最高的社会保险项目。在全球 200 多个国家和地区中，有 164 个国家建立了工伤保险制度，另外 30 多个国家制定了与工伤事故相关的保障办法。在工伤保险建立及发展阶段，其主要任务是给予工伤人员及工亡者遗属以物质和经济的帮助，使其可以得到必要的医疗和基本的生活保障。因此，待遇保障是工伤保险制度的核心内容之一。

① 本报告于 2016 年完成。

一、我国工伤保险待遇确立

(一) 遵循的原则

1. 无责任补偿原则

无责任补偿是指发生工伤事故时，无论工伤人员在事故中是否负有责任，都可以得到待遇保障，这是工伤保险有别于其他社会保险项目的一个特殊原则，也是国际上通行的做法。其出发点是考虑到劳动者在生产工作中非主观原因遇到意外事故时不仅造成了身体的损伤，还会因此中断收入来源，影响本人及其家庭的正常生活。工伤保险遵循无责任补偿原则，是为了保障劳动者在遭受职业伤害后可以及时获得医疗救治和经济补偿，以维持工伤人员及其家庭的基本生活，从而达到稳定劳动者队伍、促进社会稳定的目的。但需要说明的是，工伤保险遵循的无责任补偿原则是强调不以追究工伤人员事故责任为获取工伤待遇的前提条件，但并不意味着就再不追究事故责任和相关责任人。相反，对于事故必须要认真调查、分析原因、查明责任、吸取教训，只是对事故责任的处理是通过其他途径进行。

2. 个人不缴费原则

工伤事故属于职业性伤害，是在生产劳动过程中，劳动者为社会和企业创造物质财富时所遭受的伤害，是一种被动伤害，非劳动者主观愿望。因此，无论是实行社会保险模式还是实行雇主责任制的国家，工伤保险费都是由用人单位负担，个人不需要负担费用。这有别于社会保险其他项目强调用人单位和职工双方分担风险，由双方共同缴纳保险费的做法。

3. 区分工伤与非工伤原则

劳动者伤残亡一般分为因工和非因工两类，因工伤残亡需要符合对因工伤害情形的认定条件，除此之外则属于非因工伤残范畴。因工和非因工伤残亡在待遇支付渠道和支付标准水平上有很大差别，因工伤害的医疗待遇、伤残待遇和死亡待遇均比因疾病或非因工伤残亡的待遇优厚。由于工伤保险在保险责任和待遇标准方面都与医疗保险和非工伤待遇有着明显不同，因此为了保证工伤人员的权益，保证工伤保险基金的合理有效使用，必须严格区分因工和非因工情形。

4. 一次性补偿与长期补偿相结合原则

从保障伤残职工和工亡职工遗属当前生活及长期生活的角度出发，工伤保险在待遇补偿时通常采取一次性经济补偿和按月或定期经济补偿相结合的方式。一次性经济补偿一般是按伤残亡职工的伤残等级确定相应的补偿金额，以保证个人及家庭有一笔钱可以应对突发的事故伤害，减少伤害对生活的影响。长期补偿以年金的形式存在，主要给付对象是一至四级伤残人员和工亡职工遗属。为了使其生活有一个稳定的经济保障，现行制度规定工伤保险基金按月支付伤残津贴或遗属抚恤金，直到领取待遇的条件丧失为止。

5. 伤残程度与待遇标准对等原则

由于不同伤残程度和职业病病情给个人和家庭带来的收入损失和

影响是不同的，因此工伤保险对伤残职工的伤残程度进行划分。劳动能力鉴定机构通过聘请医学专家对伤残职工及职业病患者进行伤残程度鉴定，目前划分为10个伤残等级。不同伤残等级对应不同的待遇标准，伤残越重待遇标准越高，伤残等级和待遇标准是对应的。

6. 补偿工资性收入原则

职工因工伤残可能会造成短暂或永久性经济收入中断，产生一定的经济损失。工伤职工的经济损失可分为直接经济损失和间接经济损失：直接经济损失是指职工发生工伤事故后，职工个人所受到的工资性损失；间接经济损失则是指工伤职工所受到的工资性以外的经济收入损失，包括兼职收入、业余劳动收入及其他经济类收入等。由于工伤保险是对参保职工因工作原因造成工资性收入中断的补偿，因此非工资性收入不属于待遇补偿范围。

（二）工伤待遇给付的前置条件

1. 工伤认定

工伤是指职工在生产工作中因意外事故或职业病造成身体损伤、死亡的后果。一般而言，事故伤害必须与工伤职工所从事工作的时间和地点有密切关系，职业病必须与从事工作或职业环境、接触有毒有害物质的标量和时间有关。

1953年，《劳动保险条例实施细则修正草案》对工伤范围进行了明确规定：①由于执行日常工作及执行企业行政方面或资方临时指定或同意的工作；②在紧急情况下未经企业行政方面或资方指定而从事与企业有利的工作；③从事发明或技术改进的工作。在贯彻实施中，劳动部门和工会组织曾作过一些解释，把职工参加有组织的社会活动、支农劳动、民兵训练、抢险救灾、与坏人坏事作斗争以及乘单位班车上下班而发生的伤亡事故等，也按工伤处理。

1996 年，《企业职工工伤保险试行办法》对工伤认定范围作了重新规定。工伤认定范围有所扩大，把职业病、由于工作紧张导致突发疾病、因公因战致残的军人转业到企业工作后旧伤复发等情形纳入了工伤范围。

2003 年颁布的《工伤保险条例》确定了 7 种认定工伤情形和 3 种视同工伤情形。在工伤认定情形中，强调工作时间、工作场所和工作原因，即“三工”，凡是在工作时间和工作场所内发生的非排除条款情形的伤害事故，或因工作原因导致职业病都可认定工伤，见表 3—1。2010 年《工伤保险条例》进行了修订，对部分情形作出了修改，见表 3—2。表 3—3 所示为我国法定职业病分类。

表 3—1　　2003 年《工伤保险条例》规定的工伤认定范围

认定工伤	1. 在工作时间和工作场所内，因工作原因受到事故伤害的
	2. 工作时间前后在工作场所内，从事与工作有关的预备性或者收尾性工作受到事故伤害的
	3. 在工作时间和工作场所内，因履行工作职责受到暴力等意外伤害的
	4. 患职业病的
	5. 因工外出期间，由于工作原因受到伤害或者发生事故下落不明的
	6. 在上下班途中，受到机动车事故伤害的
	7. 法律、行政法规规定应当认定工伤的其他情形

续表

视同工伤	1. 在工作时间和工作岗位，突发疾病死亡或者48小时之内经抢救无效死亡的
	2. 在抢险救灾等维护国家利益、公共利益活动中受到伤害的
	3. 职工原在军队服役，因战、因工负伤致残，已取得革命伤残军人证，到用人单位后旧伤复发的
不得认定或视同工伤	1. 因犯罪或者违反治安管理伤亡的
	2. 醉酒导致伤亡的
	3. 自残或者自杀的

表3—2　2010年《工伤保险条例》规定的工伤认定范围

认定工伤	1. 在工作时间和工作场所内，因工作原因受到事故伤害的
	2. 工作时间前后在工作场所内，从事与工作有关的预备性或者收尾性工作受到事故伤害的
	3. 在工作时间和工作场所内，因履行工作职责受到暴力等意外伤害的
	4. 患职业病
	5. 因工外出期间，由于工作原因受到伤害或者发生事故下落不明的
	6. 在上下班途中，受到非本人主要责任的交通事故或者城市轨道交通、客运轮渡、火车事故伤害的
	7. 法律、行政法规规定应当认定为工伤的其他情形
视同工伤	1. 在工作时间和工作岗位，突发疾病死亡或者在48小时之内经抢救无效死亡的
	2. 在抢险救灾等维护国家利益、公共利益活动中受到伤害的
	3. 职工原在军队服役，因战、因公负伤致残，已取得革命伤残军人证，到用人单位后旧伤复发的
不得认定或视同工伤	1. 故意犯罪的
	2. 醉酒或者吸毒的
	3. 自残或者自杀的

表 3—3 我国法定职业病分类

序号	类别
1	职业性尘肺病及其他呼吸系统疾病
2	职业性皮肤病
3	职业性眼病
4	职业性耳鼻喉口腔疾病
5	职业性化学中毒
6	物理因素所致职业病
7	职业性放射性疾病
8	职业性传染病
9	职业性肿瘤
10	其他职业病

2. 伤残等级评定

伤残等级评定是依据国家制定的劳动能力鉴定标准，对伤残职工的劳动功能障碍程度进行评定。由于工伤职工的伤残等级评定结果直接影响到其获得待遇的多少，因此劳动能力鉴定环节非常重要。目前，我国对伤残等级评定的依据是《劳动能力鉴定　职工工伤与职业病致残》(GB/T 16180—2014)。

我国劳动功能障碍等级是从器官损伤、功能障碍、医疗依赖及护理依赖程度四个方面进行综合评定。《劳动能力鉴定　职工工伤与职业病致残等级》将工伤、职业病伤残程度的评定划分为五个门类，即：①神经内科、神经外科、精神科门；②骨科、整形外科、烧伤科门；③眼科、耳鼻喉科、口腔科门；④普外科、胸外科、泌尿生殖科门；⑤职业病内科门。根据伤残的类别和残情的程度划分伤残条目，共列出残情 530 条。伤残程度分级，从一级到十级由重到轻排列，最重为一级，最轻为十级。其中一、二、三、四级为完全丧失劳动能力；五、六级为大部分丧失劳动能力；七、八、九、十级为部分丧失劳动能力。表 3—4 为职工工伤与职业病致残等级分级标准。

表 3—4　　职工工伤与职业病致残等级分级标准

评残等级	定级原则
一级	器官缺失或功能完全丧失，其他器官不能代偿，存在特殊医疗依赖，或完全或大部分或部分生活自理障碍
二级	器官严重缺损或畸形，有严重功能障碍或并发症，存在特殊医疗依赖，或大部分或部分生活自理障碍
三级	器官严重缺损或畸形，有严重功能障碍或并发症，存在特殊医疗依赖，或部分生活自理障碍
四级	器官严重缺损或畸形，有严重功能障碍或并发症，存在特殊医疗依赖，或部分生活自理障碍或无生活自理障碍
五级	器官大部分缺损或明显畸形，有较重功能障碍或并发症，存在一般医疗依赖，无生活自理障碍
六级	器官大部分缺损或明显畸形，有中等功能障碍或并发症，存在一般医疗依赖，无生活自理障碍
七级	器官大部分缺损或畸形，有轻度功能障碍或并发症，存在一般医疗依赖，无生活自理障碍
八级	器官部分缺损，形态异常，轻度功能障碍，存在一般医疗依赖，无生活自理障碍
九级	器官部分缺损，形态异常，轻度功能障碍，无医疗依赖或者存在一般医疗依赖，无生活自理障碍
十级	器官部分缺损，形态异常，无功能障碍或轻度功能障碍，无医疗依赖或者存在一般医疗依赖，无生活自理障碍

（三）工伤保险待遇分类

1. 按类别分，分为非现金待遇和现金待遇

工伤医疗救治是对工伤职工提供服务帮助，属于非现金待遇范畴，另外治疗期间的休假、辅助器具配置、康复训练、工伤预防培训等也是非现金类待遇的体现。除此之外，对工伤职工支付的伙食补助费、护理费、伤残津贴、供养亲属抚恤金、一次性伤残补助金、一次性工亡补助金、一次性医疗补助金和一次性就业补助金等待遇属于现金类待遇。

2. 按项目分，分为医疗待遇、伤残待遇和工亡待遇

工伤医疗待遇是为抢救治疗工伤职工或对其进行必要的康复所提供的医疗服务和相关待遇保障，主要包括抢救治疗费用、住院伙食费用及异地就医的交通费等。另外，《工伤保险条例》中规定工伤职工在医疗期内工资福利待遇不变；如果在住院期间需要护理，则由所在单位支付护理费。伤残待遇是为因工伤残职工生活提供的定期和一次性的待遇，主要包括按月支付的伤残津贴和一次性伤残补助金。如果伤残职工需要进行康复训练或配置辅助器具，则由工伤保险基金支付费用，如果伤残职工解除劳动合同，则由工伤保险基金支付一次性医疗补助金，由用人单位支付一次性就业补助金。工亡待遇是为因工死亡职工提供的补偿和为其遗属提供的生活保障待遇，主要包括一次性工亡补助金、丧葬补助金和供养亲属抚恤金。

3. 按待遇给付时限分，分为按月计发待遇和一次性计发待遇

按月计发待遇主要是给予一至四级伤残职工和工亡职工遗属的待遇，包括伤残津贴、生活护理费和供养亲属抚恤金三项。一次性待遇主要是给予因工伤残亡职工的补偿待遇，包括一次性伤残补助金、一次性工伤医疗补助金、一次性伤残就业补助金、一次性工亡补助金和丧葬补助金等。

4. 按待遇支付责任分，分为用人单位支付待遇和工伤保险基金支付待遇

按照现行《工伤保险条例》规定，工伤待遇由工伤保险基金和用人单位共同承担，其中工伤保险基金承担主要部分。由工伤保险基金支付的待遇有：工伤医疗费、住院伙食费、异地就医交通费、工伤康复费、劳动能力鉴定费、一次性伤残补助金、一至四级工伤职工伤残津贴、生活护理费、配置辅助器具费、一次性医疗补助金、供养亲属抚恤金、一次性工亡补助金和丧葬补助金。由用人单位支付的待遇主要有：停工留薪期内的工资福利和生活护理待遇、五至六级伤残职工的伤残津贴和一次性伤残就业补助金。

二、工伤待遇构成及水平

（一）工伤待遇构成

1. 工伤医疗待遇

工伤医疗待遇主要包括：①治疗工伤所需的挂号费、诊疗费、药费、住院费等费用，只要在工伤保险诊疗项目目录、工伤保险药品目

录、工伤保险住院服务标准的范围内，即由工伤保险基金支付。②工伤职工在住院期间需要护理的，由用人单位支付护理费；工伤职工在停工留薪期内工资福利不变，由用人单位按月支付。③工伤职工治疗工伤需要住院的，住院伙食补助费及经批准转统筹地区以外就医治疗的，所需交通、食宿费用由工伤保险基金支付，基金支付的具体标准由统筹地区人民政府规定。

专栏3—1　　部分国家工伤医疗费规定

英国：按国民医疗保健的规定提供。

法国：所有费用（治疗、手术、住院、药品、辅助器具、交通费用、康复治疗）由初级保险基金会承担。

加拿大：可自行选择医院治疗，费用由医院向劳动补偿局和劳工补偿委员会进行结算。

韩国、日本：在工伤医院或指定医院治疗，不能随意选择，医疗费100%报销。

意大利：保险机构指定医院和医生。若自己选择，费用差额由自己负担。

新加坡：医疗费由雇主或雇主所投保的保险公司承担。

2. 停工留薪期待遇

职工因工作遭受事故伤害或者患职业病需要暂停工作接受工伤医疗期间为停工留薪期。《工伤保险条例》规定停工留薪期一般不超过

12 个月，伤情严重或者情况特殊，经设区的市级劳动能力鉴定委员会确认，可以适当延长，但延长时间不得超过 12 个月。在停工留薪期内，工伤职工原工资福利待遇不变，由所在单位按月支付。停工留薪期内已结束治疗或停工留薪期满，如果工伤职工身体损伤没有恢复并留有残疾，可向劳动能力鉴定机构申请进行评残。

3. 伤残津贴

工伤职工被鉴定为一至四级伤残的，保留劳动关系，退出工作岗位，由工伤保险基金按月支付伤残津贴。标准为：一级伤残为本人工资的 90%，二级伤残为本人工资的 85%，三级伤残为本人工资的 80%，四级伤残为本人工资的 75%。伤残津贴实际金额低于当地最低工资标准的，由工伤保险基金补足差额。工伤职工达到退休年龄并办理退休手续后，停发伤残津贴，按照国家有关规定享受基本养老保险待遇。基本养老保险待遇低于伤残津贴的，由工伤保险基金补足差额。《工伤保险条例》还规定五至六级伤残职工保留与用人单位的劳动关系，由用人单位安排适当工作。难以安排工作的，由用人单位按月发给伤残津贴，标准为：五级伤残为本人工资的 70%，六级伤残为本人工资的 60%，并由用人单位按照规定为其缴纳应缴纳的各项社会保险费。伤残津贴实际金额低于当地最低工资标准的，由用人单位补足差额。

专栏 3—2　　部分国家伤残补偿情况

英国：残疾程度19%及以下，只发给一次性950～2 950英磅残疾津贴，残疾程度20%以上者发给长期工伤残疾津贴。残疾程度20%，18岁以上者，一周发给18.64英磅，18岁以下无被供养人者，一周发给11.42英磅，……残疾程度为90%，18岁以上者，一周发给83.88英磅，18以下无被供养人者，一周发给51.39英磅。残疾程度为100%，一周最多发给93.2英磅，如因残疾，不能获得原职业相同收入者，发给收入降低补贴，最高为每周37.28英磅。

法国：残疾程度10%以下，发给一次性残疾津贴。其他依据残疾程度在全残基础上递减。全残津贴为本人最近12个月平均收入的100%。

美国：伤残补偿约为雇员工伤前工资的50%～75%，这部分待遇不用缴费，因而接近雇员工伤前实际所得工资收入。加利福尼亚州规定，给付短期（暂时伤残）赔偿待遇最高，每周最高可达336美元；康复期伤残补偿较低，每周最高为288美元，长期残疾者的赔偿待遇最低，每周最多为148美元。因工伤伤残一年后还不能上班，可同时申请联邦政府的伤残保障金，但两项相加不得超过本人原工资的80%。

加拿大：暂时全残除由劳工补偿局和劳工补偿委员会发给本

人净收入的90%外，另给其配偶、子女11 025加元的补偿费，永久性全部丧失劳动能力按残疾等级发给受伤前原收入的90%。作为计发基数的全年工资额不能超过3万加元，全年最低保障金额以11 025加元的一定比例发给，如现工作岗位低于原岗位工资收入者，由劳工补偿局和劳工补偿委员会发给差额的90%补偿费。

韩国：按伤残等级发给，伤残等级分为14级，其中伤残程度为一至七级的按月发给伤残补助年金，相当于一年发给329天至138天的日工资。另外，发给一次性伤残补助金，标准为1 474天至616天的平均日工资，伤残等级为八至十四级的只发给一次性伤残补助金，标准为495天至55天的平均日工资，若伤残者治疗两年后被解雇，按一至三级伤残补偿年金标准给予伤残补偿年金。

新加坡：永久全部丧失劳动能力，伤残待遇为105 000新元；永久全部丧失劳动能力的伤残待遇×丧失劳动能力百分比，或丧失劳动能力百分比×每月收入×年龄系数，取上述两式计算结果较小的值即为永久部分劳动能力的伤残待遇，但待遇最低不得低于35 000新元。

4. 护理费

因生活不能自理需依赖他人护理的伤残职工被认为有护理依赖。经劳动能力鉴定机构确认需要生活护理的，从工伤保险基金按月支付生活护理费。生活护理费按照生活完全不能自理、生活大部分不能自理和生活部分不能自理3个不同等级支付，其标准分别为统筹地区上年度职工月平均工资的50%、40%、30%。

5. 辅助器具配置费

工伤职工因日常生活及就业需要，经劳动能力鉴定机构确认，可以安装假肢、矫形器、假眼、假牙和配置轮椅等辅助器具，所需费用按国家规定标准从工伤保险基金支付。

6. 一次性伤残补助金

工伤职工被评有伤残等级，即按国家评残标准评为一至十级的，可以享受一次性伤残补助金待遇，由工伤保险基金一次性给付。标准为：一级为27个月的本人工资、二级为25个月的本人工资、三级为23个月的本人工资、四级为21个月的本人工资、五级为18个月的本人工资、六级为16个月的本人工资、七级为13个月的本人工资、八级为11个月的本人工资、九级为9个月的本人工资、十级为7个月的本人工资。

7. 丧葬补助金

丧葬补助金是专项用于工伤职工死亡时对后事处理的补助性待遇，标准为6个月的统筹地区上年度职工月平均工资，该项待遇由工伤保险基金支付。

8. 供养亲属抚恤金

对于工亡职工生前供养的亲属，按规定可以发放供养亲属抚恤金。标准为：配偶每月40%，其他亲属每人每月30%，孤寡老人或者孤儿每人每月在上述标准的基础上增发10%。核定的各供养亲属的抚恤金之和不高于因工死亡职工生前的工资。

专栏 3—3　部分国家遗属抚恤规定

法国：规定子女为未满 16 岁，失业者 17 岁，学生或残疾者 20 岁以下。对配偶发给死者收入的 30%，对其中年满 55 岁不能工作者发给 50%；对孤儿发给死者收入的 15%；第三个及以上子女，发给 10%；对其他供养遗属，视情况发给死者收入的 10%～30%；但各项遗属抚恤金不得超过死者收入的 85%。

加拿大：规定子女为 19 岁以下。规定有遗孀和子女的，按死者收入的 90%发给，有遗孀、无子女的，最高不超过 60%；遗孀小于 40 岁的，每少一岁，减发 1%，最少不少于 20%；有子女、无遗孀的，按每个子女 30%发放，但不超过死者收入的 90%；无子女、无遗孀的，发给其他家属 50%。

韩国：发给 18 岁以下的子女。

意大利：如子女正在求学，中等教育可支付到 21 岁，高等教育可支付到 26 岁。

9. 一次性工亡补助金

按照新修订的《工伤保险条例》规定，一次性工亡补助金标准为上一年度全国城镇居民人均可支配收入的 20 倍。按照 2016 年城镇居民可支配收入水平，一次性工亡补助金为 672 320 元。该项待遇不分区域、不分城乡，实行全国统一标准。

（二）各时期的工伤待遇比较

纵观我国工伤保险发展历程，以《劳动保险条例》《企业职工工伤保险试行办法》《工伤保险条例》划分出我国工伤保险发展的三个重要阶段。

第一阶段以《劳动保险条例》为标准，工伤待遇保障主要由企业负责。1951 年政务院颁布实施、1953 年修订的《劳动保险条例》，初步构建起工伤保险制度框架，规定了工伤待遇项目和标准（见表 3—5）。1957 年，卫生部制定《职业病和职业病患者处理办法》，公布了 14 种职业病名单，规定职业病与工伤给付同等待遇。1969 年，劳动保险资金从全国统一实施和调剂改为企业自筹资金和给付，劳动保险退

表 3—5　　《劳动保险条例》待遇项目

项目	用人单位负责
医疗待遇	1. 诊疗费 2. 药费 3. 住院费 4. 住院食膳费 5. 就医路费 6. 医疗期间工资
伤残待遇	1. 完全丧失劳动力，起居需人扶助：本人工资 75%，付至死亡时止 2. 完全丧失劳动力，起居不需人扶助：本人工资 60%，付至死亡时止 3. 部分丧失劳动力尚能工作者：按其残废后丧失劳动力程度付本人工资 10%～30%
工亡待遇	1. 丧葬费：3 个月企业人均工资 2. 供养亲属抚恤费：本人工资 25%～50%

化为企业保障，这一模式一直延续至 1996 年。此阶段，工伤保险实际上是雇主责任制，企业承担职工因工负伤、残疾、死亡的一切待遇给付责任。

第二阶段以《企业职工工伤保险试行办法》为标志，我国工伤保险由雇主责任开始向社会保险模式转变。工伤保险实行社会统筹，由企业向工伤保险管理机构缴纳工伤保险费，工伤保险机构负责工伤保险基金的筹集、管理和待遇支付。这一规定使工伤保险纳入社会保险范畴，改变了过去多年来实行的由企业承担工伤待遇给付的模式，使我国工伤保险与国际惯例、世界各国通行做法趋于一致，更加符合工伤保险制度设立的初衷，工伤保险待遇项目和内容基本保持了《劳动保险条例》的框架，但增加了一次性待遇，如一次性伤残补助金、一次性工亡补助金、一次性医疗补助金和一次性就业补助金，见表 3—6。

表 3—6　《企业职工工伤保险试行办法》待遇项目

<table>
<tr><th>项目</th><th>工伤保险基金支付</th><th>用人单位负责</th></tr>
<tr><td>医疗待遇</td><td>1. 工伤医疗费用
2. 康复性治疗费用
3. 辅助器具配置费用</td><td rowspan="3">1. 住院伙食补助费
2. 转外地治疗的交通、食宿费
3. 医疗期内的工资福利及陪护
4. 伤残津贴（对五至六级企业难以安排工作的伤残职工发放）
5. 易地安家费
6. 一次性工伤医疗补助金和伤残就业补助金</td></tr>
<tr><td>伤残待遇</td><td>1. 一次性伤残补助金
2. 伤残津贴
3. 生活护理费</td></tr>
<tr><td>工亡待遇</td><td>1. 一次性工亡补助金
2. 丧葬补助金
3. 供养亲属抚恤金</td></tr>
</table>

第三阶段是以《工伤保险条例》为标志，我国工伤保险制度走上了法制化的道路。《工伤保险条例》在覆盖范围、管理方式等方面发生变化的同时，在待遇项目的设置上比较注重与《企业职工工伤保险试行办法》的待遇项目相衔接，保持了新老制度的平稳过渡及待遇项目的一致性。在伤残津贴等待遇标准上作了适当提高，以保证工伤待遇与社会发展水平及职工社会平均工资水平相适应，见表3—7。2010年《工伤保险条例》修订，继续提高了伤残津贴、一次性伤残补助金等待遇项目水平，其中大幅度提高了一次性工亡补助金，并将住院期间的伙食补助金，转外地治疗的交通、食宿费，一次性医疗补助金由原来企业支付改为工伤保险基金支付，进一步减轻企业的负担，越发凸显工伤保险制度的作用，见表3—8。

表3—7　　2003年《工伤保险条例》待遇项目

<table>
<tr><th>项目</th><th>工伤保险基金支付</th><th>用人单位负责</th></tr>
<tr><td>医疗待遇</td><td>1. 工伤医疗费用
2. 康复性治疗费用
3. 辅助器具配置费用</td><td rowspan="3">1. 住院伙食补助费
2. 转外地治疗的交通、食宿费
3. 停工留薪期内的工资福利及陪护
4. 伤残津贴（对五至六级企业难以安排工作的伤残职工发放）
5. 一次性工伤医疗补助金和伤残就业补助金</td></tr>
<tr><td>伤残待遇</td><td>1. 一次性伤残补助金
2. 伤残津贴
3. 生活护理费</td></tr>
<tr><td>工亡待遇</td><td>1. 一次性工亡补助金
2. 丧葬补助金
3. 供养亲属抚恤金</td></tr>
</table>

表 3—8　　2010 年《工伤保险条例》待遇项目

<table>
<tr><th>项目</th><th>工伤保险基金支付</th><th>用人单位负责</th></tr>
<tr><td>医疗待遇</td><td>1. 工伤医疗费用
2. 住院伙食补助费
3. 转外地治疗的交通、食宿费
4. 康复性治疗费用
5. 辅助器具配置费用</td><td rowspan="3">1. 停工留薪期内的工资福利及陪护
2. 伤残津贴（对企业难以安排工作的五至六级伤残职工发放）
3. 一次性伤残就业补助金</td></tr>
<tr><td>伤残待遇</td><td>1. 一次性伤残补助金
2. 伤残津贴
3. 生活护理费
4. 一次性医疗补助金</td></tr>
<tr><td>工亡待遇</td><td>1. 一次性工亡补助金
2. 丧葬补助金
3. 供养亲属抚恤金</td></tr>
</table>

1. 各阶段待遇项目比较

从各个阶段的项目框架看，基本上保持一致，都分为医疗待遇、伤残待遇和死亡待遇。而具体到各个项目，《劳动保险条例》《企业职工工伤保险试行办法》和《工伤保险条例》的不同之处在于：一是《劳动保险条例》没有一次性待遇的规定，从《企业职工工伤保险试行办法》开始增加了一次性待遇。二是《劳动保险条例》没有对护理费进行单独规定，只是在伤残抚恤金发放标准上给予了适当考虑，《企业职工工伤保险试行办法》和《工伤保险条例》都明确规定了工伤护理费待遇。三是《劳动保险条例》对辅助器具配置没有作出待遇标准的规定，只是要求由企业全额承担。从上述比较看，《企业职工工伤保险试行办法》和《工伤保险条例》的规定更具一致性。但是，《企业职工工伤保险试行办法》和《工伤保险条例》也有一些细微差异，如：《企业职工工伤保险试行办法》规定一至四级伤残人员旧病复发死亡的，其供养亲属可以享受工伤人员死亡时25个月上年度全市职工月平均工资，而《工伤保险条例》则取消了此项待遇。

2. 工伤待遇水平比较

（1）各时期待遇水平比较。纵向比较工伤保险各阶段的待遇水平，总体来说待遇水平是随着社会经济发展水平和社会平均工资水平的增长不断提高的。表3—9为《企业职工工伤保险试行办法》与《工伤保险条例》各阶段待遇水平比较。

表3—9 《企业职工工伤保险试行办法》与《工伤保险条例》各阶段待遇水平比较

项目		《企业职工工伤保险试行办法》	《工伤保险条例》（2003年）	《工伤保险条例》（2010年）
工伤医疗费用		全额报销	全额报销	全额报销
康复性治疗费用		全额报销	全额报销	全额报销
辅助器具配置费用		按国内普及型标准报销	按国内普及型标准报销	按国内普及型标准报销
一次性伤残补助金	一级伤残	本人工资24个月	本人工资24个月	本人工资27个月
	二级伤残	本人工资22个月	本人工资22个月	本人工资25个月
	三级伤残	本人工资20个月	本人工资20个月	本人工资23个月
	四级伤残	本人工资18个月	本人工资18个月	本人工资21个月
	五级伤残	本人工资16个月	本人工资16个月	本人工资18个月

续表

项目		《企业职工工伤保险试行办法》	《工伤保险条例》（2003 年）	《工伤保险条例》（2010 年）
一次性伤残补助金	六级伤残	本人工资 14 个月	本人工资 14 个月	本人工资 16 个月
	七级伤残	本人工资 12 个月	本人工资 12 个月	本人工资 12 个月
	八级伤残	本人工资 10 个月	本人工资 10 个月	本人工资 10 个月
	九级伤残	本人工资 8 个月	本人工资 8 个月	本人工资 9 个月
	十级伤残	本人工资 6 个月	本人工资 6 个月	本人工资 7 个月
伤残津贴	一级伤残	本人工资 90%	本人工资 90%	本人工资 90%
	二级伤残	本人工资 85%	本人工资 85%	本人工资 85%
	三级伤残	本人工资 80%	本人工资 80%	本人工资 80%
	四级伤残	本人工资 75%	本人工资 75%	本人工资 75%
	五级伤残	本人工资 70%（企业难以安排工作时支付）	本人工资 70%（用人单位难以安排工作时支付）	本人工资 70%（用人单位难以安排工作时支付）
	六级伤残	本人工资 70%（企业难以安排工作时支付）	本人工资 60%（用人单位难以安排工作时支付）	本人工资 60%（用人单位难以安排工作时支付）
	七至十级伤残	一次性伤残就业补助金（企业支付）	一次性医疗补助金（用人单位支付）、伤残就业补助金（用人单位支付）	一次性医疗补助金（工伤保险基金支付）、伤残就业补助金（用人单位支付）
生活护理费	全部护理依赖	上年度当地职工月平均工资 50%	统筹地区上年度职工月平均工资 50%	统筹地区上年度职工月平均工资 50%
	大部分护理依赖	上年度当地职工月平均工资 40%	统筹地区上年度职工月平均工资 40%	统筹地区上年度职工月平均工资 40%
	部分护理依赖	上年度当地职工月平均工资 30%	统筹地区上年度职工月平均工资 30%	统筹地区上年度职工月平均工资 30%

续表

项目	《企业职工工伤保险试行办法》	《工伤保险条例》（2003年）	《工伤保险条例》（2010年）
一次性工亡补助金	48～60个月本省、自治区、直辖市上年度职工平均工资	48～60个月统筹地区上年度职工月平均工资	上年度全国城镇居民人均可支配收入20倍
丧葬补助金	6个月本省、自治区、直辖市上年度职工平均工资	6个月统筹地区上年度职工月平均工资	6个月统筹地区上年度职工月平均工资
供养亲属抚恤金	供养亲属抚恤金发给由死者生前提供主要生活来源的死者的亲属。其标准为：配偶每月按本省、自治区、直辖市上年度职工月平均工资的40%发给，其他供养亲属每人每月按30%发给，孤寡老人或者孤儿每人每月在上述标准的基础上加发10%。抚恤金总额不得超过死者本人工资	供养亲属抚恤金按照职工本人工资的一定比例发给由因工死亡职工生前提供主要生活来源、无劳动能力的亲属。标准为：配偶每月40%，其他亲属每人每月30%，孤寡老人或者孤儿每人每月在上述标准的基础上增加10%。核定的各供养亲属的抚恤金之和不应高于因工死亡职工生前的工资	供养亲属抚恤金按照职工本人工资的一定比例发给由因工死亡职工生前提供主要生活来源、无劳动能力的亲属。标准为：配偶每月40%，其他亲属每人每月30%，孤寡老人或者孤儿每人每月在上述标准的基础上增加10%。核定的各供养亲属的抚恤金之和不应高于因工死亡职工生前的工资

（2）与社会保险其他项目比较。工伤保险和医疗保险、养老保险有相似的待遇项目，例如工伤医疗待遇和医疗保险待遇都是对医疗服务资源的提供，工伤津贴待遇与养老金待遇同属于年金性待遇。就工伤医疗待遇与医疗保险待遇比较，工伤保险提供的医疗待遇要高于医疗保险待遇。按照规定职工因工伤治疗产生的费用只要是在规定范围

内的，全部由工伤保险基金支付，个人不需要负担医疗费。就工伤伤残津贴与养老金比较，伤残津贴水平一般情况下也要高于养老金水平。按照改革前的养老保险办法和工伤保险办法，职工因工全残实行退休制度，领取养老金。1994 年《中华人民共和国劳动法》（以下简称《劳动法》）颁布，其第七十二条规定："社会保险基金按照保险类型确定资金来源，逐步实行社会统筹。"1996 年《企业职工工伤保险试行办法》规定："领取伤残抚恤金的职工，到达退休年龄时，继续由工伤保险基金支付伤残抚恤金。伤残抚恤金低于按养老保险规定计发的养老金标准的，应按养老金的标准由工伤保险基金补足差额部分。"现行《工伤保险条例》规定："工伤职工达到退休年龄并办理退休手续后，停发伤残津贴，按照国家有关规定享受基本养老保险待遇。基本养老保险待遇低于伤残津贴的，由工伤保险基金补足差额。"从上述不同时期的规定可以看出，在工伤伤残津贴和养老金的关系处理上存在较为一致的政策导向，就是要确保伤残津贴水平高于养老金水平。但是，一至四级人员的伤残津贴和养老金都属于生活保障性待遇，按照社会保险同类项目不可双重享受原则，一至四级人员只能领取一项同类待遇。按照现行政策规定，一至四级伤残人员达到退休年龄后要转到养老保险系统，领取养老金。如果一至四级伤残人员达到退休年龄时的伤残津贴比养老金待遇高，采取就高不就低的原则，如果伤残津贴比同等资历职工的养老金水平低，不足部分由工伤保险基金补齐。一般情况下，一至四级伤残人员的养老金待遇不会低于原伤残津贴水平。

（3）工伤保险与商业保险的比较。以《工伤保险条例》和最高人民法院《关于审理人身损害赔偿案件适用法律若干问题的解释》（2003年12月4日最高人民法院审判委员会第1299次会议通过）为依据，对死亡者及其遗属待遇进行比较，见表3—10。

表3—10　　工伤保险待遇与人身损害赔偿比较

项目	工伤保险	人身损害赔偿
丧葬费	丧葬补助金为6个月的统筹地区上年度职工月平均工资	丧葬费按照受诉法院所在地上一年度职工月平均工资标准，以6个月总额计算
供养亲属抚恤金	供养亲属抚恤金按照职工本人工资的一定比例发给由因工死亡职工生前提供主要生活来源、无劳动能力的亲属。标准为：配偶每月40%，其他亲属每人每月30%，孤寡老人或者孤儿每人每月在上述标准的基础上增加10%。核定的各供养亲属的抚恤金之和不应高于因工死亡职工生前的工资	被扶养人生活费根据扶养人丧失劳动能力程度，按照受诉法院所在地上一年度城镇居民人均消费性支出和农村居民人均年生活消费支出标准计算。被抚养人为未成年人的，计算至18周岁；被赡养人无劳动能力又无其他生活来源的，计算20年。但60周岁以上的，年龄每增加1岁减少1年；75周岁以上的，按5年计算
一次性工亡补助金	一次性工亡补助金标准为上年度全国城镇居民人均可支配收入的20倍	死亡赔偿金按照受诉法院所在地上一年度城镇居民人均可支配收入或者农村居民人均纯收入标准，按20年计算。但60周岁以上的，年龄每增加1岁减少1年；75周岁以上的，按5年计算

从丧葬费、供养亲属抚恤金、一次性工亡补助金三项待遇看，丧葬费、供养亲属抚恤金和一次性工亡补助金的水平大体相当。如果考虑被侵权人可以要求精神损害赔偿，而工伤保险不可以要求精神损害

赔偿的因素，在这点上人身意外伤害保险在某些案例的赔偿上可能要高于工伤保险待遇标准。但是，工伤保险与商业保险的最大区别在于商业保险为一次性给付，工伤保险是终身保障。工伤保险的定期给付方式可确保伤残职工及工亡职工供养亲属的长期生活得到妥善安排。

（4）与其他方面的比较。《工伤保险条例》的一个重大改变是针对一至四级工伤人员劳动关系的处理。现行《工伤保险条例》规定，“一级至四级伤残的，保留劳动关系”，这意味着一至四级工伤人员仍然是单位职工，有权和单位其他职工一样享受同等权利，这和《企业职工工伤保险试行办法》有很大不同。从某种意义上讲，该项规定给了一至四级伤残人员更多的受益机会，可有机会获得更多的来自单位的福利待遇及非现金性帮助，如子女入学、就业等帮助。另外，根据《工伤保险条例》规定，对于非法用工单位人员受到事故或者患职业病也给予了保护措施，要求用人单位承担工伤待遇的支付责任。

（三）我国工伤保险待遇特点

1. 工伤待遇优于非工伤待遇

劳动者作为一个自然人，其人身权主要体现为生命健康权，即自然人维持生命和安全并且使其器官和整体功能运转正常的权利，从劳动法的意义上讲则是其劳动能力的维护。而工伤事故一旦发生有可能给劳动者肢体、器官等造成损伤，使其劳动能力下降或完全丧失甚至死亡，这不仅直接影响劳动者本人的生存质量，也会影响到其家庭的生活状态及水准。基于这样的原因，实行工伤保险制度的国家都采取工伤待遇优于非工伤待遇的做法。我国对因工受伤职工实行免费治疗，对伤残津贴、供养亲属抚恤金等维持生活水准的待遇采取高于社会保险其他项目待遇水平的做法，也充分体现了国家对工伤职工及工亡职工供养亲属的倾斜性保障思想。

2. 注重待遇标准的统一性

《工伤保险条例》规定凡是参加工伤保险的职工，无论是企业职工、事业单位工作人员还是农民工都是按照规定享受相同的待遇标准。对于一次性工亡补助金更是采取以全国城镇居民可支配收入为基数，实行全国统一标准。这种采取统一待遇标准的做法更多地体现了制度的公平性。

3. 注重待遇标准的连续性

从工伤保险三个不同时期确定的待遇标准看，总体遵循着与伤残人员本人生活水平相关的待遇，如伤残津贴，以本人工资作为基数；与本人生活水平没有直接关联的待遇，如生活护理费、丧葬费等，采取以统筹地区上年度职工月平均工资为基数。这样的做法保证了待遇标准的延续性，也保证了各个时期待遇水平可以随着基数的调整而有所上涨，形成了自动调整机制。

4. 注重分享经济发展成果

《工伤保险条例》规定，伤残津贴、供养亲属抚恤金和生活护理费由省、自治区、直辖市人民政府根据职工平均工资和生活费用变化等情况进行适时调整。伤残津贴、供养亲属抚恤金和生活护理费这三项待遇是维系伤残职工和工亡职工供养亲属日常生活的费用，关系到他们的生活水准，因此采取了与职工社会平均工资水平、物价指数等指标挂钩的方式，并规定1～2年进行一次调整，以保证伤残人员和工亡职工供养亲属能分享到社会发展成果。

（四）存在的问题分析

1. 工伤护理待遇偏低

《工伤保险条例》有关护理费待遇继续延续《企业职工工伤保险试行办法》规定的标准，虽然护理费的发放是以统筹地区上年度职工月平均工资为基数，在发放比例不变的情况下，护理费也会随着社会平均工资的上涨有所增加。但从实际情况看，现行护理费标准对那些完全和大部分依赖的重残职工来说仍然偏低。一个完全丧失生活自理能力的人需要他人24小时照顾，也就是说至少需要2～3个护理人员轮流照顾，现在的护理费标准显然请不到2～3名护理人员，如果请1名护理人员来护理重度伤残人员，实际上所需的费用比患者的工资还高，因此许多患者只能由家人护理，从而加重了家庭负担。

2. 有些问题需要予以明确

从目前工伤保险实施情况看，还存在着一些问题需要在法律及政策上予以明确。如：一至四级伤残职工按现行政策规定不解除劳动关系，需要继续缴纳医疗保险费，但是要不要缴纳养老保险费，在政策中没有规定，造成目前各地做法不同，有的地方规定要缴纳养老保险费，有的地方不缴纳养老保险费。如果没有缴纳养老保险费的一至四级伤残人员，因养老保险缴费年限短影响到退休后的养老金水平，怎么处理，也没有具体规定。再如：第三人侵权伤害的赔付问题没有明确的政策指导，造成有些地区是双重支付，有些地区实行单赔，待遇差距较大，导致待遇保障的不公平。此外，一次性工亡待遇增长过快，导致一次性工亡待遇水平与其他待遇过于悬殊，目前已产生向“突发疾病”条款上靠的负面导向作用。

3. 有些遗留问题需要进一步解决

一是随着国有企业“老工伤”人员问题的解决，关停破产后转制的集体企业“老工伤”人员待遇如何保障问题日益突显。二是如何推动工伤保险先行支付政策的有效实施，做到既保证劳动者在遭受职业伤害后可以得到及时救治，又有利于工伤保险制度健康发展，防止基金流失。三是历史遗留的职业病问题急需解决。由于职业病尤其是尘肺病潜伏期较长，有些人诊断出职业病后，原企业已经不存在或者经过了改制，无法找到用人单位，工伤待遇得不到保障的问题越来越突出。

4. 管理上缺乏规范和标准

随着工伤保险制度深入发展，对工伤保险的需求和要求也越来越多、越来越高。其中，在待遇管理方面暴露出来的问题主要是缺乏相应的技术规范和标准，如：工伤医疗服务项目标准、工伤医疗诊疗标准、工伤保险先行支付规范管理办法、工伤康复有关的技术标准和管理规范等。由于在执行中没有针对性的规范标准，造成在医疗、康复等待遇支付上存在着一定漏洞，甚至出现骗保情况。

三、值得探讨的工伤保险待遇问题

（一）工伤保险待遇与相关领域赔偿的关系

由于工伤的发生不仅是由职业危害造成的，还可能是由于雇主或第三者的过错责任造成的，如：雇主违法不提供劳动安全保护措施或第三者对履行工作职责的劳动者进行人身伤害导致劳动者伤、残、亡等，这就产生了劳动者能否既依照社会保险法获得工伤保险待遇，又能依照民事侵权法、合同法获得民事赔偿的问题，即能否获得双重赔偿。在工伤保险制度的发展中，虽然世界上已有160多个国家建立了强制性工伤保险制度，但在工伤发生后，是否能获得多重赔偿，各国的做法是不统一的。

1. 有关工伤的赔偿模式

一是工伤保险取代雇主的侵权责任模式。劳动者一旦发生工伤，只能向工伤保险机构请求工伤保险给付，雇主先行支付了工伤保险金，即免除雇主在侵权法和合同法上的责任，雇员就无权要求雇主对其伤残进行民事赔偿，明确否定了将民法一般原则适用于工伤事故的处理。采取这种模式一般是工伤保险待遇与民事赔偿待遇大体相当。

这一模式符合工伤保险制度建立的初衷，即对劳动者而言无须通过繁琐的诉讼程序而及时获得医疗救治、生活保障、经济补偿和职业康复。对雇主而言，其责任仅限于支付工伤保险金，有效地分散了雇主在工伤上的经济赔偿风险，也免于陷入烦琐的诉讼程序。就社会而言，可以节约社会资源，防止因法官的自由裁量导致工伤待遇畸高畸低的不公平现象的发生。这一模式不支持双重赔偿，规定受害劳动者不重复享有权利，且劳动者无选择权，只能适用于工伤保险法律法规有关规定，当然由第三者造成的人身伤害例外。

二是选择模式。工伤发生后，劳动者可在工伤保险与民事侵权损害赔偿之间择其一。如：新加坡工伤保险立法规定，发生职业伤害，工伤职工可以根据工伤保险补偿法申请工伤待遇，也可以依据民法通过民事诉讼获得民事赔偿，但二者只能择其一。选择模式建立的基础主要在于工伤保险给付标准低于民事损害赔偿标准，认为强行限定按工伤保险待遇给付对工伤职工是不公平的，法律不应强行剥夺工伤职工的民事求偿权。由于工伤保险相对于民事赔偿也有其优点，民事赔偿标准虽高，但须通过诉讼，时间长，也可能不确定，工伤保险待遇可迅速、及时获得，无须通过诉讼，具有持续、稳定、可靠的特点，因此法律赋予工伤职工根据自己的意愿选择对其有利的保障方式。

这一模式虽然赋予了工伤职工自由选择的权利，但由于两种赔偿方式各有利弊，只能择其一，使工伤职工面临选择难题，且不能保证工伤职工获得最满意的赔偿。与第一种模式的相同之处在于受害人仍是不能获得双重赔偿，不得重复享受权利。

三是补充型。发生工伤事故以后，工伤职工可首先获得工伤保险待遇给付，再以民事侵权责任补足其实际利益损失。职工虽可既主张工伤保险给付又主张侵权行为损害赔偿，但其最终所获得的赔偿或补偿，以实际损失为限，不得超过其实际遭受的损害。这种模式一般是在工伤保险给付低于民事侵权损害赔偿时发生的。具体操作程序一般为发生工伤事故后，工伤职工首先获得工伤保险待遇给付，再依侵权行为法规定通过民事诉讼向雇主或第三者主张民事侵权损害赔偿，但在获得的民事赔偿中应当扣除其已领的工伤保险补偿。采取这一模式的有日本、智利等国。

此种模式与第一种模式比较，工伤职工利益的获得不限于工伤保险给付范围，保障其利益实现的完全性，同时也能起到民事制裁和工伤预防的作用；与第二种模式比较，可保障工伤职工及时获得救治。这一模式仍然遵循工伤职工不能获得双重赔偿，不得重复享受权利的原则。

四是兼得型。工伤职工既可根据社会保险法获得工伤保险给付，又能根据侵权法获得侵权损害赔偿，使工伤职工获得最大利益。采用此种模式的国家甚少。这种模式与前面三种模式最大的区别就在于突破了工伤保险的一般原则（即不能获得双重赔偿，不能重复享受权利的原则），工伤职工可获得“双份利益”。有学者评价这种模式加重了雇主负担，违背了设置工伤保险是为了分散雇主工伤风险的目的，违背了不应获得意外收益的基本原则，使工伤职工获得的利益超过其所受的实际损害。

2. 我国工伤待遇补偿方式的变化

第一阶段：我国从 20 世纪 50 年代至 1996 年《企业职工工伤保险试行办法》公布前，一直延续单一的补偿模式。由于新中国成立后长期没有民事法律，侵权法处于空白，未涉及工伤的民事侵权赔偿问题。

这一单一的补偿模式在我国计划经济体制下为工伤职工及时提供了医疗救治，保证了工伤职工的生命安全和健康及其家庭获得物质帮助的权利，是有其积极作用的。但其弊端也非常明显，由于工伤保险没有实行社会统筹，缺乏社会共济和无法分散企业工伤风险，尤其在20世纪80年代我国实行改革开放后，由企业单一承担给付工伤保险待遇的方式明显滞后于经济转型期的需要。

第二阶段：1996年，《企业职工工伤保险试行办法》颁布后，改变了过去多年来实行的完全由企业承担工伤待遇给付的做法，实行工伤社会保险，企业一旦参加工伤保险即免除其工伤赔偿责任和侵权责任。这种做法属于取代模式，由于企业先期缴纳了工伤保险费，即视为免除了其侵权责任，工伤待遇的给付责任即转移给工伤保险机构。

对于第三者侵权造成的伤害，规定采用民事赔偿责任和工伤保险责任竞合的补充模式解决。《企业职工工伤保险试行办法》第二十八条对工伤保险与交通事故损害赔偿，规定了在发生竞合时处理的顺序及责任如何承担。规定："由于交通事故引起的工伤，应当首先按照《道路交通事故处理办法》及有关规定处理。工伤保险待遇按照以下规定执行：①交通事故赔偿已给付了医疗费、丧葬费、护理费、残疾用具费、误工工资的，企业或者工伤保险经办机构不再支付相应待遇（交通事故赔偿的误工工资相当于工伤津贴）。企业或者工伤保险经办机构先期垫付有关费用的，职工或其亲属获得交通事故赔偿后应当予以偿还。②交通事故赔偿给付的死亡补偿费或者残疾生活补助费，已由伤亡职工或亲属领取的，工伤保险的一次性工亡补助金或者一次性伤残补助金不再发给。但交通事故赔偿给付的死亡补偿费或者残疾生活补助费低于工伤保险的一次性工亡补助金或者一次性伤残补助金的，由企业或者工伤保险经办机构补足差额部分。③职工因交通事故死亡或者致残的，除按照本条①、②项处理有关待遇外，其他工伤保险待遇按照本办法的规定执行。④由于交通肇事者逃逸或其他原因，受伤害职工不能获得交通事故赔偿的，企业或者工伤保险经办机构按照本办法给予工伤保险待遇。⑤企业或者工伤保险经办机构应当帮助职工向肇事者索赔，获得赔偿前可垫付有关医疗、津贴等费用。”1997 年 6 月，劳动部办公厅在《关于工伤确认等问题的请示》的复函（劳办发〔1997〕51 号）中规定：“除道路交通事故外，职工工伤涉及其他民事伤害赔偿的，例如《企业职工工伤保险试行办法》第八条第（五）项所规定的‘因履行职责招致人身伤害的’情形，其民事伤害赔偿和工伤保险待遇的处理问题，也应参照《企业职工工伤保险试行办法》第二十八条的规定办理。”根据以上规定，因交通事故或因第三者侵权而发生的工伤，法律强制规定工伤职工应先向侵权者索赔，不能首先要求工伤保险补偿，只有在侵权者逃逸或其他原因使工伤职工无法获得民事赔偿，工伤职工才能主张企业或者工伤保险机构给予相应的工伤保险待遇。如工伤职工获得的民事赔偿标准低于工伤保险给付待遇标准时，工伤职工可以要求补足差额。企业或工伤保险经办机构先期垫付有关费用的，工伤职工及其亲属在获得民事赔偿后，应当予以偿还。实行的是民事赔偿在先，工伤保险补充侵权责任的竞合模式，但遵循不重复享受权利，不能获得双重赔偿的原则。

第三阶段：我国2002年先后颁布了《职业病防治法》《安全生产法》，突破了工伤保险中不重复享受权利的原则，规定职业病患者、因生产安全事故受到损害的从业人员，除依法享有工伤社会保险外，仍依法享有民事求偿权，可获得双重权利。2002年5月1日起施行的《职业病防治法》规定："职业病病人除依法享有工伤社会保险外，依照有关民事法律，尚有获得赔偿的权利的，有权向用人单位提出赔偿要求。"《安全生产法》规定："因生产安全事故受到损害的从业人员，除依法享有工伤社会保险外，依照有关民事法律尚有获得赔偿权利的，有权向本单位提出赔偿要求。"现行《工伤保险条例》的条款中对此方面的内容没有作出明确的规定。

3. 补充模式应是工伤保险责任与民事侵权责任的合理选择

考虑到用人单位的经济承受能力及国际上大多数国家的做法，我国宜采用补充模式处理工伤保险责任与民事侵权责任。理由为：①从劳动法与社会保险法是劳动者权利本位法出发，采取补充模式既有利于保护劳动者的人身权利，又不会过多增加用人单位的负担。从重视劳动者人身权的保护出发，应允许在用人单位有重大过错的前提下，劳动者享有劳动法与侵权法的双重保护，保护其自由选择或放弃民事求偿权的意愿，但双重保护不是待遇的双重享受。②补充模式可以促使企业增强职业安全意识，做好工伤预防。③采用补充模式给予工伤待遇补偿，可使劳动权益更有保障，更能体现出社会公平。

（二）工伤保险与用人单位赔偿责任的关系

我国工伤保险有一个由雇主责任型向社会保险型的转变过程。雇主责任型的工伤保险，安全生产和工伤补偿都是由企业负责，而社会保险型的工伤保险，安全生产责任和工伤补偿责任是分开的。就工伤保险来说，制约企业搞好安全生产的手段非常有限，因此在待遇补偿方面由工伤保险和用人单位共同分担，是我国促使企业搞好安全生产的一个手段。目前我国经济正处于稳步发展时期，但同时也是工业事故易发多发时期，安全生产事故仍处于高位，职业病人数不断增多。据原国家经济贸易委员会等单位组织的《安全生产与经济发展关系》课题的研究结果显示，我国每年所发生的各类安全生产事故所造成的直接损失接近 1 000 亿元，加上间接损失则接近 2 000 多亿元。从平均统计数据看，我国每天各类事故造成约 300 人丧生，每年的经济损失相当于两个三峡工程；据国家安全生产监督管理总局的统计，2016 年全国发生各类生产安全事故 6 万起、死亡 4.1 万人。其中重特大事故 32 起、死亡 571 人。有许多安全生产事故、职业病的发生与用人单位片面追求经济利润，忽视劳动者生命安全有很大关系。

当前工伤待遇补偿采取共同承担责任的做法，要求用人单位承担一定的待遇给付责任，通过经济制约促使用人单位注重安全生产、加强工伤预防，防止或减少工伤事故和职业病的发生有一定的积极作用。

（三）待遇给付与年龄因素的关系

我国从 20 世纪 50 年代实行工伤保险以来，一直采取的是工伤保险待遇与伤残程度挂钩的做法，即伤残程度越严重，伤残等级越高，获取的待遇越高，这种做法对于保障伤残职工伤后生活有很大好处，也是大多数国家的普遍做法。但是从更人性化的角度讲，这种做法忽视了一个重要因素，就是伤残者的年龄因素。众所周知，一个年龄大和一个年龄小的职工，伤残对其个人的生活质量和家庭的影响是完全不同的。如：50 岁的伤残者和 30 岁的伤残者在家庭和社会所承担的责任是有很大分别的，50 岁的伤残者，其子女多数已经成人，他不一定是家庭经济的唯一承担者，而 30 岁的职工就不同了，他要承受上有老、下有小的重压，他的收入损失对家庭是更严重的打击。

考虑到这种现实情况，一些国家和地区把伤残者的年龄因素与待遇进行了综合考虑。如新加坡，工伤保险待遇的计算公式为：丧失工作能力的百分比×每月收入×年龄系数。把年龄作为待遇补偿的重要参考标准。即伤残（亡）时，年龄越轻，年龄系数越大。待遇与年龄因素挂钩，更加人性化，也更趋于合理。表 3—11 所示为新加坡工伤保险伤残（亡）工人年龄系数。

表 3—11　　新加坡工伤保险伤残（亡）工人年龄系数

年龄系数	工人年龄	年龄系数	工人年龄
144	40 岁以下	132	46
142	41	130	47
140	42	128	48
138	43	126	49
136	44	124	50
134	45	122	51

续表

年龄系数	工人年龄	年龄系数	工人年龄
120	52	99	60
118	53	96	61
116	54	92	62
114	55	87	63
111	56	82	64
108	57	77	65
105	58	72	66 岁以上
102	59		

四、工伤保险待遇水平与经济社会发展的关联性分析

（一）影响工伤保险待遇的因素

1. 制度模式

实行工伤保险雇主责任制的国家，一般情况下是国家规定各个企业必须参加工伤保险，但不规定具体的赔偿标准，各个企业会通过商业保险公司购买工伤保险。而购买的数额多少、赔偿额多少，都由企业决定，所以可能会出现工伤赔偿的标准不同，赔偿数额有高有低的情况。实行工伤保险社会保险型的国家，由国家立法实施，制定统一的待遇给付标准，所有参加工伤保险的人员在相同伤残等级的情况下，待遇给付标准是相同的。

2. 伤残程度

工伤保险是按伤残程度支付伤残待遇，因此不同伤残程度的人员

所获得的待遇是不同的。一般情况下，伤残严重的工伤职工得到的待遇高。我国把因工伤残程度分为十个等级，一级为最严重，十级为最轻，仅就一次性伤残补贴看，一级和十级的待遇水平可相差 4 倍。

3. 工资收入水平

由于工伤保险制度建立的目的是对因工伤残人员在遭受伤害时收入损失的补偿，因此职工的工资收入水平是确定工伤待遇的参数。我国工伤保险待遇计发主要使用三个重要基数，一是本人工资。涉及伤残人员伤后生活水准的待遇，一般是用本人工资收入为计发基数，如一次性伤残补助金、伤残津贴、供养亲属抚恤金。这样做的目的是为了使伤残职工及其供养亲属在受伤（亡）前后的生活水平不至于有太大悬殊。二是职工社会平均工资。在我国对于一些和伤残人员本身生活水准没有直接关系的工伤待遇，一般情况下以统筹地区上年度职工月平均工资为基数计算待遇，如生活护理费、一次性工亡补助金、丧葬费。另外，我国还规定，领取伤残津贴的实际金额低于当地最低工资标准的，工伤保险基金要补足差额，也就是说工伤人员的伤残津贴要高于当地最低工资水平。三是全国城镇居民人均可支配收入。《工伤保险条例》规定一次性工亡补助金是以全国城镇居民人均可支配收入为基数计发的。

4. 社会保险其他项目的待遇水平

工伤保险作为社会保险的项目之一，与社会保险的其他保险项目有着不可分割的联系，尤其是养老保险和医疗保险。从待遇总水平看，我国工伤保险待遇是高于养老保险和医疗保险待遇的。《工伤保险条例》规定，享受基本养老保险待遇的工伤职工，如果基本养老保险待遇低于伤残津贴的，由工伤保险基金补足差额，也就是说工伤保险待遇应高于或等于基本养老金。就工伤保险与医疗保险相比，工伤保险的医疗待遇也是高于医疗保险待遇的。由于工伤职工是一个特殊群体，是在工作中非本人主观意愿造成的伤残，因此各国都在极力保护这个群体。通常情况下对工伤的治疗是免费的，我国对工伤救治也是采取免费医疗，这和医疗保险个人要承担部分医疗费的做法有着明显的不同。在用药的范围方面，工伤保险也比医疗保险宽泛。

（二）政策建议

1. 工伤保险待遇水平应与社会经济发展水平相适应

目前我国还处于社会主义初级阶段，工伤保险待遇水平的确定既要从根本上、制度上充分维护和保障广大职工的基本权益，又要从我国社会主义初级阶段的现实情况出发，不应超越生产力发展水平，不搞“超水平”保障。具体说，对工伤职工要有制度上的保障，并保证待遇的长期、有效供给，同时也要使伤残职工能及时享受社会发展成果，使个人的生活水平能随着经济的发展有所增长。但是，待遇水平的确定不应超越社会经济发展水平和工伤保险基金的承受能力，应该全面、统筹考虑，合理确定和稳步调整待遇水平。

2. 建立工伤保险待遇定期调整机制

职工社会平均工资可以说是社会经济发展程度和水平的一个反映，工伤保险待遇和职工社会平均工资挂钩是工伤职工分享社会发展成果最直接的衡量。因此说，工伤保险待遇应该随着职工社会平均工资的调整而调整。当职工社会平均工资增长时，工伤待遇也应随之上调。伤残津贴、供养亲属抚恤金、护理费等长期待遇的调整幅度应综合考虑职工社会平均工资增长情况、CPI（居民消费价格指数）上涨等指标，并参照同时期养老金的调整幅度。调整周期要根据统筹地区的政策规定、管理能力及养老金的调整周期等因素确定，但是调整周期不宜过长，否则就失去了建立调整机制的意义。

3. 及时解决工伤保险制度发展中遇到的待遇保障问题

在工伤保险制度发展及社会经济发展新形势下，会不断出现一些新问题，如公务员参加工伤保险问题、新业态从业人员的工伤权益保障问题、灵活就业人员的待遇保障问题等。同时，也还有一些历史遗留问题需要解决，如双赔问题、伤残津贴待遇和养老待遇的关系处理问题、职业病问题等，都需要深入研究并予以解决。及时解决工伤待遇方面遇到的问题有利于制度的不断完善，更是保障职工工伤权益的具体体现。

4. 进一步树立“先康复、后补偿”理念

从国家视野看，一些国家已提出“先康复、后补偿”的理念并付诸行动，通过各种康复手段帮助工伤人员恢复肌体功能，减轻损伤程度，回归就业岗位，进而减少待遇的支付。我国目前已开展工伤康复工作，但还处于试点阶段，而且一些地方是在进行劳动能力鉴定、待遇给付之后再进行工伤康复，没有达到开展工伤康复的目的。建议进一步强化“先康复、后补偿”的理念和做法，同时要加强职业康复，帮助具有一定劳动能力的伤残职工重新回归就业岗位。

5. 研究探讨更加科学合理的待遇确定方法

随着我国经济发展进入新常态、新的就业形态不断涌现及工伤保险覆盖范围进一步扩大，工伤保险待遇政策也要与时俱进，不断完善。要研究探索工伤保险待遇项目、标准及水平确定方法，使其更加科学化、合理化；要进一步优化待遇项目，使其更加简单明了；要合理确定待遇标准和水平，使其能更好地保障工伤职工的医疗和基本生活。

第四篇

我国工伤康复现状分析及国际比较研究①

现代工伤保险制度是工伤预防、待遇补偿和工伤康复的有机结合。通过工伤预防从源头上控制工伤事故；通过工伤康复帮助工伤人员恢复身体功能和职业能力；通过待遇补偿保障工伤人员的医疗救治及基本生活，形成工伤事故事前预防、事后保障的工伤保险工作理念。工伤预防、待遇补偿和工伤康复三者的结合和功能互补不仅是对职业劳动者劳动行为的保护，更有利于制度的健康可持续发展和社会的和谐稳定。

在工伤保险制度框架下，工伤康复是“以人民为中心”“尊重个人生命健康和劳动权益”及“体面工作”等理念的最直接体现。工伤康复以帮助工伤职工重整伤后生活、重新回归社会及协助工伤职工重回工作岗位为终极目标，其实施过程和执行结果直接反映了对工伤职工生命权、健康权、工作权的尊重和保护。

由于工伤康复对象是因工伤残人员，其特点是：曾经是健康者，

① 本报告于2017年完成。

因职业伤害造成残疾；曾经是劳动者，因职业伤害而被迫退出工作岗位，与社会分离。因此说，伤残职工与一般意义上的残疾人既有共同点也有特殊性。共同之处是他们都有着提高生存质量的渴望，不同之处在于伤残职工有着更强烈的回归社会的诉求。

当今，实施工伤保险制度的国家基本上都开展了工伤康复工作。工伤康复不仅是社会经济发展的需要，同时已成为衡量各国社会进步程度和社会生活质量的重要指标。

一、我国残疾人康复事业发展总体情况

（一）康复概念及内容

1. 广义与狭义的概念

对康复的认识及康复活动的开展，是一个不断深入和发展的过程。在康复发展初期，主要是帮助残疾者进行身体功能的恢复。此时对康复的理解是：使残疾人达到和保持生理、感官、智力、精神和社交功能上的最佳水平，使他们借助于某种手段，改善生活状态，增加自立能力。这种康复总体意义上讲是医疗性质的康复，以实施矫形术和辅助器具安置为主要手段，以提高残疾人生存质量为目的。这种康复行为与当今世界对康复的诠释比较，是狭窄和单一的，因此通常被认为是狭义的康复。

随着康复事业的发展，康复内涵不断扩大。1969 年，世界卫生组织医疗康复专家委员会对“康复”作出的定义是：“综合地协调地应用

医学的、社会的、教育的和职业的措施，帮助残疾者进行训练和再训练，减轻致残因素造成的后果，尽量提高其活动功能，改善生活自理能力，重新参加社会生活。”

1981年，世界卫生组织医疗康复专家委员会对“康复”作出再次说明：“康复是指应用各种有用的措施，以减轻残疾的影响和使残疾人重返社会。康复不仅是指训练残疾人使其适应周围的环境，而且也指调整残疾人周围的环境和社会条件以利于他们重返社会。”

1982年，联合国大会第三十七届会议通过了《关于残疾人的世界行动纲领》，纲领中对“康复”再次进行描述，重申“康复是有既定目标并且时间有限的一段过程，这一过程目的是使有缺陷的人在心智上、身体上、参与社会生活的功能上都能达到最佳状态，这样就为其生活的改善提供了自身的条件。康复包括为补偿某一丧失或削弱的功能所采取的各种措施（例如配装辅助器具），也包括有助于使他们适应或重新适应社会生活的措施。”

从上述定义中可以看出，国际权威组织对“康复”的理解已不再是单纯的医疗意义上的康复，而是由提高生存质量扩展到提高生活质量的范畴，康复概念的内涵更加广阔。在注重心智、身体、感官恢复的同时，注重残疾人参与社会生活；从强调社会对残疾人的帮助，到强调社会对残疾人的责任。目前，康复是从物质层面到精神层面，从肢体的恢复到心理的诊疗，多层次、全方位的扶助行为，这是当今世界所倡导的现代康复理念。而目前还有一种观点认为，现代康复中还应包括预防性康复，即采取一些有效措施，防止或减少伤残的发生。

世界卫生组织认为，康复预防应采取三级预防措施：一级预防是防致残性损伤和疾病的发生；二级预防是防伤病发展成残疾；三级预防是防早期残疾发展成严重残障。预防性康复可以理解为是更积极的康复行为。

2. 康复的基本分类

对大多数残疾人而言，康复主要包括医学康复、教育康复、职业康复、社会康复四个方面。

一是医学康复。这是康复首要的和最重要的内容，也是残疾人全面康复的基础。凡是在医学上为达到康复目的而应用的功能诊断、治疗、训练和预防的相关医学技术与科学都称之为医学康复，工作内容包括功能测定和康复治疗两大部分内容，使用手段包括物理治疗、运动治疗、作业治疗、营养治疗以及必要的手术措施等。

二是教育康复。由于残疾人多是先天残疾，因此很难像正常人一样接受系统教育。对残疾人来讲，教育也是非常重要的，是改善生存状态的基本条件。残疾人的教育既包括普及性教育，也包括针对智力残疾、视力残疾、听力语言残疾者等所进行的特殊教育。

三是职业康复。职业康复包括就业咨询、职业能力测定、就业前的职业教育与训练、就业安置等，最终使残疾人能切实达到从事某项适合本人能力的工作岗位。因此，就职业康复而言，不是一个简单的工作安置问题，而是从体能上、心理上启发并训练残疾者对工作与就业岗位的积极心态和正确的自我价值认识。根据国际劳工组织的数据，全世界处于工作年龄且有残疾的人约有 3.86 亿，这部分人应是职业康复的对象。

四是社会康复。社会康复是为残疾人融入社会创造必要的社会环境和条件，包括法律保护、社会发展成果共享、公共服务设施的便利等，其目的是使残疾人获得平等的权利和必要的尊重。

康复包含的四个方面内容，也可以看成是康复的四个层面，医疗康复是基础层面，也是教育康复、职业康复、社会康复开展的前提。而教育康复是第二个层面，有数据表明，教育程度与残疾人就业率成正比。如果残疾人没有基本的知识储备和认知能力，职业康复将没法进行或达不到预期效果。第三个层面是职业康复，是残疾人自立于社会、自我生存的基础。社会康复则是更高层面的康复，是残疾人融入社会，享受社会权利的保障。从世界各国康复开展的情况看，并不是每个国家都实现了对残疾人四个层面的全面康复，做得比较好的是德国等发达国家，大多数国家正在朝着这个目标努力，目前还做不到全面康复。

由于因工致残人员是后天伤残，在就业前大多数已经接受并完成国家规定的教育内容，有一定的文化水平，因此对于工残人员来说，教育康复不是重点，重点应该是医疗康复和职业康复。

（二）我国残疾人康复事业发展状况

专栏 4—1

世界卫生组织对缺陷、残疾和障碍区分如下：

缺陷：是指心理上、生理上或人体上，某种组织或功能的任何异常或丧失。

残疾：是指由于缺陷而缺乏作为正常人以正常方式从事某种正常活动的能力。

障碍：是指一个人，由于缺陷或残疾，而处于某种不利地位，以至限制或阻碍该人发挥按其年龄、性别、社会与文化等因素应能发挥的正常作用。

目前世界上约有 6 亿的残疾人，其中 80％生活在低收入国家。伤残的主要原因有：战争伤害、地雷、艾滋病、营养不良、慢性病、物质滥用、事故和环境破坏等。

1. 残疾人总量

我国曾经就残疾人的基本状况进行过两次全国性的抽样调查，第一次时间为 1987 年，第二次为 2006 年。

第一次全国残疾人抽样调查显示，全国有 5 164 万残疾人，占全国人口的 4.9％。其中，视力残疾 755 万人，听力语言残疾 1 770 万人，智力残疾 1 017 万人，肢体残疾 755 万人，精神残疾 194 万人，多重残疾 673 万人（脊柱畸形和麻风病等残疾尚未统计在内）。据统计，我国每 5 个家庭有一个残疾人，受残疾影响的人口约为 2 亿。

第二次全国残疾人抽样调查显示，我国各类残疾人的总数为 8 296 万人。按照国家统计局公布的 2005 年末全国人口数，推算出本次调查时点我国总人口数为130 948万人，据此得到2006年4月1日我国残疾人占全国总人口的比例为6.34%。各类残疾人人数及占比是：视力残疾1 233万人，占14.86%；听力残疾2 004万人，占24.16%；言语残疾127万人，占1.53%；肢体残疾2 412万人，占29.07%；智力残疾554万人，占6.68%；精神残疾614万人，占7.40%；多重残疾1 352万人，占16.30%。

从总数看，我国残疾人数量呈上升趋势。第二次全国残疾人抽样调查与第一次比较，残疾人总量增加了3 000万，比例上升了两个百分点。从残疾类别结构看，听力残疾一直以来是我国残疾人中数量最大的人群。另外，通过对比抽样调查的结果发现，我国伤残结构发生了很大变化，如智力伤残人数大幅下降，减少了近一半；肢体残疾的人数大幅度增加，在不到20年的时间里增长了3倍，人数总量达到2 412万；重残人数增加了2倍。这些数据表明，非先天因素致疾是我国近年来残疾人总量上升的一个重要因素，从某种意义上讲增加了对康复服务的需求。

2. 我国残疾人康复事业进展情况

专栏4—2

从世界范围看，残疾人事业经历了几个发展阶段：第一阶段是文艺复兴之前不被特别关注的“自然”状态；第二阶段是文艺复兴时期把残疾人应该得到的特殊关怀视为尊重人权的表现；第三阶段是工业革命初期及以后关心残疾人的保障；第四阶段是20世纪初期以后，“保障残疾人生活，帮助他们回归社会”的理念被社会接受；第五阶段是第二次世界大战后国际社会和各国政府纷纷通过立法保护残疾人利益；第六阶段是20世纪80年代以后“平等、参与、共享”成为新的理念。

我国残疾人康复事业起步较晚。1983年11月7日，经国务院批准，中国肢体伤残康复研究中心成立，承担对伤残人员进行功能训练，辅之以必要的治疗，使之最大限度地恢复自理生活和一定的劳动、工作能力的有关康复的研究工作。1988年，残疾人康复工作开始纳入国民经济和社会发展计划。1990年12月颁布的《中华人民共和国残疾人保障法》，对残疾人的康复、教育、劳动就业、文化生活、福利、环境等方面作出了明确规定，充分维护了残疾人的合法利益。在该法律的康复章节，提出了国家和社会要采取康复措施，帮助残疾人恢复或者补偿功能，增强其参与社会生活的能力。

经过20多年的努力，我国逐步建立起残疾人康复的法律保障体系，形成了以政府为主导、有关部门各负其责、社会广泛参与的工作架构，并取得了一定的成效。一是为残疾人提供康复服务的能力增强。二是残疾人康复状况进一步改善。三是残疾人就业明显上升。

（三）基本判断

1. 我国残疾人康复事业起步较晚，虽取得一定成绩，但康复资源

供给与现实需求仍存在较大差距

目前我国存在经济快速发展与康复事业相对滞后的矛盾。一是，在重医疗、轻康复意识的影响下，政府财政对康复事业的投入不足，尤其是在中西部地区康复事业因经济原因受到严重制约；二是，在康复利润未达到最大化时，公办医疗机构力量和社会力量并不倾注于康复事业，造成社会提供康复服务不足；三是，残疾人康复的基本需求不能满足，限制了残疾人的基本生活和社会参与能力。以辅助器具的配置为例，据调查，约有92%的残疾人需要辅助器具和特殊用品，但其中有近90%无法得到；四是，康复人才严重不足，制约康复事业发展。

2. 残疾人康复地区发展不平衡，残疾率高的地区经济落后，康复事业发展缓慢

我国政府在残疾人康复方面做了很多努力，从国家大法到具体指导意见，实施了一系列的立法措施，确保了残疾人康复事业的发展，形成了良好的社会基础。但我国是一个发展中国家，经济发展水平、伤残人口状况等都存在明显的地区差异，康复事业的发展极不平衡。目前康复机构和康复人才主要集中在东、中部地区，集中在城市，特别是省级城市和市级城市，而残疾情况发生较多的农村地区和偏远地区，康复工作基本上处于空白，形成了最需要康复服务的地区恰又是康复事业发展缓慢地区的不合理格局。这种状况既影响了残疾人及时进行康复，又增加了残疾人康复的成本，无疑会制约残疾人康复事业的发展。

3. 残疾人康复项目开展不平衡，主要是医疗康复，无法满足工残职工全面康复的需要

长期以来，我国一直是以残疾人的医疗康复为重点，目前在很多专科医院和二级以上的综合医院都开设了康复科室，另外在部分医学院已有专门的康复医学专科，并开展了康复医学的理论研究。近年来，我国康复医学发展较快，与先进国家的差距在逐步缩小。但在残疾人职业康复方面，社会基础较为薄弱，没有形成职业能力评估、职业能力培训、职业介绍等职业康复的工作体系，缺乏专业机构。针对以职业康复为重点的工残人员来说，目前无法依托社会力量进行规范的职业康复，大多数因工伤残人员进行职业康复只能另选渠道。

4. 康复费用昂贵，个人能力难以承受，伤残职工的康复需由工伤保险基金支撑

以康复必需的助听器为例，最便宜的需要 2 000 元，价格较高的需要 1.2 万元。而助听器一般只适宜中轻度患者使用，重度患者需要配置人工耳蜗，人工耳蜗价格高达 18 万元。除了助听器外，每个患者还需要进行 1 年左右的康复培训。目前，广东省公立康复培训中心每人每月康复费在 1 千元以内，民办机构的康复费在 1 000 元至 2 000 元之间，1 年的康复费超过 1 万元。据了解，虽然我国政府、单位、集体对贫困康复对象有一定的补贴、救济，但康复费用总数的 2/3 要来自残疾人及其亲属。另据统计，残疾人及其家庭中有约 50％处于贫困状态，目前能够进行系统康复的只是经济状况较好的残疾人家庭。因此说，残疾人的康复仅靠自身的经济能力是很难完成的，必须有社会

力量的支撑。因工伤残人员作为工伤保险制度的保障对象，进行必要康复时费用应由工伤保险基金支付。

二、我国工伤康复的建立与发展

我国工伤保险制度从1951年建立至今，以制度实施的模式及程度划分，分为三个阶段。这三个阶段恰恰是以工伤保险三个重要法规的颁布实施为代表及分界线，分别是《劳动保险条例》《企业职工工伤保险试行办法》和《工伤保险条例》。三个法律法规中对工伤康复内容都有所涉及，说明我国一直以来对工伤康复都给予了重视，但由于三个法律法规所处的社会经济背景不同，对康复的认识和内容设计存在着一定的差异。

（一）计划经济体制下一般性的医疗康复时期

1951年制定、1953年修订的《劳动保险条例》第十二条第一款（甲）规定："工人与职工因工负伤，应在该企业医疗所、医院或特约医院医治……"，第十二条第一款（乙）第（三）项规定："部分丧失劳动能力尚能工作者，应由企业行政方面或资方分配工作，并由劳动保险基金项下，按其残废后丧失劳动力的程度，付给因工残废补助费……"，与此同时，劳动部公布的《劳动保险条例实施细则修正草案》第十四条规定："工人职员因工负伤在该企业医疗所、医院、特约医院、特约中西医师或转送之医疗终结后，必须安装假腿、假手、镶牙、补眼者，其所需费用，完全由企业行政方面或资方负担。"另外，

《劳动保险条例》还规定，中华全国总工会可举办或委托各地方或各产业工会组织举办疗养所、休养所、残废院等。上述规定是新中国成立后最早的关于工伤职工康复的规定。从规定中可以看出，这一时期已涉及了因工伤残人员康复性质的工作，但工伤职工的康复主要侧重于医疗康复，由于缺少必备的设施与条件，医疗康复的水平也处于初级阶段。在相当一段时期内，医疗康复的费用都是由企业负担，实际上基本属于职工福利的范畴。

但值得一提的是，我国职工疗养制度在该时期得到了迅猛的发展。1953 年，我国的疗养院有 104 所，至 1985 年，职工疗养事业已初具规模，全国共有厂矿企业以上的疗养院、休养所 700 余所。这些设施其中有相当一部分专门用于因工受伤和职业病人员的疗养及休养，对工伤人员身体功能恢复起到了一定作用。

（二）医疗康复向职业康复扩展时期

1996 年《企业职工工伤保险试行办法》颁布，提出职业康复与医疗救治和经济补偿同样属于工伤职工的基本权利，应建立工伤预防、工伤补偿、工伤康复三者并重的工伤保险制度体系。在其中第六章“工伤预防和职业康复”中专门就职业康复问题作了规定。第四十二条规定：“有条件的地区应当通过工伤保险基金提留、民间赞助等方式筹集资金、逐步兴办工伤职工康复事业，帮助工伤残疾人员恢复或者补偿功能。发展职业康复事业应当利用现有条件，可以与有关医院、疗养院联合举办，也可以建立工伤康复中心。”这是我国首次对因工伤残人员进行职业康复的法律规范，从过去单纯的医疗康复开始向职业康复扩展。同时，第四十三条规定："对具有一定能力并需要通过专门培训恢复或者提高劳动能力的工伤残疾人，劳动行政部门及企业应当积极组织专门培训，所需费用可以在工伤保险基金的职业康复费用中支付。"《企业职工工伤保险试行办法》对工伤康复的规定符合现代工伤保险制度对职业康复的要求。

（三）工伤康复重回医疗康复时期

2003年《工伤保险条例》颁布，其立法层面和效力大大提高。但是《工伤保险条例》并没有对工伤康复予以新的诠释和规定。相反，取消了《企业职工工伤保险试行办法》有关工伤康复机构建设的规定。关于医疗康复费用，《工伤保险条例》第三十条规定："工伤职工到签订服务协议的医疗机构进行工伤康复的费用，符合规定的，从工伤保险基金支付。"第三十二条规定："工伤职工因日常生活或就业需要，经劳动能力鉴定委员会确认，可以安装假肢、矫形器、假眼、假牙和配置轮椅等辅助器具，所需费用按照国家规定的标准从工伤保险基金中支付。"从《工伤保险条例》的内容可以看出，更多地倾向于单纯的经济补偿，而对工伤康复的内容涉及少而简单，更没有着重提及职业康复内容，形成了工伤保险以待遇补偿为主的"单腿前进"的格局，这种制度架构不符合工伤保险的发展趋势，不利于工伤保险事业的发展。

三、我国工伤康复发展现状

（一）因工伤残的基本情况

1. 参保人数

自《工伤保险条例》实施后，工伤保险参保人数快速增长。截至2016年，工伤保险参保人数为21 889万人，与《工伤保险条例》实施前2003年相比，人数净增了17 389万人，增长了近5倍。为了保障农民工的工伤权益，重点推进了农民工参加工伤保险，2016年农民工参保人数达到7 510万人，占总参保人数的34.3%。

2. 享受待遇情况

享受工伤保险待遇的人数也是连年上升，2016年享受工伤保险待遇人数总计196万人，享受待遇的人数占参保人数的8.95‰。其中享受伤残待遇的人数为162.8万人，占享受待遇总人数的83.1%；因工死亡人数为2.2万人，占享受待遇总人数的1.1%；供养直系亲属人数为31万人，占享受待遇总人数的15.8%。

3. 伤残等级分布情况

从应认定工伤的七种情形看，造成工伤的原因主要集中在工作时间和工作场所，因工作原因受到的事故伤害。2016年统计数据显示，这种情形的认定件数占总认定件数的83.6%；排在第二位的是上下班途中机动车伤害事故，占7.7%；第三位是因工作外出期间受到伤害，占4.3%；第四位是患职业病，占2.0%。

全国评定伤残等级人数达到53.5万人，其中评定为一至四级的约有1.7万人，约占总数的3.2%；评定为五至六级的约有1.75万人，约占总数的3.3%；评定为七至十级的约有50.05万人，约占总数的93.5%。

4. 职业风险分布情况

由于没有全国性的统计，无法了解全国层面的职业风险情况，现以地区的数字进行反映，以见一斑。据广州市对380例工伤的案例分析，机器操作工95例，占25%；水电工52例，占13.68%；文员及行政管理39例，占10.26%；维修工30例，占7.89%；驾驶员30例，占7.89%；建筑工24例，占6.31%；保安员15例，占3.95%；其他95例，占25%。结合工伤原因和工伤前工种分析，机器操作工和水电工因工伤残人数最多，属于危险工种；因交通事故致工伤的87例案例中，属于驾驶员职业的只有30例，其余大部分发生在上下班途中。在统计中，建筑企业的工伤事故所占比例不多，与事实不太相符。其原因是在建筑行业就业的大部分是农民工，发生工伤事故后，大部分人采取与承包商“私了”的方式，领取一次性现金补偿后离开了原用人单位，故无法统计。

（二）工伤康复管理模式

长期以来，我国工伤康复主要停留在简单的医疗康复和辅助器具配置上。近年来，工伤康复逐渐得到重视，人力资源和社会保障部组织各地开展了工伤康复试点工作。同时，确定了我国工伤康复试点目标，探索工伤康复政策体系，探索工伤康复管理服务模式、技术规范和相关标准，探索多层次培养工伤康复专门人才的方式。制定和完善政策标准，建立规范的服务工作机制。初步形成以医疗康复为基础，以职业康复为核心，以促进工伤职工回归社会、从事劳动为目的，具有中国特色的工伤康复框架。

目前，各省市都启动了工伤康复工作，探索出多种适合本地特点的工伤康复做法，归纳起来主要有两种模式。

一是协议管理模式。由工伤保险机构与社会上的综合医院或其他医疗康复机构签订服务协议，充分利用社会康复资源和工伤保险基金的资金优势，形成工伤康复服务的供需协议关系，合作发展工伤康复事业。这种协议管理模式，能够充分地利用社会资源，投入少，起步快，而且管理成本低，是我国工伤康复发展的主要模式。

二是直接管理模式。由工伤保险机构自行主办工伤康复机构，由工伤保险机构直接实施管理。这种模式主要是在一些工伤保险参保职工人数较多，工伤保险基金规模较大且康复人才及康复技术较集中的大中城市或地区。工伤保险机构主办工伤康复机构，有利于工伤康复政策的实施，有利于早期康复的介入，可更加突出职业康复的特色，尤其在当前可以起到引领作用。但是这种模式对工伤保险机构来说，投入大、负担重。从长远和全局看，工伤保险机构直接管理的工伤康复机构的数量不应太多。这类机构必须要进行区域规划，在全国选择康复基础较好，工伤保险基金雄厚的中心城市，建立有特色的区域性工伤康复中心，同时加强区域间合作，发挥区域工伤康复中心的康复资源优势和区域辐射作用，为周边地区的工伤职工提供特色康复服务。

（三）工伤康复待遇

1. 工伤康复期间的待遇

经过劳动能力鉴定委员会鉴定认为有康复价值的工伤职工，在工伤康复期间所产生的康复费用由工伤保险基金支付。在停工留薪期内，工伤职工的工资福利待遇由用人单位支付，如果是住院康复，工伤职工可享有住院伙食补助金待遇，如果因伤情需要，进行异地康复，由用人单位或工伤保险基金支付交通费和食宿费。

2. 配置辅助器具

根据劳动能力鉴定委员会鉴定，需要安装器具辅助恢复肢体功能的工伤职工，可配置辅助器具，所需的费用由工伤保险基金支付。工伤辅助器具配置的类型主要有：假肢、矫形器、假眼、假牙和配置轮椅等，目前配置的标准是以国产普通型为基准。由于辅助器具因材质、功能不同，价格差异较大，因此各省市都制定了具体的工伤保险辅助器具支付标准。

3. 就业安置

我国在计划经济体制时期，工伤保险实行的是雇主责任制，工伤职工的一切生活需要和伤后工作安置都由企业负责，甚至其家属和子女的就业也由企业解决。《工伤保险条例》颁布后，这一做法一直被沿用，因工伤残人员的就业主要由用人单位负责。《工伤保险条例》规定：一至四级的工伤职工保留劳动关系，退出工作岗位，由用人单位和个人以伤残津贴为基数缴纳基本医疗保险费；五至六级工伤职工保留与用人单位的劳动关系，由用人单位安排适当工作，难以安排工作的，由用人单位按月发放伤残津贴并缴纳社会保险费；七至十级的工伤职工合同期满，或职工本人提出解除劳动合同的，由用人单位支付一次性工伤医疗补助金和一次性伤残就业补助金。

（四）试点城市做法

1. 广州市工伤医疗与康复一体化管理

广州市是较早开展工伤康复工作的地区，2002 年出台了《广州市社会工伤保险工伤康复管理试行办法》，2014 年广州市人民政府印发了《广州市工伤保险若干规定的通知》，其中对工伤康复的管理进行了规范。经过多年的实践和探索，广州市已经形成了较为完整的工伤康复制度规定和管理方法。

（1）资格确认。《广州市工伤保险若干规定的通知》规定，职工因工作遭受事故伤害或者患职业病需要医疗（康复）的，应当按以下规定进行工伤医疗（康复）期确认：工伤职工只需门诊医疗的，自受伤害之日起 1 年以内，不需办理工伤医疗（康复）期确认，凭《工伤认定决定书》享受相应的门诊医疗待遇；工伤职工需住院医疗（康复）的，在作出工伤认定决定后，由用人单位、工伤职工或者其近亲属向市劳动能力鉴定机构（以下简称市劳鉴机构）申请工伤住院医疗（康复）期确认，明确享受工伤住院医疗（康复）待遇的部位和期限等事项；工伤职工自受伤害之日起满 1 年后仍需门诊医疗（康复）的，用人单位、工伤职工或者其近亲属应当向市劳鉴机构申请办理工伤门诊医疗（康复）期确认；工伤职工住院医疗（康复）期终结后仍需住院医疗（康复）的，应当办理再次工伤住院医疗（康复）期确认。每次确认后延长的工伤门诊医疗（康复）期和工伤住院医疗（康复）期不得超过2个月；对尘肺、癫痫、慢性骨髓炎等特殊伤（病）种的工伤职工，市劳鉴机构可酌情适当延长工伤住院医疗（康复）期或门诊医疗（康复）期，但最长不得超过12个月；工伤职工经市劳鉴机构确认属于旧伤复发的，按以上工伤医疗（康复）期规定处理；工伤职工在享受工伤医疗（康复）待遇期间，用人单位应当凭医疗机构的医疗（康复）证明，安排工伤职工住院假日或门诊就医假日（或假时），并给予享受原工资福利待遇。工伤职工需要暂停工作接受工伤医疗（康复）的，由市劳鉴机构进行停工留薪期确认。停工留薪期一般不超过12个月。伤情严重或有特殊情况的，经市劳鉴机构确认，可以适当延长，但延长期限不得超过12个月。

（2）康复待遇。参保职工住院治疗工伤、康复的伙食补助费由工伤保险基金按照广州市国家机关一般工作人员因公出差伙食补助标准的70%支付。经社保经办机构批准转统筹地区以外门诊治疗、康复及住院治疗、康复的，其在城市间往返一次的交通费用及在转入地所需的市内交通、食宿费用，由工伤保险基金按照广州市国家机关一般工作人员因公出差交通、食宿费用补助标准支付。

工伤职工在工伤医疗（康复）期内，达到法定退休年龄但不符合享受基本养老保险待遇条件的，给予继续享受工伤医疗（康复）待遇至工伤医疗（康复）期终结，经劳动能力鉴定未达到一至四级伤残的，终止工伤保险关系，并可按规定领取一次性伤残补助金及一次性工伤医疗补助金。

2. 南昌市医疗康复与职业康复并重

南昌市是我国工伤保险改革的试点城市，工伤康复工作起步较早。2012年印发了《南昌市工伤康复管理办法（试行）》，提出工伤职工治疗应当坚持“医疗救治与康复并重”“先临床治疗、再康复治疗、后评残补偿”的原则。对具备康复价值、以功能损害为主的工伤职工，要早期介入进行康复，以最大限度地恢复和提高其生活自理能力、职业劳动能力和社会生活能力。

（1）康复内容。《南昌市工伤康复管理办法（试行）》规定，工伤康复包括医疗康复（含康复检查和康复辅助器具配置）、职业康复。医疗康复主要是通过康复检查，利用临床诊疗和康复治疗手段，改善和提高工伤康复对象的身体功能和生活自理能力。职业康复是在医疗康复的基础上，通过对康复对象的就业能力评估、职业技巧训练、就业辅导和职业环境改良，尽可能恢复康复对象的劳动能力和就业能力。

（2）康复对象。一是工伤医疗期未满但伤情相对稳定，符合人力资源和社会保障部《工伤康复诊疗规范（试行）》规定的康复住院标准，具有康复价值，需早期介入康复治疗和功能恢复的；二是工伤医疗期满后被鉴定达到伤残等级，符合人力资源和社会保障部《工伤康复诊疗规范（试行）》规定的康复住院标准；三是其他符合工伤康复介入标准的。

（3）康复期限。工伤康复期限根据工伤部位与损伤类型、功能障碍程度和康复潜力大小确定，一般轻、中度患者住院康复时间不超过2个月；重度或者特别严重患者不超过6个月。工伤患者住院康复期间病情发生变化影响康复进程，或者已达康复期限，但仍有较大康复治疗价值，需继续康复治疗的，须由工伤康复定点机构出具诊断意见和延长康复意见书送市工伤康复中心，经市劳动能力鉴定委员会确认后可适当延长住院时间。经首次康复治疗后效果不明显、残情未发生变化的，一年内不再进行康复治疗。

（4）康复待遇。工伤康复期间，依照《工伤保险条例》第三十三条有关规定，康复对象享受工伤医疗和停工留薪期待遇。停工留薪期已满，经市劳动能力鉴定委员会确认需工伤康复的，应视为停工留薪期延长至康复方案结束；康复对象住院期间，由工伤保险基金按照每天10元的标准补助发给住院伙食补助费；康复对象在工伤康复期内住院进行工伤康复的，生活不能自理需要护理的费用，由用人单位负责；康复对象在康复期内，因日常生活或者就业需要，经市劳动能力鉴定委员会确认，可以到南昌市定点辅助器具配置机构安装假肢、矫形器、假眼、假齿和配置轮椅等辅助器具，所需费用按《南昌市工伤职工配置辅助器具管理暂行办法》的规定结付；已鉴定伤残等级的康复对象，经工伤康复后，须重新进行劳动能力鉴定，按新的鉴定结论享受相应工伤待遇。康复后拒不接受重新鉴定的，按《工伤保险条例》第四十二条的规定，停止享受工伤保险待遇。

（五）存在的主要问题

1. 工伤康复缺乏制度性设计，现代康复模式没有形成

随着市场经济的发展，计划经济时代带有福利色彩的制度渐渐退出历史舞台，过去由企业举办的许多福利失去了相应的制度支撑，如企业学校、企业医院等被逐一剥离出去，以利于企业参与市场竞争。部分由企业直接举办的康复性疗养机构、休养机构等工伤康复机构也改变了职能或进行市场化运行。在计划经济体制下设计的工伤康复模式丧失了生存的基础，而与此同时，符合市场经济体制的工伤康复社会化基本模式并未形成，新旧制度之间难以衔接。《工伤保险条例》虽提出要促进职业康复，但并没有具体的条款对此作描述。目前，在工伤康复方面缺乏制度上的设计，也没有实施规划，使工伤康复发展缺乏总体的目标和方向。

2. 政策缺失，康复工作难开展

一是《工伤保险条例》偏重工伤待遇内容，只对工伤医疗及解决伤残职工必需的生活辅助用具等费用进行了规定，对于康复服务提供、康复效果评价、康复与治疗的关系等问题没有给予明确规定。一些单位以“康复不是医疗”为借口，不允许工伤职工到专业机构进行康复，导致工伤职工得不到及时康复，延误了最佳康复时机。

二是康复制度有关规定适应性不强。目前有关工伤康复的规定，比如医疗康复期间的工资福利待遇由原单位支付；再如将工伤职工康复后的再就业安置交给用人单位。这些规定更多针对的是规范的用人

单位及正规就业的职工，针对性过强。一方面工伤康复在具体实施上仍依靠用人单位，造成用人单位经济效益决定了职工工伤康复权益的实现。工伤康复过多与企业关联，不利于工伤康复的有效开展。另一方面，现行工伤康复规定没有充分考虑到流动性较强人员的工伤康复问题，尤其是表现在农民工群体上。在农民工权益难以得到有效保证的大背景下，即便在政策上规定由原企业发放工资待遇或保留劳动合同，实际上由于农民工主要在中小私营企业就业，流动性强，将他们拴在某一个企业来解决工伤康复中的费用和就业问题很不现实。因此，对于目前流动性极强的农民工，很难得到工伤康复。

三是相关政策的关系没有厘清。目前在以工伤待遇给付为主的制度背景下，一旦开展工伤康复，面临着工伤康复与待遇支付之间关系的处理问题，但在政策规定上并不明确。例如：工伤康复终结后，工伤职工是否要重新评残；存在医疗和护理依赖的工伤职工，如果领取一次性待遇并终结工伤保险关系，各种后遗症和旧病复发的后续治疗和康复如何解决等。

3. 康复的人员技术保障不足，质量难以保证

由于我国康复医学起步较晚、起点低，无论是康复基础设施、康复技术还是康复专业人才等方面，都显得严重不足。而且，社会康复机构所提供的仅是一般性医疗康复服务，职业康复尚处于空白。因此，工伤康复的巨大需求和康复资源的严重不足形成明显反差，严重阻碍了工伤康复事业的进一步发展。

4. 就业政策支持不够，康复职工难再就业

工伤职工经康复后虽然恢复了一定的职业劳动能力，但仍然难与正常职工相比，在当前我国就业压力较大的情况下，伤残职工重新回归工作岗位难度更大。目前，我国对康复后的工伤职工重返工作岗位或再就业缺乏有效的扶持政策。

四、国外工伤康复的发展历程

（一）工伤保险与康复的结合

工伤是工业化的产物，但以政府的名义对工伤人员实施救助的起因与战争有一定关联。由于第一次世界大战后残疾军人激增，欧洲一些国家陆续制定了对残疾人的善后处理办法，并将工伤人员一并考虑在内。1920 年，美国在公共法中规定退役军人和工伤伤残人员为救助对象。而工伤康复纳入社会保障体系是从 20 世纪初开始的。1925 年国际劳工组织通过《工人补偿金管理公约》，规定矫形及外科手术费用必须由雇主及保险人提供。虽然人工矫形术对残疾人的康复有很大帮助，但在早期的工伤保险计划中，为残疾人提供矫形术的进展非常缓慢。其原因是：首先矫形术费用非常高，无法广泛实施。其次受伤工人为了不减少其保险收入，拒绝接受康复性治疗。考虑到有些国家尚未实行强制保险的事实，国际劳工组织第 17 号《工人补偿管理条约》规定：“保险人可以只提供例外情况下的矫形及外科手术费用。”

20 世纪 40 年代中期，即二次世界大战后，关于残疾人的善后处

理工作的建议被世界大多数国家所采纳。有些国家的工伤保险立法特别强调了残疾职工的医疗及康复工作。1944 年，国际劳工组织通过《收入保障建议书》，规定："由职业伤害造成的残疾者应受到照顾，直至其恢复如初。"1952 年，国际劳工组织通过《社会保障（最低标准）公约》，提出一系列社会保障机构或政府部门对残疾人由社会保障计划提供职业伤亡补贴条款，要求社会保障部门或政府部门应与医药部门合作为残疾人提供适当工作。这意味着相关部门有责任解决残疾人的职业康复问题。1955 年，国际劳工组织通过《关于职业康复的提议》，对职业康复问题作出了较为详细的建议，提出设计职业指导、职业培训和工作安排服务的原则和方法；提倡政府、雇主、行业协会、专业人员和残疾人组织参与职业康复；确定在公开的劳动力市场中拓展机会，为那些不能参与公开就业的人争取保护条件；提出职业保留问题。1964 年，国际劳工组织通过《职业伤害补偿公约》，要求所有的成员国，应为残疾人提供康复设施，至少采取适当措施，为残疾人寻求就业方法。1983 年，国际劳工组织通过《关于职业康复和（残疾人）就业的协定》和《残疾人职业介绍和就业建议书》，又对残疾人的培训，以及残疾人平等、对等就业提出要求。

针对工伤康复工作，国际上形成了五点共识：一是要求有一套包括保险和伤残康复政策在内的连贯、完整的方法及一个执行机制，以有效开展工伤职工康复工作；二是对残疾人及家庭要提供支持、服务和针对性计划；三是提供残疾人康复期间的经济保障；四是要有致力于残疾人康复的组织机构，提供政策上、服务上和工作场所的保护；

五是应当及时地、有效地协调帮助伤残职工在同一企业内保留职位或根据伤残职工的个性化需求安排就业。

（二）工伤康复主要模式

分析各国工伤康复的实施情况，主要有两种代表性做法：一个是以德国为代表，实行工伤社会保险的国家普遍采取的以政府为主导的工伤康复模式；另一个是以美国为代表的市场化的康复模式，采取这种模式的主要是实行工伤保险雇主责任制的国家。

1. 政府主导的康复模式

该模式主要表现在工伤的善后处理、肢体能力恢复、重新就业方面，都是以由政府为主导和责任实施的。

（1）关于能力恢复。马来西亚的《社会保险计划》规定，残疾人基金与职业伤害基金包括以下内容：①社会保险机构除了确定保险费外，可以与职业安全和福利机构合作，为受保险的残疾人进行康复及就业的培训工作，并且在部长授权下，可以动用保险费从事上述活动。②可以申请矫形术及要求提供适当的就业机会。1948 年，印度制定的《雇员国家保险法》所包含的内容与马来西亚的《社会保险计划》中的内容相似。在赞比亚，规定工人补偿协调委员会、社会保险机构可以赞助任何使残疾人恢复能力的组织。1947 年，菲律宾制定的《劳动法》中也包括了职业伤害保险制度，其规定：第一，残疾职工应得到的善后处理包括医疗、手术及住院治疗，直至完全恢复。第二，法律规定建立一个设备完善的康复中心，为满足残疾人的要求，建立一套体系以恢复残疾人的智力、体力及职业所需的技术能力。加拿大的省级立法规定了广泛的康复计划范围，其责任是："帮助残疾人恢复智力与体力，可以为此而设专项资金"。在一段时间里，有些省限定了年度康复费用，但最近已取消了各种限制。许多地方的职业康复计划通常使用自己的康复中心。

（2）关于再就业。为了鼓励残疾人再就业，菲律宾雇员补偿委员会规定，残疾人再工作的工资，前 2 周由社会保障基金补贴 50%；第 3 周、第 4 周补贴 25%；第 5 周、第 6 周补贴 10%。这样规定的目的是为残疾人提供边工作边康复的机会，不仅鼓励了雇用残疾人就业的雇主，也促进了残疾人再就业。

许多国家都很重视康复工作，为伤残职工就业提供帮助。如瑞典一家生产微波炉的企业，为了使患肌肉、骨骼损伤的工人有返回原工作岗位的可能，专门开设了一条康复生产线，该生产线与其他生产线工序设置一样，但它允许工人按照自己的速度工作。工人可以在康复生产线工作 6 个月，前 3 个月由国家工伤保险部门支付工资，后 3 个月由工厂支付工资。如果受伤工人的状况在 6 个月后未见改善，则被认为不适合继续工作，企业会建议他们去保险公司领取丧失劳动能力补助金。

在德国，职业康复和医疗康复是同时进行的。工伤患者住院治疗期间，职业帮助工作人员会同负责医疗的医生制定出包括所有方法在内的各项计划以及需要进行的锻炼活动，并且对病人今后的职业前景进行详细的建议咨询。这种咨询的目的是使伤残人员或职业病患者可根据自己的实际能力、个人爱好、基本情况等选择今后可能从事的职业。同业公会设有转业培训基地对工伤康复对象进行转业（转岗）培训，颁发学历（培训）证书，为其择业做准备；给雇主支付安置伤残人员的补助金，使其能继续在原企业工作；帮助伤残人员到劳动力市场找工作或安排其在残疾人工厂工作；提供受伤害人员及其家庭成员再培训期间的生活补贴等。

2. 市场化的工伤康复模式

美国的工伤康复做法，沿袭了美国对社会保障的一贯态度，即采取市场化运作方式。最初，政府的公共保障的责任是承担所有残疾人的康复和职业培训计划，由于伤、残者数量增加及资金的约束，公共保障部门将不得不给严重伤残人员以“优先权”，而不能完全服务于那些不在“重残”范围内的因工伤残人员。其结果是许多工伤人员未能受到正常的照顾或同等待遇，于是随着需求的增加，导致了私人康复机构的出现。

美国私人职业康复机构的出现及其发展，是从1970年2月在美国明尼苏达州圣保罗成立国民职业康复咨询委员会（NRC）开始的。NRC是美国康复业中最早成立的企业之一，面向那些不被公共社会保障康复所覆盖的伤残人员，目的是使申请人尽快恢复工作能力，重新就业，减少或消除先前损失的工薪收入。总部设在明尼苏达州圣保罗的圣保罗保险公司对NRC的项目很感兴趣，做了它的承保人。NRC工作的方法很简单，他们访问申请人，询问其以前的工作史、了解其原来的工作技能、查看其工伤后的医院记录，从处置医生那里得到必须减轻工作的担保后，为其设计一项特殊的职业康复（恢复工作）计划，包括工作选择等。1972 年，尼克松总统执政期间，全国工伤补偿委员会给总统的报告中提出了一项“工伤保险纲要”，建议雇主要资助因工伤残者的康复工作，政府应逐步减少参与康复活动。

由于私人康复机构的大量发展，良莠不齐。为规范和管理工伤康复工作，20 世纪 80 年代早期美国全国私人康复专业协会（NARPPS）成立。NARPPS 是一个联合体，旗下包括许多私人康复企业。

（三）工伤康复形式

1. 社区康复

这是一个使伤残者克服伤残给他们带来的生理和心理影响，并与社会融为一体的动态过程。它与传统观念大不相同，传统观念认为，康复就是由专职人员在专门机构内提供治疗和服务。现代的康复观念则认为，伤残者本人、其家属及其所从属的社区是康复的重要因素，因而，要吸收他们共同参与康复计划的制订和实施，使康复治疗与服务能够同卫生、教育、培训、就业等普通社会服务相结合。

这个过程通常是依靠具有丰富专业知识和技术的专业人员来培训和指导本地区的康复管理人员，对伤残人员进行初级治疗或确定是否需要转诊，组织“流动康复队”作为康复对象在当地的顾问并安排随访；动员并辅助伤残人员的家属承担训练残疾人员的工作；承担某些特定病人的双重治疗工作。专业化的康复机构，除执行上述任务外，还要为那些有特殊需要，而社区服务机构又解决不了的伤残人员提供服务。

2. 医疗康复

现代主流观点认为，在医疗过程的最早阶段就要考虑医疗康复，并在病人病情许可的情况下尽早开始。这一过程要规定物理治疗、职业治疗和语言治疗的方法，以加速自然的再生过程，并防止或减轻后遗症。对于那些形态或功能损毁的伤残者，医疗康复必须着重促进代偿机制形成所需的一切生理过程。各国都已把医疗康复同医疗服务的基本组织密切结合在一起，并已证明应当改革传统治疗方法，使其包括有利于早期康复的各种基本因素。因为传统的“静态疗法”往往使病人长期处于不活动状态，从而可能加重伤残程度。

（1）早期预防性康复。当伤残人员开始恢复时，就要提出早期康复措施，以防止这个重要阶段因缺乏医疗管理而发生后遗症。这一阶段对病人的未来生活极为重要。一般来说，对于外伤患者，运动和发力是发挥人体功能的基本条件，当机体失去这两个条件时，各种组织就会退化，而这种退化所致的伤残程度加大，往往是与伤害无关的。运动训练应逐步加大负荷。但循环、呼吸和其他系统的一般性损伤常需要很长的再生过程。

早期预防性康复除物理治疗外，还包括职业治疗。这是一种非常重要的心理预防和治疗因素，在住院期间感到“无聊”的病人往往乐于接受这种治疗。因为每个人在生活中已经养成进行职业活动的习惯。职业活动占据了一个人的大部分时间，如果住院期间无所事事，就可能造成心理损害，职业治疗要尽可能吸引人。

（2）治疗与护理。“进行性护理”的原则是医疗康复过程中的一个基本部分，它不但要求病人通过适当的运动和心理建设方式来促进治疗的全过程，而且要求医院的住院部在组织上做一些根本性的改变，例如把正在进行康复的患者与生命垂危者进行病房隔离，以使伤残者不受外界干扰，能够保持乐于自我康复的心态。

3. 全面康复

不少伤患者在伤后不能恢复积极生活，其中包括机体形态上的严重损毁，如失去部分肢体、神经系统障碍、精神上受到挫折等。要使这些伤患者摆脱不幸，必须有一个合适的全面康复过程。国外通常是在有各类专家组成的全面康复中心完成这一过程。进行全面康复的方法包括：治疗性锻炼、职业疗法、理疗、心理治疗、整形外科手术、技术性辅助器具。全面康复中心不仅对伤患者进行康复治疗与训练，而且设有以就业为方向的部门，配备专业人员对伤患者进行定向训练。另外，还设有社会工作部门，为康复人员提供合适的设备和环境，并帮助其适当安排家庭生活。

4. 社会康复

通常医疗康复一开始就要与职业康复和社会康复相结合，每个社会成员都有权享受社会文明发展所带来的一切利益。社会不能因伤残人员无法享受公共娱乐和交通工具而使其疏远正常的社会生活。因此，社会康复的任务包括创造适当的社会条件，使伤残人员成为社会的积极成员。伤残人员有权积极地生活，不能仅靠救济度日。社会康复通常为残疾人员作出某些技术性安排，帮助他们安排力所能及的生活、安排上下班的交通工具等。德国社会康复包括为参保者提供辅助工具，用来减轻其工作和日常生活的负担，例如截瘫矿工只能坐轮椅，那么就要改造不适合他的生活设施，如门、楼梯等，以有利其活动。再如，为伤残人员使用辅助性的交通工具提供补贴；出资设计并改造伤残人员的房屋，使之符合其特殊需要；为参保者提供咨询，包括社会教育和心理咨询等；为伤残人员提供专门的康复服务。

5. 职业康复

近几十年来，国外对因工伤残人员的职业康复服务日臻完善。职业康复机构通常都要全面了解伤残人员的剩余工作能力，且提供全方位的职业帮助，如开设定向课程帮助因工伤残人员恢复失去的信心，提高职业能力，进行就业指导；对于严重伤残人员会考虑安排到保护性较好的工厂或帮助其成为家庭工人；如果能够并且愿意以家庭农业谋生的伤残人员没有土地，则政府可考虑出租给其一些土地，如园艺用地；伤残人员如果选择自主就业，还可提供一些工具和设备，也可提供贷款以帮助购买较贵的设备或开设小店铺等。

五、国内外工伤康复比较分析

（一）国外工伤康复发展趋势

1. 工伤保险工作重心向预防和康复领域倾斜

工伤保险最初主要是对工伤人员进行医疗赔付和生活保障，但随着社会经济的发展，许多国家意识到，通过工伤预防从源头上控制工伤事故，通过工伤康复帮助工伤人员恢复身体功能和职业能力，不仅是对劳动者从事职业的保护，也更有利于制度运行和社会稳定发展。因此，建立预防、康复、补偿有机结合的工伤保险制度已成为大多数国家的现实选择。美国康涅狄格州立大学经济学院巴库教授更是认为，当前衡量工伤保险工作有三个标准：一是受伤员工能否得到治疗；二是受伤员工经过治疗康复的程度；三是受伤员工能否重返工作岗位。由此可见，工伤保险的衡量标准发生了改变，不再以待遇给付为中心，而是把给予伤残人员以治疗、康复，帮助其重返工作岗位作为重要的标准。他甚至建议应以伤残员工重返工作岗位作为工伤保险工作的目标。事实上，在工伤保险制度成熟的国家，如德国、瑞典、日本等国，确实已经把工作中心放在了工伤预防和工伤康复方面。

2. 工伤康复对象扩大到非劳动者和自雇佣者

随着工伤保险的发展，工伤保险的覆盖对象已不是最初发展阶段的产业工人，而是逐步扩大到非产业领域，如政府部门、服务行业及个体劳动者等。德国 1971 年法律修订后，把受保人范围扩大到学生、幼儿园儿童、中介人、家庭自我雇佣者、海岸运输工人、健康服务者以及联邦、州、地方和公法组织的成员。由于工伤保险覆盖范围和工伤康复对象的范围是一致的，因此，工伤康复的对象范围也在不断扩大。

3. 工伤康复重点向职业康复和社会康复更高层面转移

工伤保险最早的康复行为是通过人工矫形术或配置辅助器具帮助伤残者最大限度地恢复身体功能。随着社会经济的发展，工伤康复的内容不断扩展，从辅助器具的配置，到由专业机构组织、专业人员指导的系统训练，康复技术不断提高，使大多数伤残者都能得到最大程度的身体功能恢复。由于身体功能的良好恢复，康复开始向职业康复和社会康复等更高层面发展，让伤残人员重新就业和回归社会成为当前欧美国家工伤保险的重点。

4. 专业机构康复延伸到社区康复和家庭康复

许多国家不仅重视在医院门诊或康复中心的康复治疗，而且也重视出院后的社区康复和家庭康复，提供工伤康复连续的、无间隙的服务。康复工作者指导出院后在家和社区的伤残人员继续进行康复锻炼，并对伤残人员出现的心理问题进行辅导，康复效果明显。

（二）国内外工伤康复状况比较

1. 进程比较

分析各国的资料，工伤康复最早见诸法律文件的是德国。1884年，德国政府颁布《工伤事故保险法》，规定了三项主要内容：一是预防，通过采取一切有效的手段预防事故和控制职业病，以保障劳动者在工作中免遭伤害；二是康复，如果发生工伤事故，要采取一切适当的措施，为受伤劳动者提供医疗服务，使之身体康复，并恢复其职业和社会活动；三是给予现金补偿，为受伤人员及其抚养的家属，提供现金补偿费用。虽然德国经历了从法律规定到实践探索、到良性运行的一个时间过程，但是德国早在100多年前就提出了工伤预防、工伤康复和待遇补偿三者相结合的工伤保险理念，创立了三位一体的工伤保险制度，并在一个多世纪的历程中坚定不移地实施，可谓是各国的典范。但纵观各国的发展历程，也并不是所有国家都像德国一样对工伤康复一开始就有足够的认识，大多数国家在工伤保险制度建立初期，都是以待遇补偿为主，重心放在对因工伤残者的医疗和生活待遇的支付上。从时间上看，二次世界大战后，因工伤残人员的善后处理工作被世界大多数国家所重视，并开始采纳国际劳工组织的一些建议。20世纪五六十年代，大多数国家开始在本国的立法中加入工伤康复的内容或专门进行工伤康复的立法，70年代起各国比较普遍地开始推行工伤康复工作。

我国工伤康复内容最早出现在法律文件中也是20世纪50年代，在起点时间上，与世界的发展基本上是同步的，但是由于我国长期以来工伤康复一直处于辅助器具配置的低水平的医疗康复阶段，与发达国家比在后期发展上存在一定的差距。目前我国已经开始在全国范围试点，探索符合我国国情的工伤康复发展道路，但是还没有制定出工伤康复的整体发展规划，也缺乏国家层面的政策指导和技术标准，工伤康复工作还处于起步发展阶段。

2. 实施内容比较

各国在工伤康复内容上有一个共同点，就是从矫形术和辅助器具的配置入手开始医疗康复，并逐步扩展到职业康复、社会康复等领域。1925年，国际劳工组织第17号公约规定，由雇主及保险人提供的矫形及外科手术费用是必需的。到1983年的第99号建议书及第168号《残疾人职业介绍和就业建议书》的通过，就是工伤康复内容不断扩大的最好例证。

我国工伤康复最早也是从辅助器具配置入手，例如安置假肢、假眼，配置轮椅等。20世纪50年代到90年代期间，我国还非常重视对因工伤残人员的照护，每年都有定期的疗养安排。在重新就业方面，由于政策规定伤残人员的就业由企业自己安排和解决，直到当前因工伤残人员的再就业安置责任仍在用人单位，如果用人单位没有合适的岗位或本人不愿意从事单位安排的工作，用人单位要按月发放工资性津贴。因此说，我国长期以来比较重视医学康复，职业康复还处于由用人单位自我安置、自我解决阶段，没有形成社会化的再就业安置机制。

3. 管理方式比较

工伤康复的管理主要是指对工伤康复对象的确认、工伤康复早期介入、工伤康复费用支付等康复流程实施有效的管理。各国实行的工伤保险制度有两大类型，一是雇主责任制，二是工伤社会保险。两种不同的类型决定了在工伤康复管理方式上也有所不同。实行雇主责任制的国家，工伤康复责任主要由雇主承担。在国家法律法规框架下，雇主负责伤残职工工伤康复的组织和管理工作。实行工伤社会保险的国家一般是采取政府行政管理和业务经办管理的模式，例如在德国，联邦劳动和社会秩序部是工伤保险的最高行政管理部门，其主要职能是制定或修改工伤保险法规，经联邦政府议会通过立法后执行。该部门不直接管理工伤保险的具体事务，而是由各同业公会按照法律规定管理本行业的工伤保险具体经办活动。

我国工伤保险管理体制与德国非常相似，但具体到工伤康复的管理，由于在国家政策层面还有许多不明确的地方，因此还没有形成完整的工伤康复管理体系和操作方法。即使在已开展工伤康复工作的地区，目前也没有专门的机构设置和人员配备。

（三）经验借鉴

1. 法律保障和技术支持是工伤康复良性运行的关键

在分析各国工伤康复发展状况时，我们注意到，已经开展工伤康复的国家，都有现行法律的保障，德国是其中法律规定最为完善的国家。例如，德国在《社会法典》第七篇第二十六条第二款规定，利用一切适当的手段尽早排除或改善工伤对健康的损害，防止病情恶化并减轻伤害的后果；保障被保险人拥有一个符合自己兴趣和能力的工作岗位；根据健康损害的类型和程度，为被保险人克服日常生活中的要求和参与集体生活以及尽可能做到生活自理提供救助；提供补充性的治疗待遇、参与劳动生活以及集体生活的待遇；在生活不能自理情况下的护理待遇等。德国工伤康复的内容相当广泛，包含了医疗康复、职业康复和社会康复。医疗康复的目标在于改善和减轻已经出现的健康损害或防止其恶化（第二十六条第二款第一项）；医疗康复的待遇包括急救、治疗（含牙医，包括镶牙）（第二十八条），药品、包扎用品、理疗和辅助用品（第二十九条至三十一条），家庭护理（第三十二条），在治疗医院和康复医院的治疗（第三十三条）以及《社会法典》第九篇第二十六条第二款第一项和第三项至七项规定的医疗康复待遇。工伤发生后，工伤保险经办机构要采取必要措施，使被保险人尽早得到针对性治疗，如有必要，还要给予特殊的工伤或职业病治疗。职业康复待遇的目标是使被保险人尽可能得到长期的就业安置，可以是在原来的企业、在普通的劳动力市场或者在专门的残疾人工厂就业（第二十六条第二款第二项），该项待遇的内容主要有：为工伤职工提供保持原有工作岗位或获得新岗位的待遇、职业预备待遇、职业适应性训练、进修、职业培训或转岗培训、提供合理的学校教育补贴以及其他促进就业的待遇（第三十五条第一款）。其中包括在一定条件下为安置伤残职工的雇主发放补贴（第三十六条）。社会康复是工伤康复中新增的一项待遇，它的目标在于帮助工伤职工克服日常生活中的不便并使其参与到社会的集体生活中（第二十六条第二款第三项），社会康复的待遇包括从车辆改装和住房改造到生活指导与帮助以及其他一系列对康复成果进行巩固的待遇（第三十九条第一款）。

其他一些国家也有对残疾人康复处理的主要的或相应的协调法律。例如，1964 年英国颁布了《工业培训法》，强制雇主重视伤残职工的劳动能力和再就业培训工作。瑞典的《工作环境法》规定企业必须对工作环境和工作方式进行必要的调整。此外，日本的《工伤事故补偿保险法》、菲律宾的《劳动法》等都对因工伤残人员的康复问题做了详细的规定。

2. 先康复后补偿

德国提出康复优先的理念，遵循康复优于赔偿的原则，认为治疗期间的花费和治疗期间的长短是无所谓的，因为成功的康复是解决工伤的最好方法。德国实践证明，经过全面的医疗康复后，有97.5%的工伤人员达不到20%的伤残程度，依照规定，伤残程度达不到20%不享受津贴待遇。其结果是，在德国只有极少数人（约2.5%的工伤人员）享受长期津贴待遇。工伤康复的加强，一定程度上减少了伤残待遇支出。德国的这一理念被认为是积极的工伤保险思想，被许多国家认同，并付诸法律、政策和实践中。

在发生工伤事故或职业病后，工伤保险应首先考虑给予工伤人员最好的治疗，并选择最有利于身体恢复的治疗方案，随后是进行职业康复和社会康复，尽最大可能帮助工伤人员重新就业、融入社会，最后才是给予经济补偿。由此可见，工伤康复有着非常重要的作用和位置。以德国为例，1993年同业公会共支出工伤保险基金127.8亿马克，其中有38亿元用于工伤治疗，占29.7%；有4.8亿元用于工伤康复，占3.8%；85亿元用于工伤和职业病者及工亡者遗属补助，占66.5%。到了2004年，德国工伤康复支出为25.2亿欧元，占工伤保险基金总支出的26.9%。

3. 医疗康复是基础，职业康复是重点

医疗康复的目的是改善和减轻伤残人员已经出现的健康损伤或恢复受损功能，因此医疗康复是伤残人员进行全面康复的基础和前提条件。从康复发展的进程看，世界各国的工伤康复活动都是从医疗康复开始的，但工伤康复不仅是医疗康复，其重点是职业康复。近几十年来，发达国家对伤残人员的工伤康复服务已日臻完善。工伤康复机构通常要全面了解伤残人员的剩余工作能力，有针对性地进行适应性工作培训，并且积极安排和寻找适合的工作岗位。帮助伤残人员重返劳动岗位、回归社会是工伤康复的终极目标。

4. 康复早期介入

为了获得更好的效果，工伤康复必须在尽可能早的阶段开始，也就是要在伤残人员接受治疗期间开始。大量数据表明，在临床治疗过程中，康复越早介入，效果越好。以脑血管病为例，一个月以内开始康复的患者有 48.56％的人可恢复一定的功能，而一个月以后进行康复，比例会降至 20％。另外，康复越早，住院日也越少。国外脑血管病平均住院日为 45 天；国内通常超过 100 天，平均在 200 天左右。之所以提倡康复早期介入，是因为各种疾病，如长期卧床、静止不动可导致综合征发生，如肌肉萎缩、关节挛缩变形、直立性低血压、心肺功能下降等，其发生率及程度与“静止”时间成正比。如果康复早期介入，这些综合征完全可以预防或降低严重程度，康复早期介入的功效是任何药物不能代替的。推行康复早期介入需要建立医疗和康复一体化的制度，德国对医疗和康复并不做严格的区分，甚至把抢救、治疗视为康复的组成部分，以利于早期康复的开展。

目前，我国对康复早期介入的重要性认识还不足，并且由于康复早期介入的实施会影响到医疗机构、用人单位及工伤职工等多方的现实利益，也存在一定的阻力。需要进一步树立康复早期介入的理念，并在政策上予以明确，这是确保工伤康复有效实施的重要环节。

六、结论

（一）现代工伤保险制度是工伤预防、工伤康复和待遇补偿三者的有机结合

从国际发展看，工伤保险已经走过了只注重待遇补偿的被动发展阶段，预防、康复、补偿相结合成为工伤保险发展的主流趋势。从实际效果看，单纯强化待遇补偿，既不能从源头上防控工伤事故的发生，也不利于解决工伤职工后续的一系列生存问题。因此，我国工伤保险制度建设要树立工伤预防、工伤康复和待遇补偿相结合的发展方向和目标，从补偿功能向预防和康复的功能延伸。在通过待遇补偿保障工伤职工基本生活的同时，通过工伤预防从源头上保护劳动者的安全和健康，并通过工伤康复帮助工伤职工最大程度恢复身体功能，重整伤后生活。

（二）有规划地发展工伤康复事业

康复事业发展的程度与国家的经济实力有着密切的关系，通常发达国家都比较重视康复工作并投入了大量的人力、物力，因此说康复事业是社会进步的一个具体体现。我国是发展中国家，还处于社会主义初级阶段，这决定了我国工伤康复事业要量力而行，要根据工伤职工的康复需求和工伤保险基金的支撑能力制定工伤康复的发展规划，有步骤地推进工伤康复工作。首先应利用社会资源实现伤残职工的工伤康复工作。目前我国大多数城市都有专门的社会康复机构，并且二

级以上的综合医院都设有康复科，工伤保险机构可以通过购买社会服务的方式开展工伤康复工作。有条件的地方，可以选择在医疗机构进行工伤康复，其优势在于工伤职工只要病情稳定，就可进行肢体功能的训练，有利于康复的早期介入。其次在职业康复方面，应按区域规划设立职业康复中心。以区域职业康复中心为核心，辐射周边地区，为周边地区提供职业康复指导和培训服务。

（三）着重解决伤残职工再就业难题

在多数国家，尤其是发展中国家都面临着因工伤残人员难以重新就业的问题。虽然较为一致的观点认为帮助伤残人员再就业比向他们提供现金帮助更为有益，但实际上有很大一部分有就业意愿的伤疾人员无法获得工作机会。

长期以来，我国解决工伤职工再就业问题主要是依靠其所在单位，虽然在目前阶段不失为一种有效的办法，但存在着渠道单一、选择性少等问题。应进一步扩展安置伤残职工再就业的思路，寻求社会化、多元化的安置渠道，给予伤残职工更多的就业机会和选择。

第五篇
工伤保险可参保资源总量研究①

党的十八大提出社会保障要坚持“全覆盖、保基本、多层次、可持续”方针，其中把“全覆盖”摆在首位，同时提出到2020年要实现“社会保障全民覆盖”的目标。社会保障全覆盖有两层含义：一是制度全覆盖，即所有法定的用人单位及人员都应有制度安排，可享受到社会保障权益。二是人员全覆盖，即所有法定范围内的人员基本上参保，绝大多数人得到制度保障。理论界有一种观点认为一项社会保险制度实际参保人数达到应参保人数的90%以上即为全覆盖。

对于工伤保险来说，目前在《工伤保险条例》规定范围内的用人单位及其职工都已纳入制度保障范围，实现了法定范围内的制度全覆盖。但是对人员全覆盖还没有准确的判断，原因是工伤保险的人员全

① 本报告于2015年完成，报告中引用的主要为2014年的数据。因工伤保险覆盖人群是职业劳动者，不是全口径意义上的全民覆盖，目前我国没有统计数据反映用人单位的职工人数总量，也没有与工伤保险法定覆盖范围相对应的应参保人数的统计，因此存在着工伤保险应参保人数不清的问题，并一直困扰着工伤保险的扩面工作。本报告根据国家统计局的数据，结合工伤保险的覆盖范围，对各类应参保人群的数量进行测算，提出“十三五”期间工伤保险应参保人数应在2.6亿～2.8亿人之间，工伤保险还存有一定的扩面空间。该项研究成果可为工伤保险实现全员参保目标提供一定的参考。

覆盖并不是全口径意义上的全民覆盖，而是特定人群的全员覆盖。目前我国没有统一、规范的统计数据反映用人单位的职工人数总量，也没有与工伤保险法定覆盖范围相对应的应参保人数的统计，因此存在着工伤保险应参保人数不清的问题，并一直困扰着工伤保险的扩面工作。为了摸清工伤保险应参保人员底数，进一步推动应保未保人员参保，特开展了工伤保险可参保资源总量的专题研究。希望通过研究对今后一段时期特别是“十三五”时期工伤保险应参保人员规模、可扩面人员数量及构成等进行统计分析，形成工伤保险可参保资源总量的初步估算结果，为确定“十三五”工伤保险参保目标及下一步持续推进参保扩面工作打好基础。

一、工伤保险制度覆盖范围及参保情况

（一）法定覆盖范围的变化情况

我国工伤保险制度建立于 20 世纪 50 年代，当时主要覆盖的是国有企业职工。20 世纪 80 年代，我国开始社会经济体制改革，从计划经济向市场经济转变，工伤保险制度作为配套改革项目也进行了一系列的改革。从制度覆盖范围看，20 世纪 90 年代至今，工伤保险在国家层面进行了三次政策性扩面。①由国有企业职工扩大到各类企业。1996 年颁布的《企业职工工伤保险试行办法》规定，中华人民共和国境内的企业及其职工必须参加工伤保险。比 1951 年制定、1953 年修订的《劳动保险条例》规定的国有企业范围有了大幅度的扩展。②由

企业扩大到有雇工的个体工商户。2003 年颁布的《工伤保险条例》，规定中华人民共和国境内的各类企业、有雇工的个体工商户应当参加工伤保险。工伤保险的覆盖范围由企业扩大到有雇工的个体工商户，至此所有生产型单位的职工都纳入了制度保障范围。③由生产型单位扩大到社会组织、事业单位。2010 年修订的《工伤保险条例》覆盖范围扩大到各类社会团体及事业单位，使工伤保险的覆盖范围从生产型单位扩大到非生产型单位。

我国工伤保险制度的三次政策性扩面实现了两个重大突破，一是由生产经营企业扩展到非生产经营性质的社会组织，实现了对生产经营企业的突破；二是由企业单位向事业单位扩展，实现了对劳动关系的突破。目前，工伤保险的法定覆盖范围为除国家机关和参照公务员法管理的事业单位外的所有用人单位。

从我国及其他各国的情况看，影响工伤保险法定覆盖范围确定的因素有以下几方面：一是经济社会发展的需求；二是资源供给能力，如工伤保险基金和经办管理的支撑能力；三是劳动者的诉求；四是工伤保险的制度模式。随着经济社会的发展，劳动者的职业类型不断趋于多样化，工伤保险通过不断扩大覆盖范围将各类职业劳动者纳入制度保护之下。在资源和能力有限的情况下，解决矛盾最突出、需求最迫切的群体的问题是各国趋同性的做法。因此，多数工业化国家在制度建立之初，都是从职业风险较高的行业或岗位开始保障，如矿山、港口、建筑业等。同时，由于管理能力的不断增强，工伤保险的覆盖范围也经历了一个由对正规就业人员保障到对非正规就业人员保障的过程。而工伤保险制度的不同模式，也在一定程度上对覆盖范围产生了影响。社会保险化的劳工补偿不再只针对职业劳动者，而是将国民生活中的风险都纳入保护范围。荷兰从1967年开始不再区分工伤与普通事故伤害而给予同等保护，工伤保险完全融入社会保险制度之中，从对职业风险的保护逐步转化为对社会风险的保护。德国用工伤保险完全取代了雇主对雇员的补偿责任，所以德国工伤保险覆盖范围极为宽泛，包括雇员、特定类别的独立从业者、正在接受职业培训的人员、学生、在幼儿园的儿童、正在接受重新融入措施的人员以及特定的其他类别的人员。被保险人与企业之间不必存在稳定的劳动关系，对于临时性就业，甚至是在非法用工单位工作的劳动者也不排除保险的保护。此外，德国工伤保险并不强调劳动者是否有报酬，享受保险也不以雇主履行工伤保险缴费义务为前提。但雇主的事故责任是不会被免除的，如果能够证明雇主个人故意制造了伤害事故，是要承担民事赔偿责任的。

我国工伤保险覆盖范围的确定基本上也是受上述因素的影响。随着经济社会和工伤保险制度的不断发展，工伤保险的覆盖范围在不断扩大。而在保险模式上，由于我国社会保险法是以劳动法为基准设立的，主要针对的是有劳动关系的劳动者，因而工伤保险是为劳动法中确定的劳动者提供因工伤害的物质和经济保障。

（二）现行制度的覆盖范围

现行工伤保险制度执行的是2010年修订的《工伤保险条例》，法定覆盖范围以职工为核心，以用人单位为边界。同时，由于工伤保险是建立在劳动法基础上，因此劳动关系是参保和享受待遇的准入条件。

工伤保险覆盖范围具有以下特点：一是非全民性，与养老保险、医疗保险全民覆盖不同，为特定范围、特定条件的就业人员。二是非全就业口径，由于工伤保险强调劳动关系，因此覆盖范围不包括具有劳务关系、雇佣关系及自雇的劳动者，也不包括低于劳动年龄和享有退休待遇的就业人员。

1. 法定覆盖单位

《工伤保险条例》第二条规定，8 类经济类型的用人单位应当参加工伤保险，分别为企业、事业单位、社会团体、民办非企业单位、基金会、律师事务所、会计师事务所和有雇工的个体工商户（见表 5—1）。企业是工伤保险制度核心保障范围，随着社会经济组织形式的不断多样化，工伤保险覆盖范围的外延不断扩展，现在凡是实行自主经营、自负盈亏、独立核算的法人或其他社会经济组织都应参保。工伤保险的应参保单位没有区域之分，也就是说无论是在城市还是在乡镇登记注册的生产经营单位都在制度覆盖范围，其职工都应当参加工伤保险。

表 5—1 工伤保险法定覆盖范围

序号	法律规定覆盖范围	界定
1	企业	在中国境内所有形式的企业，按照所有制划分，有国有企业、集体所有制企业、私营企业和外资企业；按照所在地域划分，有城镇企业、乡镇企业和境外企业；按照企业的组织形式划分，有公司、合伙、个人独资企业等

续表

序号	法律规定覆盖范围	界定
2	事业单位	指除参照公务员法管理之外的其他依照《事业单位登记管理暂行条例》的有关规定，在机构编制管理机关登记为事业单位，且没有改为由工商行政管理登记为企业的事业单位，主要包括基础科研、教育、文化、卫生、广播电视等领域的单位
3	社会团体	指依照国务院公布施行的《社会团体登记管理条例》的规定在民政部门登记为社会团体，由中国公民自愿组成，为实现会员共同意愿，按照章程开展活动的非营利性社会组织
4	民办非企业单位	指依照国务院公布施行的《民办非企业单位登记管理暂行条例》的规定在民政部门登记为民办非企业单位，由企业事业单位、社会团体及公民个人利用非国有资产举办的，从事非营利社会服务活动的社会组织，如民办学校、民办医院等
5	基金会	指根据《基金会管理条例》利用自然人、法人或者其他组织捐赠的财产，以从事公益事业为目的的非营利性法人
6	律师事务所	指根据《中华人民共和国律师法》设立的律师执业机构。主要分为合伙、个人以及国家出资设立的律师事务所三类
7	会计师事务所	指根据《中华人民共和国注册会计师法》的规定，依法设立并承办会计师事务的机构
8	有雇工的个体工商户	指在工商行政管理部门进行了登记并且雇用人数在 7 人以下，开展工商业活动的自然人

2. 法定覆盖人群

《工伤保险条例》规定，职工有享受工伤保险待遇的权利。按照《工会法》规定，职工是指在中国境内的企业、事业单位、机关中以工资收入为主要生活来源的体力劳动者和脑力劳动者，不分民族、种族、性别、职业、宗教信仰、教育程度。《工伤保险条例》明确职工与用人单位要存在劳动关系或事实劳动关系。认定劳动关系有三个标准：一是用人单位和劳动者符合法律、法规规定的主体资格；二是用人单位依法制定的各项劳动规章制度适用于劳动者，劳动者受用人单位的劳动管理，从事用人单位安排的有报酬的劳动；三是劳动者提供的劳动是用人单位业务的组成部分。事实劳动关系与劳动关系的根本区别在于用人单位没有与职工签订劳动合同，但是如果有证据证明劳动者接受用人单位管理，并从用人单位获得了工资性报酬，即可认定劳动者为用人单位职工，与用人单位存在事实劳动关系。基于《工伤保险条例》的规定，工伤保险中所指的职工应该是和用人单位存在劳动关系（事实劳动关系）的职工，与自然人存在雇佣关系的劳动者不在范围内。另外，按照《劳动法》规定低于或超过法定劳动年龄的人不属于职工范围。

（三）工伤保险参保情况

2003 年国务院颁布《工伤保险条例》，这是我国首次对工伤保险以行政法规形式进行的专项立法，工伤保险至此走上了法制化道路。2010 年国务院颁布《社会保险法》，进一步确定了工伤保险的法律地位。2011 年，修订的《工伤保险条例》实施，为工伤保险的全面发展提供了强有力的法律保障，形成了工伤保险“一法一条例”的法律支撑体系。在现行法律框架下，工伤保险覆盖了除公务员、参照公务员法管理的事业单位工作人员、灵活就业人员以外的所有职业劳动者。

2004 年《工伤保险条例》实施后，各地全面推行了工伤保险制度，参保人数快速增长，由 2003 年的 4 500 万人，增加到 2014 年的 20 639 万人，十年间参保人数增长了近 5 倍。其中农民工参保人数达到 7 369 万人，占总参保人数的 35.7%，实现了与用人单位建立相对稳定劳动关系的农民工基本参保。2010 年修订的《工伤保险条例》将非参公事业单位全部纳入工伤保险制度保障范围后，事业单位参保人数迅速增长，2014 年达到 2 655 万人，占总参保人数的 12.9%。有雇工的个体工商户参保为 140 万人，占总参保人数的 0.7%。

除此之外，将“老工伤”人员纳入了工伤保险统筹管理。2010 年，按照国务院的决策部署，着重解决国有企业“老工伤”人员纳入工伤保险统筹管理的问题。中央财政专门安排了 56 亿专项资金，用于支持各地做好这项工作。各省市通过自我消化、财政兜底等方式，保证了纳入工作的平稳进行。截至 2011 年年底，312 万国有企业“老工伤”人员全部纳入了工伤保险统筹管理，基本解决了工伤保险制度转轨过程中的历史遗留问题。部分省市探索将公务员和参公事业单位工作人员纳入工伤保险制度，截至 2014 年，全国公务员和参公事业单位工作人员参保的有 320 万人，占到公务员和参公事业单位人员总数的三分之一。江苏省南通市、山东省淄博市等地将灵活就业人员纳入工伤保险制度，实现了职业劳动者全覆盖。

二、工伤保险应参保人员规模测算

（一）测算基础和依据

对工伤保险可参保资源的估算，是以《工伤保险条例》第二条所规定的8类用人单位为范围进行的。最初设想是使用4个数据来源估算工伤保险的应参保人数，分别是第三次经济普查数据、《中国统计年鉴2014》数据、城镇职工基本养老保险参保人员数据和城镇职工基本医疗保险参保人员数据。

第1个数据来源，即以第三次经济普查的第二、三产业[①]的从业人数为基础。但与《工伤保险条例》覆盖范围相比，需要扣减“在各单位工作的外方人员、港澳台人员”“兼职人员、借用的外单位人员和第二职业者”指标数据，需要增加“第一产业中的单位从业人员”的数据，由于对前两项指标数据缺乏相关统计，数据获取难度较大。

第3个数据来源，即以参加城镇职工基本养老保险的人数作为基础。在对《工伤保险条例》的覆盖范围为基础进行调整时，难以获得扣减项中“已参加养老保险的个体户主、灵活就业者”及增加项中“未参加养老保险的中小微企业就业人员”的统计数据。

第4个数据来源，即以参加城镇职工基本医疗保险的人数作为基础，在对《工伤保险条例》的覆盖范围为基础进行调整时，难以获得扣减项中“已参加医疗保险的个体工商户、灵活就业人员”及增加项中“未参加医疗保险的中小微企业就业人员”的统计数据。

鉴于使用上述3个数据来源进行估算都存在一定的问题，最后选

① 第一产业包括：农林牧副渔业；第二产业包括：采矿业、制造业、电力、燃气及水的生产和供应业、建筑业；第三产业包括：交通运输、仓储和邮政业，信息传输、计算机服务和软件业，批发和零售业，住宿和餐饮业，金融业，房地产业，租赁和商务服务业，科学研究、技术服务和地质勘查业，水利、环境和公共设施管理业，居民服务和其他服务业，教育、卫生、社会保障和社会福利业，文化、体育和娱乐业，公共管理和社会组织、国际组织。

择以《中国统计年鉴 2014》数据为基础，同时以第三次经济普查等相关的统计数据作为补充。《中国统计年鉴 2014》给出了城乡就业人数总量为 76 977 万人，其中城镇就业单位类型分为国有单位、集体单位、股份合作单位、联营单位、有限责任公司、股份有限公司、私营企业、港澳台商投资单位、外商投资单位、个体和其他，其他类就业人员以灵活就业人员为主，城镇就业人数总量为 38 240 万人。乡村就业人员分为私营企业、个体和其他。其他类型就业人员主要指农民，乡村就业人数总量为 38 737 万人。详见表 5—2。

表 5—2　　2013 年末城乡就业人员统计

区域	单位类型	人数（万人）
城镇	国有单位	6 365
	集体单位	566
	股份合作单位	108
	联营单位	25
	有限责任公司	6 069
	股份有限公司	1 721
	私营单位	8 242
	港澳台商投资单位	1 397
	外商投资单位	1 566
	个体	6 142
	其他	6 039
乡村	私营企业	4 279
	个体	3 193
	其他	31 265
总计		76 977

（二）工伤保险应参保人数估算过程

1. 参保范围边界的确定

首先是法定参保单位的确定。工伤保险的参保单位是以用人单位的组织机构性质确定的，而国家统计局的统计指标是以用人单位的经营性质划分的，两者口径不一致。同时国家统计局的指标对城镇和乡村是分别统计，在乡村和工伤保险法定参保范围相关的主要是私营企业和个体工商户指标。通过分析和对各类型用人单位统计口径和参保口径的对比，可以得出工伤保险法定覆盖的7类用人单位与国家统计局统计口径的5类用人单位大体对应关系。具体为《工伤保险条例》中规定的企业、事业单位、社会团体、民办非企业单位、基金会、律师事务所、会计师事务所等组织对应的是国家统计局统计指标中城镇内资非私营单位、城镇内资私营单位、港澳台商投资单位、外商投资单位、乡村私营单位等5类。由于国家统计局统计指标中没有有雇工的个体工商户这一项指标，因而有雇工的个体工商户数量是通过注册登记的个体工商户户数和人数推算而得。

其次是参保人员范围的确定。工伤保险的参保人员界定为职工，对于工伤保险的参保职工有两个基本条件，一是必须在劳动年龄范围内，即16岁至退休年龄。二是应有劳动关系或事实劳动关系。与国家统计局对就业年龄的界定相比，工伤保险的应参保人群要小于就业人群。国家统计局对就业人员的界定只是以收入为标准，没有对劳动年龄和劳动关系进行要求。因此，在以就业人数为基础推算工伤保险应参保人数时应作必要的扣减。

2. 应参保单位分类统计

以《中国统计年鉴2014》中就业统计人数为基础，估算工伤保险应参保人员包括以下各类：

（1）城镇内资非私营单位（扣除机关单位、参公单位）就业者（13 718.6万人）

城镇内资非私营单位包括统计年鉴中的6类，具体为国有单位、集体单位、股份合作单位、联营单位、有限责任公司、股份有限公司，总计就业人数为14 854万人。国家统计局的“国有单位”指标中包括了机关和参公事业单位，按照《工伤保险条例》规定，机关单位不参加工伤保险，而参公事业单位工作人员是参照公务员法进行管理，故参公事业单位也不在工伤保险的覆盖范围，在此应予以扣除。根据2012年社会保险发展事业统计，2012年机关单位在职人数为821万人，事业单位在职人数为3 144万人，假定参公事业单位人数占事业单位在职者总数的10%，则机关单位和参公事业单位人员总数为821＋3 144×10%＝1 135.4万人。

扣除机关、参公事业单位人数后，估算符合工伤保险法定参保范围的城镇内资非私营单位就业人数为14 854－1 135.4＝13 718.6万人。

（2）城镇内资私营单位就业者（7 417.8万人）

通过调研发现，随着工商登记注册制度改革的推进，工商部门对市场主体登记后的规范监管较为薄弱。在注销环节，更是缺乏有效的监管措施，存在部分企业不经营也不注销的问题，造成了对私营企业就业人数的高估，但对于不经营也不注销的比例有多大，没有具体的统计数据。调研中，各地凭经验进行推测，有的认为在40%左右，有的认为在30%左右，也有的认为在10%左右。2013年统计的城镇内资私营单位就业人数为8 242万人，如果未注销且不经营企业比例以低比例10%计算，则估算有经营行为的城镇内资私营单位就业人数为8 242×（1－10%）＝7 417.8万人。

（3）港澳台商投资单位、外商投资单位就业者（2 963万人）

按照规定，港澳台商投资单位、外商投资单位属于工伤保险的覆盖范围，《中国统计年鉴2014》中有对此类人员的统计数据。2013年，港澳台商投资单位就业人数为1 397万人，外商投资单位就业人数为1 566万人，两者合计为1 397＋1 566＝2 963万人。

（4）乡村私营单位就业者（2 995.3万人）

国家统计局统计2013年乡村私营单位就业人数为4 279万人。由于乡村私营单位同样也存在不经营也不注销的问题，通过调研了解，未注销的比例最少在30%。以此估算，乡村私营单位就业人数为4 279×（1－30%）＝2 995.3万人。

（5）律师事务所、会计师事务所就业者（30万人）

《中国统计年鉴2014》中没有对律师事务所、会计师事务所的从业人员进行单项统计，其从业人员的统计已在相关分类中，计算工伤保险应参保人数时不再重复统计。相关资料显示，目前律师事务所的从业人员在20万人左右，会计师事务所从业人员在10万人左右。

(6) 有雇工的个体工商户中雇工人数（1 781.7 万人）

《中国统计年鉴 2014》统计城镇、乡村个体工商户就业人数分别为 6 142 万人、3 193 万人，共计 9 335 万人。《第三次全国经济普查（一号公报）》统计 2013 年底第二、三产业有证照个体经营户 3 279.1 万个，从业人员数为 9 013.4 万人，则平均每个个体经营户约有从业人员 9 013.4÷3 279.1＝2.75 人。《工伤保险条例》规定，有雇工的个体工商户应当为雇工参加工伤保险。通过调查了解，正常运营的个体工商户占比约为 60%，其中有雇工的个体工商户约占 50%。此外，按照《工伤保险条例》规定雇主不属于参保范围，需进行扣减。由此推算，有雇工的个体工商户从业人员数量约为 9 335×60%×50%－9 335÷2.75×60%×50%＝1 781.7 万人。

此外，《中国统计年鉴 2014》统计的就业人数包括各个年龄就业人口，而工伤保险应参保人群应为低于退休年龄的就业者。在此，应扣除再就业的离退休人员数。假定离退休人员的就业率与全国人口就业率相同，依据第六次人口普查表数据中分性别年龄的就业人口、劳动年龄人口，可计算得出男性 60 岁以上、女性 55 岁以上的城镇人口就业率为 15.98%，而 2013 年城镇职工基本养老保险参保离退休人员为 8 041 万人，由此估算再就业的离退休人数约为 8 041×15.98%＝1 284 万人。

(三) 工伤保险应参保人数估算结果

1. 工伤保险应参保人数基础数据结果

根据上述分项测算数据，通过汇总，初步估算出工伤保险应参保人数为2.76亿人，详见表5—3。但是通过调查了解，国家统计局统计的就业人数与工伤保险对参保人数的界定有一定差距。一是国家统计局界定一周一小时就业即为就业人员，比较宽泛，与工伤保险参保要求就业相对稳定有较大差别。二是国家统计局统计的就业人员中包括低于16岁及超出退休年龄的人员。三是国家统计局的就业人数是在上一年就业人数的基础上，对新增就业人数的累计，与实际就业人数有一定的误差。四是国家统计局对规模以上企业的统计是县、市、省逐级的报送数据，规模以下企业的统计数据则是估算数，因此就业人数有一定偏差。综合上述各种统计偏差因素，可以认为国家统计局的就业人员数量与工伤保险应参保人数估算之间有一定误差，国家统计局统计的就业人数要大于实际应参保的人数，这一点在调研中也得到了部分省、市、县相关人员的认可。

表5—3　　　　工伤保险应参保人数估算

人员类型		就业者人数（万人）
城镇内资非私营单位		14 854
城镇内资私营单位		7 417.8
港澳台商投资单位、外商投资单位		2 963
乡村私营单位		2 995.3
有雇工的个体工商户		1 781.7
扣减项	离退休再就业人员	1 284
	机关、参公单位人员	1 135.4
工伤保险应参保人数		27 592
工伤保险应参保人数（调整1）		2.31亿人
工伤保险应参保人数（调整2）		2.46亿人

鉴于上述因素，用系数予以调整。分别为：一是用 0.85 系数调整，在以国家统计局为基础估算出的数据（2.76 亿人）基础上用 0.85 系数进行调整，得出应参保人数为 2.31 亿人。二是用 0.9 系数调整，在以国家统计局为基础估算出的数据（2.76 亿人）基础上用 0.9 系数进行调整，得出应参保人数为 2.46 亿人。

因此，在国家统计局统计数据的基础上，经过适当的修正，可得出 2014 年工伤保险应参保人数应在 2.3 亿～2.5 亿人，取中间值为 2.4 亿人。

2. 2015 年工伤保险应参保人数估算结果

以 2013 年的统计口径为基础，按照每年城镇新增就业人员 1 000 万人计算，2014 年、2015 年共新增就业人员 2 000 万人。假设符合工伤保险参保条件的为新增就业人数的 50%[①]，则估算 2015 年工伤保险应参保人数在 2.4 亿～2.6 亿人，取中间值为 2.5 亿人。

3. “十三五”时期工伤保险应参保人数估算结果

对于“十三五”时期工伤保险应参保人数的估算主要考虑两方面因素：一是新增就业人数的变化。“十三五”时期预计每年新增就业人数最低为 900 万人，5 年新增就业人数总计在 4 500 万人左右。二是新增就业人数中符合工伤保险参保条件的人数比例。从以往的新增就业人员的就业方向看，一部分人选择从事较为稳定的工作，一部分人是

① 2013 年新增工伤保险参保人数为 907 万人，同年新增就业人数为 1 310 万人，占比 69.2%。2014 年新增工伤保险参保人数为 722 万人，同年新增就业人员为 1 322 万人，占比为 54.6%。今后工伤保险的参保扩面工作主要为私营企业、有雇工的个体工商户，扩面工作难度越来越大，所以将新增工伤保险参保人数占新增就业人数比率定为 50%。

非稳定性就业，还有一部分是从事个体或灵活就业，从事较为稳定工作的就业人员是工伤保险的应参保对象，在非稳定就业的人群中有一部分也应参加工伤保险，而从事个体和灵活就业的人员目前不在制度的覆盖范围内。假设有50%的新增就业人员符合工伤保险参保条件，“十三五”期间每年新增应参加工伤保险的人数为450万人，5年总计新增应参保人数为2 250万人，估算“十三五”末工伤保险应参保人数在2.6亿～2.8亿人，取中间值为2.7亿人。“十三五”时期工伤保险参保人数平均每年应增加500万人左右。

三、工伤保险参保扩面存在的问题及影响因素

（一）存在的问题

《工伤保险条例》实施已经10多年了，参保扩面一直是工伤保险的工作重点。随着工伤保险工作不断深入推进，第二、三产业中规模以上单位法定人员基本上已经参保。目前情况看，没有享受到工伤保险制度保障的群体主要有两个。一是已在制度覆盖范围内，但没有参保的用人单位及职工，即应保未保人员，主要集中在中小型以下单位。具体为：有雇工的个体工商户，餐饮、住宿等小微企业，以互联网为工作媒介的小型公司；二是没有纳入制度覆盖范围的单位和人员，主要为机关公务员、参公事业单位工作人员和灵活就业人员。

1. 小微企业参保率较低

小微企业主要集中在餐饮、住宿、美容美发等服务行业、各类小

型加工企业及电商等新型互联网企业，目前参保率普遍较低。主要原因为：

一是小微企业参保的主观意识不强。①用人单位参保不积极。部分企业不愿意因为参加社会保险而增加运营成本，减少利润空间。用人单位认为社会保险缴费高，持逃避态度，这种反映在实行“五险合一”的省市尤为突出。以湖南为例，社会保险总费率为企业缴纳工资总额的31%左右（养老保险20%、医疗保险8%、失业保险2%、工伤保险1%左右、生育保险0.7%），个人缴纳11%（养老保险8%、医疗保险2%、失业保险1%），企业如果参保，即使按2013年社会职工平均工资的60%（2 265元）缴纳，每月每人要增加700多元的支出，对于微利企业来说经济负担较重。②职工参保意识差。大多数小微企业职工都是农民工，他们进城打工的目的比较单纯，主要是为了挣钱，很少为长远生活进行打算，不愿意用现在的钱买今后的保障。另外，由于农民工文化水平较低，对工伤保险的认识不到位，在没有发生事故时，意识不到工伤保险的重要性。一些农民工还认为一旦受伤，企业要负责，所以参加不参加工伤保险无所谓。

二是客观因素制约了小微企业参保。①由于小微企业用工不稳定，人员流动大，对应参保的人数很难准确统计，影响扩面工作的开展。从业人员过于频繁地流动也给工伤保险缴费、待遇支付带来极大困难。②工伤保险政策对小微企业的适应度较差。目前工伤保险仍存在参保缴费、申报工伤手续烦琐，申领工伤待遇周期较长，牵扯精力较多等问题。对于小微企业来说，由于没有专职的社会保险业务经办人员，要办理工伤事故申报、待遇申领等一系列事务存在一定的困难。

2. 对农村地区企业的参保扩面工作乏力

虽然《工伤保险条例》中没有对参保企业进行城乡区分，但由于养老保险、医疗保险的参保是以城乡划分，实际上对工伤保险参保产生了一定的影响，现实情况是城镇地区的企业参保情况较好，乡村地区的企业参保率较低。究其原因有：一是乡村地区的企业多为私人企业，规模不大，用工较为松散，管理不规范；二是企业和职工对参保的意识和意愿不强；三是目前社会保险的管理体制不利于职工参保。养老保险、医疗保险以地域划分，管理机构、信息系统分别由不同部门管理。五险合一参保在乡村地区很难实现，影响了乡村地区企业参加工伤保险。而工伤保险经办机构没有设到乡镇，由于管理系统没有深入到乡村，对乡村地区企业的状况不了解，也无法有针对性地开展参保扩面工作。

3. 部分职业人群在工伤保险制度覆盖范围之外

一是公务员工伤依然单独保障。目前大部分地区对公务员的工伤依然按照军人抚恤办法进行保障，但也有 1/3 的地区将公务员纳入了工伤保险制度，形成了公务员和企业职工同一个制度保障的局面。值得注意的是，将公务员纳入工伤保险制度的部分地区并没有处理好公务员抚恤待遇和工伤保险待遇的关系，出现了双重享受情况。这使得公务员工伤保障问题变得更为复杂，历史遗留问题没有解决，新的待遇不平衡问题又出现了。随着事业单位参保进程加快，在原事业单位人员与公务员待遇基本相当的情况下，公务员工伤保障双重享受问题将会带来事业单位人员的攀比，形成新的矛盾点。因此，从各方面来说，都应尽快解决公务员与企业职工工伤保障的“双轨制”问题。

二是灵活就业人员没有制度保障。灵活就业人员是指以非全日制、临时性和弹性工作等灵活形式就业的人员，其没有稳定的劳动关系或事实劳动关系。由于现行工伤保险制度是为有稳定劳动关系的职业劳动者设计的，灵活就业人员因不具备规定的参保条件，无法得到工伤保险制度的保障，以至于成为目前没有任何制度保障的职业群体。灵活就业是国家倡导的就业方式，灵活就业人员因工作原因遭受职业伤害理应得到制度性保障。

4. 工伤保险参保扩面强制性措施不足

《社会保险法》《工伤保险条例》《社会保险费征缴暂行条例》中都明确规定，用人单位必须依法参保，对应参加工伤保险而未参加的，要予以处罚。《工伤保险条例》第六十二条规定，对应参保而未参保的用人单位，要补缴保险费，加收滞纳金，并由企业支付职工未参保期间的工伤待遇。尽管对于用人单位已有法律明确规定工伤保险属于强制参保范畴，并对应参保而未参保的行为规定了具体的处罚措施，但现实中真正因不参保得到处罚的用人单位很少。而且目前“工伤保险先行支付”“工伤保险费补缴当月即可享受待遇”等政策规定，更加减弱了用人单位尤其是小微企业参保的积极性。

（二）影响参保人数变化的因素

1. 社会经济环境

首先，随着我国经济发展进入新常态，经济从高速增长转为中高速增长，经济增长模式也由数量扩张型增长向质量提升型增长转变。在这样的背景下，经济增长动力由主要依靠投资向更多依靠全要素生产效率提高转变，新常态下的经济增长对能源依赖程度降低，对传统能源的需求增长速度下降，由此第二产业的用工需求量有所萎缩。对于工伤保险来说，第二产业多属于高风险行业，用工规模减小，意味着接触高风险的人员也会相应减少，工伤事故率将有所下降，工伤保险基金支出的压力会减小。但从扩面的角度讲，第二产业因新增就业人数减少，扩面空间也会有所减小。

其次，随着我国城市化、工业化进入成熟阶段，对大部分消费品的数量需求逐步被品质需求所替代，智能化、品牌化、娱乐化成为消费趋势，这就给商业、服务业尤其是生产性的服务业等第三产业带来了快速发展的机遇，所以未来一段时期工伤保险的主要扩面空间应在第三产业。

最后，我国“一带一路”倡议将给高铁、机电等行业带来新的国际需求，也将带动我国制造业、建筑业的发展，该类行业对劳动力的需求会有所增加，这是就业的新增长点，因此制造业、建筑业依然是工伤保险参保扩面的重点行业。

2. 劳动人口变化

根据社科院发布的《社会蓝皮书：2015 年中国社会形势分析与预测》，在 2020 年之前，我国劳动年龄人口将年均减少 155 万人。但从劳动力人口的情况看，“十三五”时期依然有大量农村劳动力人口向城镇转移，城镇劳动力人口将保持一定规模的增长，预计每年新增 800～1 000 万人。预计我国在“十三五”时期劳动人口总量仍呈上升趋势，工伤保险应参保人员总数将进一步扩大。

从劳动力人口结构看，“十三五”时期应参保人员将发生以下变化：一是高龄农民工数量增加。据国家统计局农民工监测调查结果显示，2013 年 50 岁以上的农民工占农民工总人数的比例为 15.2%，比 2012 年提高了 0.1 个百分点，且超过法定退休年龄而依然从事职业劳动的农民工不在少数，主要集中在环卫、清洁、绿化、建筑等行业。二是不稳定就业的人数增加。90 后、00 后新生劳动力已经成长起来，由于教育背景、思想理念等不同，90 后、00 后一代更注重自我感受、追求个人自由，他们择业随意、转换工作随意，造成就业流动性增大，有的甚至采取“旅游就业”，即在一个城市边工作边旅游看风景，一段时间后再选择其他城市工作。三是高风险行业就业人数减少。由于近些年来我国非常重视安全生产工作，高风险行业通过不断的技术改造改善了劳动条件和劳动环境，总体上说工伤风险有所下降。而从 2012 年、2013 年产业就业数据看，第二产业（高风险行业集中）新增就业人员人数有所下降，未来一段时期第二产业就业人数不会有太大增幅，生产规模及用工量呈减少趋势，也使得接触高风险的职工人群减少，进而使工伤事故减少，工伤风险降低。

从“十二五”时期前4年工伤保险参保扩面的情况看（见表5—4），每年新增参保人数呈下降趋势，平均每年减少200～300万人，年减幅平均在20%左右，说明在工伤保险参保达到一定规模的情况下，进一步扩面的难度在不断加大。如果没有一些有效的措施，“十三五”期间工伤保险参保人数要想实现以每年500万人的速度增长，应该说有一定的难度。

表5—4 “十二五”期间工伤保险参保扩面情况

年份	参保人数（万人）	新增人数（万人）	增幅（%）
2011年	17 696	1 535	9.50
2012年	19 010	1 314	7.40
2013年	19 917	907	4.80
2014年	20 639	722	3.60

3. 工伤保险政策导向

工伤保险的政策导向对应参保人员的规模也会产生影响。从现行政策规定看，工伤保险法定覆盖范围是有用人单位的职工，职业群体中灵活就业人员没有纳入，机关公务员和参公事业单位工作人员依然参照《军人抚恤优待条例》的规定，实行的是“公伤”保障，与工伤保险制度是双轨运行。未来一段时期，如果机关公务员与参公事业单位工作人员“公伤”保障和工伤保险并轨，如果灵活就业人员的工伤保障问题得以解决，工伤保险的扩面空间将进一步加大，应参保人员规模也将有所增加。

四、工伤保险进一步扩面方向及空间

（一）应保未保单位及人群的扩面空间

1. 企业

根据估算结果 2013 年工伤保险应参保人数为 2.4 亿人左右，扣减事业单位应参保人数 2 829.6 万人，扣减有雇工的个体工商户 1 781.7 万人，企业应参保人数约为 19 389 万人。同期工伤保险企业参保人数是 16 990 万人，两者相差 2 399 万人左右，参保率为 87.6%。企业总体参保率较高，但还有一定的扩面空间。

从国家统计局、人力资源和社会保障部发布的数据看，我国已进入经济转型期，第二产业就业人数开始下降，第三产业就业人员逐步上升，第三产业就业人数占比最高。2012 年数据显示，第三产业就业人数为 29 636 万人，占比为 38.5%。但是从近年来人力资源和社会保障部社保中心的工伤保险数据看，三类风险的参保职工（主要为第三产业企业）数量并不高，占比保持在 10%左右。所以未来一段时期，工伤保险的主要扩面空间为处于第三产业的企业。通过调查了解，目前一定规模以上的企业基本上都已参保，没有参保的主要集中在私营企业、小微企业，如住宿、餐饮、美容美发、修理等服务企业，还有各类小型加工企业和电商等。

2. 事业单位

2014 年，事业单位参加工伤保险的人数为 2 655 万人，与事业单位工作人员数量 2 829.6 万人（已扣除参公事业单位工作人员数）相比，占到 94%。由此可以判断，事业单位参加工伤保险的情况较好，基本已参保，进一步扩面的空间不大。

3. 有雇工的个体工商户

统计估算出我国有雇工的个体工商户就业总人数约为 1 781.7 万人，2014 年实际参保人数为 117 万人，参保率为 6.6%。从数据看，目前有雇工的个体工商户参保率较低，有较大的扩面空间，可扩面人数最少在 1 000 万人左右。

4. 农民工

根据《2014 年国民经济和社会发展统计公报》，2014 年全国农民工总量为 27 375 万人，其中，外出农民工 16 821 万人，本地农民工 10 574 万人。同期，参加工伤保险的农民工为 7 369 万人。从数据对比看，农民工参加工伤保险的人数较少，但实际上农民工群体中有一定数量的人不属于法定工伤保险参保范围。根据 2014 年全国农民工监测调查报告数据显示，农民工群体中有 83%的农民工为受雇就业，17%的农民工为自营就业。其中自营就业人员不在现行工伤保险制度的覆盖范围内，应予以扣除，受雇就业的农民工约为 22 721 万人。假设受雇就业的农民工中有 50%的人有较为稳定的用人单位，符合工伤保险的参保条件，则估算应参保人数约为 1.1 亿人左右。如果以这个数据为基础，农民工群体中还有 4 000 万人左右的扩面空间。可见，“十三五”期间农民工仍是工伤保险参保扩面的重要对象。

（二）可进一步扩展的参保范围

1. 国家机关公务员及参公事业单位工作人员

根据 2012 年社会保险发展事业统计，2012 年机关单位在职人数为 821 万人，事业单位在职人数为 3 144 万人。事业单位中非参公事业单位已经纳入工伤保险制度范围，参公单位目前还不在工伤保险制度覆盖范围内。假定参公单位人数占事业单位工作人员总数的 10%，则估算参公事业单位人数约为 314.4 万人，机关单位和参公单位人员总计约为 1 135.4 万人。目前已有 1/3 以上的省份约 320 万机关公务员和参公事业单位工作人员参加了工伤保险，如果国家在“十三五”期间明确规定机关和参公事业单位统一纳入工伤保险制度，则未来这部分人群的扩面空间约在 800 万人左右。

2. 灵活就业人员

国家统计局 2013 年的数据显示，其他类就业人员为 6 039 万人，这部分人可视为灵活就业人员。另外，在各类用人单位中还存在着一定数量的非全日制就业人员。从各方面的文献和数据分析看，比较一致的观点认为我国灵活就业人员总量在 8 000 万～1 亿人左右。

五、进一步加强工伤保险参保工作的政策建议

“十三五”时期是工伤保险实现全覆盖目标的关键时期，目前情况看，工伤保险与“全覆盖”的要求和目标还有差距，在人员全覆盖上还有一定的扩面空间。尽管今后工伤保险扩面工作难度越来越大，但

从充分保障广大职业劳动者工伤保险权益的角度讲，从促进工伤保险制度可持续发展的角度讲，实现工伤保险制度全覆盖意义重大。未来一段时期，仍应坚持不懈地抓好工伤保险的扩面工作，强化依法参保，加大扩面力度，尽快实现法定劳动者及职业人群的全员参保。

（一）有步骤地推进工伤保险参保扩面工作

1. 将有稳定劳动关系的职工全部纳入，实现法定范围内的全覆盖

工伤保险经过多年扩面，国有企业及一定规模以上的用人单位基本已经参保，但在制度覆盖范围内的有雇工的个体工商户、小微企业和农村地区企业，由于就业人员流动性大，管理松散等原因，参保人数较少。今后应把扩面的重点放在第三产业企业和有雇工的个体工商户，加大对服务业、有雇工的个体工商户、电商的扩面力度，重点加强对小微企业的参保扩面。通过法律强制、完善政策和工作推动等方式和手段，将工伤保险法定覆盖人群全部纳入制度保障范围。要继续推进农民工参保，一是巩固现有参保成果，维护已参保农民工的人数规模；二是推进重点行业农民工的参保，通过“同舟计划”，推进各类建筑企业农民工参保，同时积极推进制造业、服务业等农民工就业较为集中行业的人员参保，及时将新就业农民工纳入保障范围，保证农民工群体得到工伤保障。

2. 将机关、参公事业单位纳入工伤保险制度，实现有稳定劳动关系、人事关系的职工全覆盖

解决公务员和企业职工“双轨制”保障问题，将机关公务员“公

伤”保障从军人抚恤制度中剥离，纳入工伤保险制度，与企业职工享受同一制度保障，增加制度的公平性。从根本上理顺工伤保险制度和军人抚恤制度的关系，解决工伤保险待遇和抚恤待遇双重享受问题。

3. 探索灵活就业人员职业伤害保障政策，实现职业劳动者的制度全覆盖

未来一段时期，随着我国经济发展方式的转变，灵活就业人员数量将会不断增加，工伤保险应作出相应的制度安排，以保证这类就业人员享有职业伤害保障权益。由于灵活就业人员与传统的、有组织管理的职工有很大不同，没有传统意义上的缴费主体，存在用人单位责任缺失，工伤难以认定等问题，现行工伤保险政策与灵活就业形式有诸多不对应。为了保障灵活就业人员的工伤权益，同时不过多冲击现行的工伤保险政策，可探索适合灵活就业人员、无雇工个体工商户及农村农业劳动者职业特点的、以个人为参保主体的职业伤害保障政策，使灵活就业人员、无雇工个体工商户等无用人单位的职业劳动者得到制度性保障。

（二）加大依法强制参保力度

从各国情况看，对没有参加工伤保险的用人单位都是加以严厉的处罚。例如澳大利亚，不但要从发现没有参保之日起，补缴以往的保险费，还要给以重罚，因此在澳大利亚很少有用人单位逃避参加工伤保险及缴费的。目前看，我国对于没有参保的用人单位极少有实施处罚的，由于用人单位违法成本小，以至于用人单位对参保工作重视不

足，甚至有意逃避给职工上社保。今后应进一步强化依法参保，加大劳动监察力度，对没有参加工伤保险的用人单位要依法从严处罚。

（三）增加参保方式的灵活性和便捷性

随着就业观点的转变和新生劳动力进入就业市场，今后就业人员的流动性将进一步加大。为了适应新生劳动力的流动性特点，工伤保险应积极应对，制定更加灵活的参保缴费办法，增加参保缴费的便利性。可建立网上参保登记系统，实行网银、支付宝、微信等多形式缴费，使用人单位及从业人员参保缴费更加便捷。

（四）进一步完善工伤保险政策

1. 完善参保缴费政策，增加包容性

允许小微企业职工和有雇工的个体工商户所雇用的人员先行参加工伤保险，待用工稳定后再参加养老保险、医疗保险、失业保险和生育保险。

2. 完善工伤保险待遇申领政策，增加快捷性

通过网络、电话等形式进行工伤申报，减少工伤认定和劳动能力鉴定的时间周期，简化工伤待遇申领程序，建立小额工伤待遇快速申领通道。

3. 注重工伤预防和工伤康复，保护劳动力资源

随着劳动力年龄人口数量的逐年下降，保护劳动力的要求和责任将不断加大，因此工伤保险应更加重视工伤预防和工伤康复工作。通过工伤预防减少劳动者的职业伤害风险，通过工伤康复最大限度地恢

复工伤职工的生活能力和劳动能力，从而达到保护劳动力资源的目的。

（五）进一步加强工伤保险宣传

随着工伤保险离全覆盖目标越来越近，工伤保险扩面工作也越来越艰难，这个阶段宣传工作更为重要。一是要开展普遍性宣传，利用重要日子、重点时段，如安全生产宣传日、工伤保险条例颁布时间、重大事故发生时点，进行工伤保险政策和知识的宣传，增加社会的知晓度。二是要针对特定人群宣传。重点加大对小微企业、建筑业农民工的宣传。未来一段时期应保未保人群主要集中在小微企业和农民工，其人员特点为文化程度较低，流动性较大。对这部分人员的宣传应采取形式多样、简单易懂的方式，也可通过手机、网络等媒介进行宣传，使其了解自己的权益，了解工伤保险制度内容，了解参保和享受待遇的流程。这样，可增加未参保人员的参保意愿，从而自觉主动参保。

第六篇
公务员工伤（公伤）保障政策研究[①]

长期以来，我国一直是以公费医疗制度和军人抚恤优待制度解决公务员的公伤待遇保障问题[②]。2003 年颁布的《工伤保险条例》在第六十五条中提出："公务员和参照公务员法管理的事业单位、社会团体的工作人员因工作遭受事故伤害或者患职业病的，由所在单位支付费用。具体办法由国务院社会保险行政部门会同国务院财政部门规定。"但是历时多年，公务员的工伤保障办法一直没有出台。2010 年，我国修订了《工伤保险条例》，新条例仍然没有触及公务员的工伤保障问

① 本报告于 2012 年完成。作者认为公务员公伤抚恤源于新中国成立初期的革命工作人员褒恤制度，与当时反敌反特、大批军人转业地方公务机关等特定情况有关。经过 60 多年的发展变化，公务员在来源构成和工作性质上已与军人有明显不同，不宜再沿用军人抚恤办法，应将公务员公伤保障从军人抚恤制度中剥离出来，将公务员纳入工伤保险制度统一管理。公务员参加工伤保险，有利于化解"同命不同价"的双轨制矛盾，增强社会公平感；同时，工伤保险不仅可以解决工亡待遇，而且工伤医疗费用以及相应的康复、辅助器具配置费用等均按规定全额从工伤保险基金中支付，能够从制度上保障公务员工伤后各项待遇的落实。但至今，公务员参加工伤保险的问题仍没有解决。

② 我国曾经把机关工作人员因工作原因伤残情形称为"公伤"，把企业职工因工作原因伤残情形称为"工伤"。本报告中为了区分两类人员的工伤制度，对公务员仍使用"公伤""公伤待遇""公伤保障制度"等概念。

题。这种情况下，公务员工伤（公伤）待遇保障一直沿袭着原有的做法，但由于赖以依存的政策实施基础发生了变化，公伤保障制度的运行并不顺畅，公务员公伤待遇得不到保障的问题凸显。

本报告力求通过全面回顾公务员公伤保障政策的发展变化历程，分析公务员的公伤现状，剖析公伤保障政策存在的问题，提出解决公务员公伤保障问题的政策建议及具体改革方案。目的是促进加快解决公务员公伤保障中存在的突出矛盾和问题，切实保障公务员特别是人民警察的公伤权益，维护社会的和谐稳定。

一、公务员公伤保障制度历史沿革与现行政策

（一）公务员公伤保障制度历史沿革

纵观我国公务员公伤保障制度的发展，大体可以分为四个阶段。

第一阶段：1950 年至 1955 年，制度成型期。

新中国成立初期，我国开始着手建立职工保险福利制度，基本做法是按企业职工和机关、事业单位工作人员两类人群分别建立制度，奠定了企业职工和机关工作人员工伤（公伤）保障制度双轨制运行的基础。1950 年，我国针对机关工作人员发布实施了《革命工作人员伤亡褒恤暂行条例》，对因公伤残人员的医疗、公残和公亡待遇进行了全面规定，初步构建起公务员公伤保障的制度框架。1951 年，我国颁布实施了《劳动保险条例》，对企业职工应享受的退休、医疗、工伤、生育权利进行了明确，标志着企业职工劳动保险制度的建立。

《革命工作人员伤亡褒恤暂行条例》规定的内容包括以下三个方面：一是公亡抚恤待遇和丧葬费待遇。以粮食进行结算，由单位负责支付。二是医疗待遇。规定公伤医疗费实报实销，医疗期间生活费照发。关于公伤医疗费的支付渠道和管理办法，我国在1952年6月颁布的《关于全国各级人民政府、党派、团体及所属事业单位的国家机关工作人员实行公费医疗预防的指示》进行了规定，公伤医疗费从公费医疗中支出。三是伤残抚恤待遇。《革命工作人员伤亡褒恤暂行条例》第四条规定，伤残等级和抚恤标准按照《革命残废军人优待暂行条例》的标准执行。

另外，对因公伤残人员退休后的待遇也有规定。1955年，国务院颁布《国家机关工作人员退休处理暂行办法》，规定退出工作岗位的因公伤残人员，可视伤情轻重领取高于一般退休人员的退休金。

这时期，在《革命工作人员伤亡褒恤暂行条例》的框架下，国家对公伤医疗待遇，公残、公亡抚恤待遇及公残人员退休后的相关待遇做了全面规定，国家工作人员因公负伤后可得到良好保障。与此同时，以公费医疗制度和军人抚恤制度解决公务员公伤待遇问题的思路也在这一时期初步形成。

第二阶段：1955年至1988年，制度平稳运行期。

这一时期，我国仍处于计划经济时期，公伤保障制度依存的公费医疗制度、军人抚恤制度及退休制度没有进行大的调整及变化，制度运行基本顺畅。

同时，在制度设计时，机关工作人员公伤待遇内容和水平与企业职工大体一致，没有造成两部分人员的不平衡心理，机关工作人员和企业职工工伤保障的双轨运行在此阶段是平稳的。

第三阶段：1988 年至 1998 年，变化时期。

一是以 1988 年《军人抚恤优待条例》颁布为起点，机关工作人员的抚恤待遇规定发生了较大变化。围绕抚恤待遇问题，我国先后颁布了一系列政策文件，如《关于颁发〈关于贯彻执行《军人抚恤优待条例》若干具体问题的解释〉的通知》（民〔1989〕优字 19 号）、《关于颁发〈革命伤残军人评定伤残等级的条件〉的通知》（民〔1989〕优字 18 号）、《关于全民所有制事业单位工作人员因公负伤致残抚恤问题的通知》（〔89〕财文字第 455 号）、《关于调整国家机关、事业单位因公致残人员护理费标准的通知》（人退发〔1993〕1 号）等。在《关于国家机关工作人员、人民警察伤亡抚恤如何办理的通知》（民〔1989〕优字 34 号）中，明确了因公死亡的抚恤标准要参照《军人抚恤优待条例》的规定，至此国家机关工作人员公残、公亡的待遇都执行《军人抚恤优待条例》的标准。

二是卫生部、财政部 1989 年印发了《公费医疗管理办法》[卫计字（89）第 138 号]，规定“因公负伤、致残的医疗费”，“用于……治疗公伤所必需的贵重、滋补药品（含血液制品）的费用”属于公费医疗经费开支范围。

三是待遇保障项目、水平有了提高。1978 年《国务院关于安置老弱病残干部的暂行办法》（国发〔1978〕104 号）规定，根据本人饮食起居是否需要他人扶助的情况，按分别高于国家现行规定的机关和事业单位工作人员最高退休费计发标准的10%或5%计发，但最高不得超过本人原工资。1986年6月，调整了因公牺牲一次性抚恤金的发放标准，把过去按职务高低确定不同待遇标准的做法，改为统一按本人工资的20个月发放。

四是《军人抚恤优待条例》颁布后，机关工作人员的公残、公亡抚恤待遇的发放和管理工作统一归口到民政部门。

这一时期，公务员公残、公亡抚恤待遇完全与军人抚恤待遇并轨，《革命工作人员伤亡褒恤暂行条例》退出历史舞台，公务员公伤进入了通过公费医疗和军人抚恤两个制度实施待遇保障阶段。

20世纪80年代中后期，我国公费医疗制度开始改革，免费医疗改为个人负担部分医疗费，这一变化影响到了原公伤医疗费的解决路径，公伤医疗全额报销和疾病医疗个人负担部分医疗费的差额部分没有了支出渠道。当时解决的方法是由各单位自行解决差额部分，一般在福利费中支出。由于这一时期，公费医疗改革尚处于改革试点阶段，影响面并不是很大，加之单位还在承担职工的医疗费用，有相对稳定的经费渠道，因此公伤医疗费缺口问题虽然已经显现出来，但并没有成为主要矛盾。

第四阶段：1998年至今，问题完全暴露时期。

一是公伤医疗费无支出渠道问题日益严重。1998年开始，我国医疗保险开始实行社会统筹，机关事业单位也陆续纳入了基本医疗保险制度，造成公伤医疗费支出彻底没有了渠道，有的单位甚至出现了拖欠公伤医疗费的情况。这一问题在公检法司的单位反映尤为突出。二是经过几次机构改革，公务员公伤认定、伤残等级鉴定的管理单位变得混乱，渠道也不畅通，许多人由于认定、鉴定不了而领不到抚恤待遇。三是2004年《工伤保险条例》实施以来，公务员的部分公伤待遇低于企业职工的工伤保险待遇，形成不平衡心理。四是因公伤残人员退休待遇不再有特殊规定。2006年，人事部、财政部颁发《关于机关事业单位离退休人员计发离退休费等问题的实施办法》（国人部发〔2006〕60号），没有涉及因公伤残人员的退休待遇问题。五是2004年8月《军人抚恤优待条例》修订实施，继续保留原职责划分，民政部门依然负责国家机关工作人员伤残等级鉴定及相关抚恤待遇发放工作。而2004年实施的《工伤保险条例》规定，国家机关工作人员受到职业伤害或患职业病，由所在单位支付费用。上述两项法规对公务员公伤保障管理机构、待遇支付渠道的规定不一致，一定程度造成了执行中的混乱。

这一时期是矛盾堆积时期，从医疗费支付，到公伤认定、伤残等级鉴定，到待遇发放，到职责分工都存在很多问题，改革公务员公伤保障制度的呼声日趋强烈。

（二）公伤保障政策规定

1. 保障范围

2007年民政部颁布《伤残抚恤管理办法》，规定享受伤残抚恤待遇的人员包括两类人员：①公务员以及参照《中华人民共和国公务员法》（以下简称《公务员法》）管理的国家机关工作人员；②行政编制的人民警察。

2. 公伤认定

民政部《关于颁发〈关于贯彻执行《军人抚恤优待条例》若干具体问题的解释〉的通知》规定了“因公致残”“因公牺牲”“革命烈士”的认定条件。具体范围是：①在从事军事训练、施工、生产等任务和上下班途中，遭到非本人责任和无法抗拒的意外伤致残的；②在执行任务中被犯罪分子致残的；③在维护社会治安，抢救保护人民生命、国家和集体财产，被犯罪分子致伤或遭意外致残的；④因患职业病致残的；⑤因医疗事故致残的，也按因公致残对待。

民政部《关于国家机关工作人员、人民警察伤亡抚恤如何办理的通知》（民〔1989〕优字34号）规定，国家机关工作人员公伤认定“需经县级以上单位的组织或人事部门批准和县、市、市辖区民政部门审核同意”。

3. 劳动能力鉴定

《伤残抚恤管理办法》规定，国家机关工作人员公伤残等级评定工作由民政部门指定的医疗卫生机构负责，由医疗卫生专家小组根据《军人残疾等级评定标准》对属于因战因公导致的残疾情况进行鉴定，出具残疾等级医学鉴定意见。职业病的残疾情况鉴定由省级人民政府民政部门指定的有职业病诊断资质的医疗机构作出。

2004年民政部发布《军人新旧残疾等级套改办法》，把军人、人民警察、公务员以及参照《公务员法》管理的国家机关工作人员因公伤残的等级确定为10个等级，与《工伤保险条例》规定的伤残等级数一致。对于达到伤残等级的人民警察、公务员以及参照《公务员法》管理的国家机关工作人员由民政部统一发放“中华人民共和国伤残人民警察证”“中华人民共和国伤残公务员证”，享受相应的抚恤待遇。

4. 公伤、公残待遇

（1）医疗费。国家机关工作人员、人民警察的公伤医疗费按照公费医疗有关规定执行。

（2）残疾抚恤金。伤残人民警察、伤残国家机关工作人员从被批准残疾等级评定后的第二个月起，由发给其伤残证件的民政部门按照规定予以抚恤。表6—1所示为军人、国家机关工作人员抚恤金标准。

表6—1　　军人、国家机关工作人员抚恤金标准

伤残等级	伤残性质	抚恤标准（元/年）	伤残等级	伤残性质	抚恤标准（元/年）
一级	因战	28 690	六级	因战	11 390
	因公	27 780		因公	10 780
二级	因战	25 960	七级	因战	8 660
	因公	24 600		因公	7 740
三级	因战	22 770	八级	因战	5 470
	因公	21 410		因公	5 010
四级	因战	18 670	九级	因战	4 450
	因公	16 850		因公	3 640
五级	因战	14 580	十级	因战	3 190
	因公	12 750		因公	2 730

注：从2010年10月1日起执行。

（3）护理费。对一至四级残疾人员发放护理费，标准为：因战因公致一级和二级残疾的，为当地职工月平均工资的50%；因战因公致三级和四级残疾的，为当地职工月平均工资的40%；因病一级至四级残疾的，为当地职工月平均工资的30%。

（4）伤残辅助器具配置。国家机关工作人员、人民警察需要配制假肢、代步三轮车等辅助器械，可以安装。目前无具体标准规定，一般按较高标准安装。

5. 公亡待遇

（1）一次性公亡待遇。原《军人抚恤优待条例》规定国家机关工作人员、人民警察因公死亡，发放其遗属一次性抚恤金，金额根据死亡性质和死亡时月工资标准确定。具体为：烈士，80个月工资；因公牺牲，40个月工资。2011年修订的《军人抚恤优待条例》规定，烈士和因公牺牲的，一次性抚恤金为上一年度全国城镇居民人均可支配收入的20倍加本人40个月的工资。

（2）丧葬费。国家机关工作人员、人民警察因公死亡增发12个月抚恤金作为丧葬费用。

（3）供养亲属抚恤金。国家机关工作人员、人民警察因公死亡的，其遗属为以下情形的可享受定期抚恤：父母（抚养人）、配偶无劳动能力、无生活费来源，或者收入水平低于当地居民平均生活水平的；子女未满18周岁或者已满18周岁但因上学或者残疾无生活费来源的；兄弟姐妹未满18周岁或者已满18周岁但因上学无生活费来源且由该公亡人员生前供养的。定期抚恤金标准参照全国城乡居民家庭人均收入水平确定。定期抚恤金的标准及其调整办法，由国务院民政部门会同国务院财政部门规定。

（三）公伤待遇与工伤保险待遇比较

公伤待遇与工伤保险待遇相比，在待遇项目上存在保障内容不全面、项目缺失的问题。就待遇水平看，公务员公伤抚恤待遇和工伤保险待遇互有高低，某些项目低于工伤保险水平，但也有高于工伤保险的内容项目，见表6—2。

表6—2　　公务员公伤待遇与工伤保险待遇比较

项目		公务员公伤待遇	工伤保险待遇
医疗待遇		规定实报实销，主要由单位负担	治疗工伤所需费用符合工伤保险标准的，从工伤保险基金支付
伤残待遇	一次性伤残补助金	无	一级伤残至十级伤残分别为本人工资27个月至7个月不等
	残疾抚恤金	因公致残人员按照残疾等级享受残疾抚恤金，按年由民政部门发放	一级伤残至六级伤残分别为本人工资的90%、85%、80%、75%、70%、60%不等，按月发放
	护理费	伤残一至四级人员可按月领取相当于当地职工月平均工资的30%～50%的护理费	生活不能自理的工伤职工在停工留薪期需要护理的，由所在单位负责。评残后的护理费从工伤保险基金按月支付。标准分别为统筹地区上年度职工平均工资的50%、40%、30%
	辅助器具配置	可安装，无具体标准	经劳动能力鉴定委员会确认，可安装。所需费用按国家标准从工伤保险基金中支付

续表

项目		公务员公伤待遇	工伤保险待遇
工亡待遇	一次性抚恤金	烈士和因公牺牲的，为上一年度全国城镇居民人均可支配收入的 20 倍加本人 40 个月的工资	一次性工亡补助金标准为上一年度全国城镇居民人均可支配收入的 20 倍
	遗属定期抚恤金	标准按照全国城乡家庭人均收入水平确定	配偶每月 40%，其他亲属每人每月 30%，孤寡老人或者孤儿每人每月在上述标准的基础上增加 10%
	丧葬补助金	12 个月伤残期抚恤金	6 个月统筹地区上年度职工月平均工资
其他待遇	住院伙食补助费	无规定，一般是单位负责	由各省市自定标准，从工伤保险基金中支付
	交通、食宿费	无规定，一般是单位负责	由工伤保险基金按标准支付
	一次性工伤医疗补助金	无	由工伤保险基金支付，标准由各省级政府规定
	一次性伤残就业补助金	无	由用人单位支付，标准由各省级政府规定
工伤预防		无	可开展，规定项目费用从工伤保险基金中支付
工伤康复		可以进行简单医疗康复，无职业康复，费用多由单位支付	已开展医疗康复、职业康复，符合规定的项目费用由工伤保险基金支付

1. 待遇缺失及较低项目

（1）医疗费。公务员公伤抚恤待遇中没有医疗待遇，目前公务员的公伤医疗费主要由单位解决，支出项目不规范，并且没有稳定的经费来源。参加工伤保险的职工工伤医疗费由工伤保险基金全部承担，经费有保障，支付标准统一规范。

（2）一次性伤残补助金。《工伤保险条例》规定，伤残职工被鉴定为一至十级伤残的发给27个月至7个月不等的一次性伤残补助金。公务员没有此项待遇。

（3）工伤预防。工伤保险制度中有工伤预防的内容，工伤预防费可在工伤保险基金中支出，用于宣传、培训等项目。公务员公伤保障中没有工伤预防的规定。

（4）工伤康复。《工伤保险条例》规定可以开展医疗康复、职业康复等工伤康复项目，相关费用从工伤保险基金中支付。公务员伤残后，可根据医生的建议，进行一般性的医疗康复，所需费用由基本医疗保险费或单位支付，但没有开展职业康复项目。

（5）丧葬费。按照《军人抚恤优待条例》的规定，丧葬费按照公亡人员生前伤残抚恤金的水平折算，造成不同伤残等级的公亡人员的丧葬费不同，且金额差距较大。《工伤保险条例》规定丧葬费统一按照上年度统筹地区职工月平均工资6个月的标准发放，同一统筹地区工亡人员的丧葬费是相同的。

在各地实际操作中，公务员和企业职工的丧葬费待遇也存在较大差距。比如，湖南省公务员因公死亡的丧葬费为5 000元，而《工伤保险条例》规定工亡人员的丧葬补助金，按2008年湖南省的职工月平均工资计算为12 310元。

2. 待遇较高项目

（1）一次性工亡补助金。2010年修订的《工伤保险条例》，将一次性工亡补助金标准统一调整为上年度全国城镇居民人均可支配收入的20倍，同期《军人抚恤优待条例》规定因公牺牲（死亡）的一次性抚恤金标准为40个月本人工资，一次性公亡抚恤金低于工伤保险的一次性工亡补助金。2011年《军人抚恤优待条例》修订后，将这一标准调整为上年度全国城镇居民人均可支配收入的20倍再加本人40个月的工资。现行的公务员一次性公亡抚恤金标准大大高出了企事业单位职工的一次性工亡补助金水平。

（2）没有退出劳动岗位机制。《工伤保险条例》规定七级至十级伤残职工在劳动、聘用合同期满时，单位可以终止合同。《公务员法》规定，“因公致残，被确认丧失或者部分丧失工作能力的”不得辞退，公务员实行的是终身录用制。

（3）五至十级伤残抚恤金可长期领取。《工伤保险条例》规定五至十级伤残职工的伤残津贴是一次性发放，而公务员五至十级的伤残抚恤金是按年发放，可在就职期间一直领取。

二、公务员公伤保障现状

（一）公务员公伤现状

为了较全面地了解和掌握公务员公伤的基本情况，2010年7月，人力资源和社会保障部办公厅下发了《关于开展国家机关和事业单位工作人员工伤情况专题调研的通知》（人社厅函〔2010〕330号），向31个省市、新疆兵团及85个中央部委发放了调查表。截至12月底，

28个省市及新疆生产建设兵团反馈了调查表，回收率为94%。发到中央85个部委的调查表，有38个部委以书面形式返回，回收率为45%。

此次对公务员进行了5年的公伤情况调查，调查的公务员人数规模分别是，2005年392万人、2006年403万人、2007年512万人、2008年545万人、2009年583万人。具体情况为：

1. 因公伤亡人数

2005—2009年，全国公务员及参公事业单位因公伤亡人数分别是12 573人、12 895人、16 648人、20 434人、23 660人，其中因公死亡人数分别为1 126人、1 134人、1 461人、1 814人、1 960人。各年达到伤残等级总人数占因公伤亡人数的比例分别是49.98%、47.07%、44.60%、42.55%和41.54%。无等级占因公伤亡人数的比例分别是41.06%、44.13%、46.62%、48.57%和50.17%。因公死亡占因工公伤亡人数的比例分别是8.96%、8.79%、8.78%、8.88%和8.28%。

地方公务员及参公事业单位工作人员因公伤亡人数2005—2009年各年分别为12 288人、12 614人、16 404人、20 092人和23 313人。达到伤残等级人数分别为0.6万人、0.6万人、0.7万人、0.8万人和1.0万人，分别占因公伤亡人数的49.15%、46.40%、44.07%、41.96%和40.85%；无等级占因公伤亡人数的比例分别是41.98%、45.05%、47.29%、49.35%和50.89%；因公死亡占因公伤亡人数的比例分别是8.87%、8.55%、8.64%、8.69%和8.26%。

公检法司系统因公受伤人数2005—2009年各年分别为5 677人、

6 117 人、7 847 人、9 723 人和 11 629 万人。达到伤残等级的占因公伤亡人数的比例分别是 40.30%、36.03%、34.40%、32.57% 和 29.08%。无等级占因公伤亡人数的比例分别是 50.66%、56.11%、57.79%、59.96%和 64.04%。因公死亡占因公伤亡人数的比例分别是 9.04%、7.86%、7.81%、7.47%和 6.88%。

从统计数据看，公务员及参公事业单位工作人员因公伤亡人数主要集中在地方，中央国家机关公务员因公伤亡人数较少。公检法司系统因职业性质关系，因公伤亡人数较多，各年度都接近公务员伤亡总人数的一半。从伤亡率①指标看，全国、地方公务员及参公事业单位工作人员的因公伤亡率低于工伤保险参保人员的水平，但公检法司四部门的伤亡率较高，与工伤保险参保人员的伤亡率大体相当，见表 6—3。

表 6—3　　　　各类公务员因公伤亡情况

年份	全国公务员伤亡率（%）	科教文卫事业单位人员伤亡率（%）	公检法司部门人员伤亡率（%）	工伤保险参保人员伤亡率（%）
2005 年	0.32	0.08	0.58	0.77
2006 年	0.32	0.07	0.60	0.76
2007 年	0.32	0.08	0.64	0.79
2008 年	0.38	0.10	0.76	0.86
2009 年	0.41	0.12	0.87	0.87

具体到各地情况，2009 年山东省公务员因公伤亡人数最多，为

① 伤亡率＝享受待遇人数÷职工（或参保职工）总人数。

4 257 人，因公伤亡人数最少的是新疆生产建设兵团，为 31 人。从伤亡率看，青海省的伤亡率最高，为 1.28%；其次是江西、安徽省，为 1.07%，这三省的比例大大高于各地的平均伤亡率水平；伤亡率最低的是江苏省，为 0.11%。见表 6—4。

表 6—4　　2009 年地方公务员、参公事业单位工作人员因公伤亡情况

省份	公务员人数（人）	参公事业单位人数（人）	因公伤亡人数（人）	因公伤亡率（%）	一至四级（人）	五至六级（人）	七至十级（人）	无等级（人）	死亡（人）
山东省	424 835	92 510	4 257	0.82	141	391	890	2 466	369
江西省	195 488	64 388	2 868	1.1	101	229	597	1 614	327
安徽省	171 964	25 573	2 128	1.07	71	267	596	1 054	140
吉林省	98 048	217 211	1 674	0.53	118	353	999	97	107
四川省	282 169	53 207	1 595	0.48	16	65	221	1 213	80
云南省	261 677	72 180	1 083	0.32	29	207	701	121	25
黑龙江省	111 185	26 808	1 009	0.73	73	127	364	343	102
河北省	312 080	64 306	1 003	0.27	24	123	341	388	127
辽宁省	189 519	36 837	803	0.35%	6	54	343	333	67
重庆市	128 475	21 049	778	0.52%	5	16	196	519	42
河南省	221 634	214 800	662	0.15%	20	55	172	331	84
北京市	141 952	18 576	652	0.41%	8	4	31	606	3
贵州省	116 032	18 857	576	0.43%	18	48	115	307	88
青海省	37 745	5 472	553	1.28%	38	70	227	134	84
广东省	303 436	45 254	522	0.15%	4	2	50	436	30
新疆维吾尔自治区	107 681	29 583	489	0.36%	19	48	190	202	30

续表

省份	公务员人数（人）	参公事业单位人数（人）	因公伤亡人数（人）						
				因公伤亡率（%）	一至四级（人）	五至六级（人）	七至十级（人）	无等级（人）	死亡（人）
浙江省	244 464	23 102	392	0.15%	1	7	30	334	20
陕西省	197 518	31 616	383	0.17%	13	34	156	167	13
山西省	131 563	91 243	371	0.17%	13	20	42	252	44
江苏省	253 126	72 785	363	0.11%	9	30	143	147	34
甘肃省	150 058	49 542	354	0.18%	5	7	11	283	48
福建省	175 110	30 692	334	0.16%	1	7	8	318	0
天津市	75 922	8 986	223	0.26%	2	23	64	117	17
西藏自治区	39 351	4 408	95	0.22%	3	12	10	47	23
宁夏回族自治区	33 697	3 382	76	0.20%	6	24	40	4	2
广西壮族自治区	64 939	285	39	0.06%	1	0	6	19	23
新疆生产建设兵团	12 406	2 362	31	0.21%	0	2	10	12	7

2. 因公伤亡类型

中央、地方公务员发生公伤的主要原因是事故伤害，其次是上下班途中交通事故或其他类型事故①，再有就是职业病。通过对公务员公伤案例分析，公务员公伤较多的情形是因工作原因外出时受到的伤害，如公务员外出考察、检查工作时发生交通事故，人民警察等特殊职业人员和歹徒斗争或遭到歹徒袭击造成的伤残。2005—2009 年，全国公务员因事故伤害造成伤亡的人数分别为 9 264 人、9 561 人、

① 其他类型事故指除事故伤害、上下班途中交通事故、职业病以外的原因造成的公伤事故，如单位组织的文体活动等。

12 250 人、14 970 人和 17 425 人，公务员伤亡人数呈上升趋势。见表 6—5、表 6—6。

表 6—5　　全国公务员及参公事业单位工作人员因公伤亡类型及人数情况

年份	伤亡人数①（人）	事故伤害		上下班途中交通事故		职业病		其他类型	
		（人）	%	（人）	%	（人）	%	（人）	%
2005 年	12 573	9 264	73.7	1 742	13.9	217	1.7	1 041	8.3
2006 年	12 895	9 561	74.1	1 726	13.4	224	1.7	994	7.7
2007 年	16 648	12 250	73.6	2 342	14.1	246	1.5	1 380	8.3
2008 年	20 434	14 970	73.3	2 973	14.5	285	1.4	1 769	8.7
2009 年	23 660	17 425	73.6	3 523	14.9	361	1.5	1 902	8.0

表 6—6　　2009 年地方公务员各职业伤害类型及人数情况

省份	职业伤害类型及人数（人）			
	事故伤害	上下班途中交通事故	职业病	其他类型
山东省	3 419	541	24	273
江西省	1 486	695	119	568
安徽省	1 464	465	24	176
吉林省	1 405	132	12	102
四川省	1 364	120	12	99
云南省	652	401	1	29
黑龙江省	819	144	25	31
河北省	727	110	10	60

① 伤亡人数＝工作原因造成伤亡人数＋上下班交通事故造成伤亡人数＋职业病造成伤亡人数＋其他类型伤亡人数。由于统计角度原因，伤亡人数与四种伤亡类型的总人数不相等，伤亡人数大于四种伤亡类型的总人数，每年都有一二百人的数差。

续表

省份	职业伤害类型及人数（人）			
	事故伤害	上下班途中交通事故	职业病	其他类型
辽宁省	706	62	3	32
重庆市	562	106	2	64
河南省	480	87	1	94
北京市	621	15	1	15
贵州省	463	68	1	44
青海省	474	48	3	28
广东省	385	45	9	83
新疆维吾尔自治区	373	66	0	50
浙江省	354	32	1	10
陕西省	240	121	1	11
山西省	190	35	96	50
江苏省	293	51	0	19
甘肃省	245	64	16	29
福建省	270	64	0	0
天津市	200	15	0	8
西藏自治区	70	12	0	13
宁夏回族自治区	74	2	0	0
广西壮族自治区	46	18	0	5
新疆生产建设兵团	23	3	0	5

3. 抚恤待遇解决渠道

2005—2009年，因公伤亡人员中约有半数左右的人员没有享受到公伤抚恤待遇。享受了抚恤待遇的人数分别占伤亡人数的45.6%、49.3%、52.5%、53.4%、55.2%，其中领取伤亡抚恤的人员中，有半数左右人员的抚恤待遇是由单位给付的，见表6—7。

表 6—7　全国公务员及参公事业单位工作人员抚恤待遇解决渠道

年份	因公伤亡人数（人）	已享受抚恤待遇人数（人）	单位负担人数（人）	其他渠道负担人数（人）
2005 年	12 573	5 792	2 973	2 819
2006 年	12 895	6 178	3 096	3 082
2007 年	16 648	8 300	4 201	4 099
2008 年	20 434	10 293	5 027	5 266
2009 年	23 660	12 297	6 222	6 075

公检法司四部门中，享受抚恤待遇人数从 2005 年的 2 708 人增长到 2009 年的 6 262 人。2005—2009 年，由单位负担占已享受抚恤待遇人数比例分别为 51.9%、49.4%、45.5%、43.5%、45.4%；通过其他渠道解决待遇的比例分别为 49.1%、50.6%、55.5%、56.5%、54.6%，见表 6—8。

表 6—8　公检法司四部门抚恤待遇负担情况

年份	已享受抚恤待遇人数（人）	单位负担人数		其他渠道负担人数	
		（人）	%	（人）	%
2005	2 708	1 405	51.9%	1 303	49.1%
2006	3 001	1 483	49.4%	1 518	50.6%
2007	4 005	1 821	45.5%	2 184	55.5%
2008	5 028	2 186	43.5%	2 842	56.5%
2009	6 262	2 843	45.4%	3 419	54.6%

（二）公务员公伤待遇支出规模

目前公务员公伤待遇支出有很多渠道，很难对工伤待遇的支出情况进行精确统计。为了对公务员公伤待遇支出规模有一个大致了解，本报告借助此次调查的一些数据及2009年全国工伤保险待遇支出的数据进行了估算。

公务员公伤待遇主要包括三部分，医疗待遇、公残待遇和公亡待遇。

1. 测算依据

2009年工伤保险参保人数为14 896万人；工伤保险基金支出为155.68亿元；人均一次性工亡补助金为102 393元；人均一次性伤残补助金为12 540元。①

2009年全国公务员（参公事业单位工作人员）为755.5万人②；本次参与调查的2009年公务员（参公事业单位工作人员）为583万人③。

2009年公务员因公死亡人员为2 548人④；2009年公务员领取一次性伤残补助金人数为8 311人⑤。

2. 测算方法

（1）用2009年工伤保险基金支出数和参保人数，得出人均支出工伤保险基金的数额。

① 上述数据为2009年全国工伤保险统计数，人力资源和社会保障部社会保险事业管理中心提供。

② 人力资源和社会保障部国家公务员局提供。

③ 两者间的系数为1.3。

④ 专项调查，各省市上报因公死亡人数为1 960人，在此基础上用1.3的系数扩大，1 960×1.3=2 548人。

⑤ 755.5万人×0.11%≈8 311人，0.11%为公务员伤残人数占参保人数的比例。

（2）用公务员人数和人均支出工伤保险基金的数额，得出公务员按工伤保险待遇标准应支出的工伤待遇数额。

（3）按照新修订的《工伤保险条例》规定的一次性工亡补助金的标准计算出公务员一次性公亡抚恤金的数额。

（4）按照2009年工伤保险基金支出一次性工亡补助金的人均水平计算公务员的一次性公亡抚恤金的支出数额。

（5）用新的一次性工亡标准与原工伤保险工亡标准相减，求出两者的差额。

（6）把新的一次性工亡支出金额与原工伤保险工亡待遇支出金额进行置换，按新修订《工伤保险条例》标准，测算出的公务员公伤待遇支出规模。

3. 测算结果

大体推算，我国公务员每年公伤待遇支出约为14.1亿元。

（三）各地实际做法

目前，各地解决公务员公伤保障问题主要有两种做法，一是执行现有的公伤保障办法；二是将公务员纳入工伤保险制度。据不完全统计，大多数地区是采用第一种做法，参加工伤保险的人数只有122.2万人①，占公务员总人数的16.2％。

① 数据来源为本次课题专项调查对28个省市及新疆生产建设兵团2009年的统计汇总数。

1. 执行公伤保障规定

(1) 医疗待遇。目前公务员公伤医疗费的解决办法主要有三个:一是完全由单位自行解决,从公用经费、福利费中报销或挂账支付;二是从基本医疗保险资金中解决大部分费用,单位解决其余部分。公伤人员的医疗费先按照基本医疗保险的规定从基本医疗保险基金中报销,不能报销和个人自付部分由单位解决;三是财政拨付专项资金,解决公伤医疗问题。山西省采取此种做法,财政每年拨付一笔专项资金,由医疗保险经办机构代为管理,解决公务员的公伤医疗问题。广东省从2004年起,分3年时间,由省财政安排专项资金5 000万元作为经济欠发达地区民警因公负伤的医疗补助基金。除此之外,遇到重大伤亡事件,一些地区会向财政申请专项费用及采取社会募捐等形式解决。

(2) 抚恤待遇。公务员因公伤残或死亡可参照《军人抚恤优待条例》规定的标准享受公残或公亡抚恤待遇,各地的执行标准基本上是一致的。

另外,根据《中华人民共和国人民警察法》的规定,人民警察等特殊职业性质的公务员还可享受特殊抚恤待遇。一是特别抚恤金。国家规定向公安系统中作出特殊贡献牺牲的人民警察家属发放特别抚恤金,特别抚恤金分为三等,一等为15 000元,二等为12 000元,三等为10 000元。二是特别补助金和特别慰问金。国家建立特别抚恤制度,对因公牺牲民警、法官、检察官发放特别补助金和特别慰问金。一般标准为特别补助金一次性发放10万元;特别慰问金按年发放,每年发放5 000元。

2. 纳入工伤保险制度

(1) 完全纳入工伤保险制度。公务员与企业职工一样参加工伤保险，缴纳工伤保险费，享受相同待遇。据不完全统计，目前河北、山东、海南、上海等地的公务员已全部参加工伤保险，另有16个省市的40多个城市建立了公务员工伤保险制度。上海在《工伤保险条例》实施时，不分单位性质，不分人员类别，将所有职工统一纳入工伤保险制度。国家机关和所有单位一样缴纳工伤保险费，享受工伤保险制度规定的所有待遇。

(2) 部分纳入工伤保险制度。一是公务员执行工伤保险规定和待遇标准，但费用由其他渠道解决。江苏省南通市规定，机关公务员因公伤残后执行工伤保险制度，公伤认定、劳动能力鉴定、医疗待遇、伤残待遇完全按照工伤保险的办法和标准执行。公伤的各项费用由工伤保险基金垫付，年底与财政部门统一结算。黑龙江省大庆市、佳木斯市的做法是，公务员的工伤认定、劳动能力鉴定统一归口工伤保险部门，标准按《工伤保险条例》规定执行，但待遇标准按民政部门规定的办法执行，费用由原渠道解决。二是公务员公伤医疗费用实行统筹，医疗待遇标准按照工伤保险制度规定执行，公伤抚恤执行民政部门的规定。2001年，在医疗保险制度改革的同时，福建省本级机关事业单位也进行了工伤医疗费统筹。由单位缴纳工资总额的0.5%建立工伤医疗费统筹基金。公务员公伤认定、劳动能力鉴定由劳动保障部门负责，公伤医疗费从统筹基金中支付。福建省福州、泉州、龙泉三地也相继实行了公伤医疗费统筹。

三、公伤保障制度存在的主要问题

（一）通过福利和抚恤解决公伤保障问题，不符合现实要求

一是公务员公伤保障制度定位不明晰。20 世纪 50 年代建立起的公务员公伤保障制度实际上是对因公负伤的公务员给予的褒奖待遇，并不是针对公务员因公负伤后的医疗和生活保障的安排。长期以来，我国虽然历经了几次相关改革，而且公务员的工作性质较新中国成立初期发生了巨大变化，但始终没有对公务员公伤保障制度进行改革。进入 2000 年以后，随着《公务员法》《工伤保险条例》的颁布实施，一些地区将公务员纳入工伤保险制度范围，出现了抚恤制度和保险制度并存的局面，使公务员公伤保障形式更加复杂化。

二是通过福利保障制度无法解决医疗和长期生活保障问题。公务员的公伤保障实际上是由公费医疗制度和民政抚恤制度组成，通过福利和抚恤两种手段进行解决。这两项制度是属于福利保障的范畴，费用来源于国家财政，不强调权利与义务对等，和社会保险有明显的区别。由于公伤保障制度是公费医疗和民政抚恤两项制度的组合体，其待遇设计并不符合伤残人员对长期保障的需求，更无法满足对职业劳动者职业风险防控和系统修复生活能力、劳动能力的更高要求。

三是公伤医疗保障缺失，公务员公伤权益受损。由于我国公费医疗制度现已基本解体，公务员的公伤保障等于缺失了一半内容，虽然陆续出台了一些政策，对此问题进行规定，但总体来说都是修修补补，无法

解决根本问题。另外，公务员公伤长期占用医疗保险基金，也是不合理的。

（二）“双轨制”运行格局，不利于社会和谐与公平

2010年修订的《工伤保险条例》，将一次性工亡补助金标准统一调整为上年度全国城镇居民人均可支配收入的20倍，按2012年约2.46万元计算，参加工伤保险的职工因工死亡，补助金标准约为49.2万元。《军人抚恤优待条例》原规定因公牺牲（死亡）的一次性抚恤金标准为40个月本人工资，2010年平均约合15.8万元，低于工伤保险的一次性工亡补助金，出现了公务员与企业职工攀比的现象。2011年《军人抚恤优待条例》修订后，将这一标准调整为上年度全国城镇居民人均可支配收入的20倍再加本人40个月的工资。按2012年数据计算，约合67.9万元，同期相比公务员因公死亡后的一次性抚恤金标准一下超出企事业单位职工约18.7万元。由此又引发了社会上有关“同命不同价”的议论和对制度公平性的质疑，不利于社会的和谐稳定。

（三）保障内容缺失，公务员权益无法得到全面保护

随着工伤保险制度的发展，工伤保险不仅包括待遇补偿，还包括工伤预防和工伤康复，三大内容是工伤保险制度的重要组成部分。目前，公务员公伤保障内容只有医疗待遇和公残、公伤的抚恤待遇，没有涉及预防、康复的内容。由于保障不全面，势必影响到对公务员职业安全健康的保护和伤后生活质量的提升。

（四）没有稳定的经费保障机制，制度运行受阻

根据政策规定，公务员公伤待遇保障经费应来自财政，但实际运

行中，公务员公伤待遇的保障经费并不完全是财政拨付，而是需要用人单位承担一部分费用。由于用人单位没有这笔费用的专项支出项目，只能通过挤占公用经费、行政经费解决，一定程度上影响了用人单位工作的正常运行。另一方面，由于公伤待遇经费缺乏稳定的来源，造成公伤人员待遇得不到及时保障。这一点尤其表现在医疗费上，个人承担公伤医疗费、单位拖欠医疗费的现象较为普遍，使公伤职工心理感受较差并造成了一定的经济负担。

（五）公伤认定机构混乱，分工不明

由于国家对公务员和参公事业单位工作人员的公伤认定缺乏相关政策规定，造成各地在做法上差异较大，普遍存在受理部门不统一、工作程序不一致的问题。比如，有的地方公伤认定和等级评定由人社部门负责，有的地方由民政部门负责，有的地方由人社部门和民政部门共同负责。有的地方由地市级主管部门自行认定和审批公伤等级，有的地方必须上报省级主管部门批准。由于负责公伤认定、伤残等级鉴定的部门多，又分工不明确、权责不清晰，出现了相互推诿、扯皮现象，导致一些公伤人员无法及时得到公伤认定和抚恤待遇，为此甚至出现上访情况。

（六）单位化管理，负担沉重

目前，公务员公伤的管理和经办主要是由单位承担，存在的问题是：

首先增加了用人单位很多负担。一是单位承担了很多事务性工作，包括医疗费的报销、工伤认定、伤残等级评定材料的报送、待遇支付等，牵扯了很多人力；二是单位承担了一定的公伤费用，如工伤人员医疗费，住院期间伙食费、交通费，异地治疗的差旅费，甚至伤残抚恤金等；三是单位要处理由公伤引起的许多纠纷，牵扯了很多精力。

其次单位很难进行规范化管理。一是缺乏管理依据，由于没有公务员公伤管理的具体办法和操作规范，单位无法进行管理。例如，由于没有公伤医疗期的规定，一些公伤人员长期休病假，单位无以应对；二是对于因工作原因伤残的职工，单位领导多会心存愧疚或产生同情，会尽量满足伤残职工提出的要求，难以做到按规定办事。

四、国外公务员工伤保障制度概况

（一）国外公务员工伤保障模式

国际上公务员工伤保险制度大致分为两类：非单独体系模式和单独体系模式。见表6—9。

表6—9　　国外公务员工伤保险运行模式①

单独运行模式	非单独运行模式
1. 欧洲：英国、奥地利、比利时、芬兰、法国、德国、瑞典 2. 美洲：美国、加拿大、墨西哥、巴西 3. 亚洲：日本、韩国、马来西亚、菲律宾、中国台湾地区、泰国、越南 4. 非洲：刚果、赞比亚 5. 澳洲：澳大利亚	1. 欧洲：丹麦、冰岛、挪威、匈牙利、波兰、俄罗斯、葡萄牙、罗马尼亚、瑞士 2. 美洲：秘鲁 3. 亚洲：中国香港特别行政区 4. 非洲：埃及 5. 澳洲：新西兰

① 资料来源：美国社会保障总署，中华人民共和国财政部社会保障司，华夏出版社，《全球社会保障》。

1. 单独运行模式

欧美主要国家（如美国、法国及英联邦国家）公务员群体的工伤保障体系通常是独立于其他人群的工伤保障系统而单独建立的，包括单独的公务员补偿法例的制定和管理机构的设立。在美国，联邦雇员补偿法案是专门针对发生工伤事故的美国联邦雇员制定的补偿方案，并特设劳工补偿办公室，根据此法案对公务员进行待遇补偿。在日本，政府根据《地方公务员互济组织法》，设立了名为互济组织的法人实体以对遭遇疾病、伤害、灾难、退休、残疾、死亡的公务员或者遭遇疾病、伤害、生育、死亡、灾难的公务员家属进行适当补偿。在英国，公务员在享受统一的工伤保险补偿之外，政府制定了公务员工伤补偿法案，对因工作原因受到伤害的公务员的收入损失进行补偿。

2. 非单独运行模式

有些国家并没有单独建立针对公务员的工伤保险制度。在一些高福利国家如丹麦，政府试图通过社会保障高水平的转移支付来消除人与人之间因能力等差异所导致的收入和生活水平差异，以实现收入分配和社会财富消费的“公平合理”，公务员与其他人群享受同样的工伤保险政策。在俄罗斯，受历史和政治因素的影响，及追求各人群之间的“平等”，将公务员与其他人员纳入统一的工伤保障制度。在我国香港特别行政区，为了加强公务员队伍建设，方便有能力的人员补充进公务员队伍时社会保障制度的衔接，所有雇员的工伤补偿都依照《雇员补偿条例》执行。

（二）主要内容

1. 工伤保障资金筹集

公务员工伤保险基金的主要筹集方式有以下几种。

（1）国家财政直接负担型。

在欧洲多数国家（如瑞典、英联邦国家）政府公务员享受的公务员工伤补偿由政府财政直接拨款。在英国，政府根据上年支出情况制定下一年公务员工伤补偿的财政预算，基金实行现收现付制，不进行基金累积。在社会保障水平较高的瑞典，公务员的各项社会福利都列入国家财政预算，包括工伤保险津贴，全部由财政拨款。

（2）雇主负担型。

雇主负担是指工伤补偿完全由雇主负担，采用这种补偿措施的国家也较为多见。在美国，劳工部下属的劳工补偿办公室是专门负责公务员群体的工伤补偿事宜的政府机构，负责补偿公务员因工伤害带来的一切损失。而劳工补偿办公室的运行资金及待遇发放资金来源于雇主的缴纳，每年度结束时劳工补偿办公室将补偿金的明细单发送给各雇主单位，雇主单位按此缴费。由于公务员群体的雇主是政府机构，因此说雇主的工伤保险缴费是间接来自于政府财政。这样做，一方面减少了不同机构实行统一缴费带来的资金浪费及分配不公问题；另一方面政府机构作为第三方来支付补偿费用，可以提高补偿效率。

（3）社会统筹型。

由于很多国家没有建立独立的工伤保险制度，工伤保障与其他保障体系同属于社会保障系统，公民只有在缴纳一定费用后，才可以获得享受包括工伤保障在内的社会保障权利。在西班牙，公务员与其他行业从业人员一样，强制性缴纳社会保险费的个人部分，以获得享受包括工伤保险在内的各项社会保险权利。公务员个人缴纳的社会保险费直接上缴财政部。在英国，同样没有单独的工伤保险基金，工伤保险待遇由社会保险基金支付。社会保险基金来源有三个渠道：一是雇主和雇员共同承担的国民保险捐；二是政府的一般性税收收入；三是国民保险基金的投资收益。每个公民要通过向国家缴纳国民保险捐来获取享受社会福利的资格。在享受此项待遇的同时，公务员还可单独享受“公务员工伤赔偿计划”。此部分待遇费用来自养老保险基金，而“养老金计划”同样需要公务员缴纳费用，相同的情况也出现在德国。

2. 工伤保障管理

由于各个国家的公务员体制有所差别，所以管理机构也有所不同。代表性做法主要有以下几种。

（1）社会保障部门负责型。在美国，劳工部下属的劳工补偿办公室及其 12 个地方办公室，专门负责公务员及其他 3 个特殊群体的补偿金发放和管理工作，并且负责帮助受伤雇员重返工作岗位。

（2）财政部门负责型。在西班牙，财政部下属的工资保险福利司全面执行国家关于公务员的社会保险政策、规定，负责保险缴费、待遇发放等工作。

（3）养老金管理部门负责型。在英国，公务员工伤补偿的相关事务，如补偿金发放、补偿水平评定、补偿政策咨询等事务完全由公务员各自的养老金计划管理者负责。

（三）国际经验对我国的启示

1．制度模式选择必须考虑本国的实际情况

在对国外工伤保险制度模式进行分析时，很难判断出哪一种模式的运行效果最好。原因为，公务员的工伤保障制度模式与各个国家的历史、政治沿革有紧密关系，即使是相同的制度模式，其制定初衷亦不尽相同。所以，选择公务员工伤保障制度模式更多地需要结合本国的国情及社会的需求，如社会经济发展水平、社会对工伤保险制度的要求、工伤保险的制度价值等，这些对公务员工伤保障制度的建立和完善都将产生重要的影响。

2．工伤保障制度的建立须符合公务员的职业特点

由于公务员和一般雇员的工作性质存在一定差异，各国公务员一般保持相对稳定。各国公务员的工伤保障待遇在伤残津贴的给付方面和一般雇员有一定差别。尤其是达到一定年龄的公务员一旦伤残可以得到高于一般雇员的伤残津贴。我国在制定公务员工伤保障制度时应充分考虑各国的这一做法。

3．公务员和军人的伤残抚恤通常是两个独立的制度

虽然说公务员和军人的职业有一定的共同点，都承担着维护国家机器正常运行的职责。但是为了适应战争的需要，各国的军人保障体系更为完善，军队拥有独立且优良的医疗资源，军人的社会保障经费通常来自于独立的国防费用。公务员和军人合并建立伤残保障制度面

临着筹资以及医疗资源难以共享等多方面问题，因此多数国家都是建立独立的军人保障系统。

现时期，公务员的工伤保障需求和供给方式与企业雇员更为相近，因此一些国家把公务员和企业雇员纳入同一保障制度。我国把公务员和军人纳入同一伤残抚恤制度有一定的历史背景，但时至今日，公务员的工伤保障制度不宜再和军人伤残抚恤捆绑在一起。

五、政策建议

（一）当前推进公务员参加工伤保险，从制度上解决公务员公伤保障问题正是时机

首先，全社会对公平性呼声很高，社会环境对解决公务员公伤保障问题有利。解决公务员公伤保障中存在的问题，将公务员纳入统一的工伤保险制度，现在是最好的时机，可以彰显公平性，得到公众的欢迎与支持。

其次，现实中现行公伤抚恤制度矛盾日益突出，特别是公务员中公伤概率较高、公伤人数较多的公安等部门改革现行制度的要求尤为迫切。推进公务员参加工伤保险，可以顺应解决公伤医疗费落实难等突出矛盾，切实保障公务员特别是人民警察的公伤权益。

最后，现行的公务员公伤抚恤制度保障范围较窄、部分项目保障水平低于工伤保险，将公务员纳入统一的工伤保险制度，可以达到扩充待遇项目、提高待遇水平的效果，容易得到公务员群体的拥护和支持。且一些地区已先行一步，进行了公务员参加工伤保险的实践探索，

取得了较好的效果，可以避免或减少对改革的顾虑和阻力。

（二）基本思路是实行统一的工伤保险制度

根据我国社会保险制度实施的经验和教训，对比分析各地已有经验和做法的利弊，建议在解决公务员公伤保障问题时，应采用“统一模式”。而不宜选择易受当地财政状况影响的单列模式，也不宜采用分立模式，通过“打补丁”方式解决公务员的公伤保障问题。

（三）在具体实施中妥善处理好待遇水平衔接问题

在改革和实施过程中，建议要充分考虑公务员职业的特殊性及公务员公伤保障水平相对较高的历史延续性。将公务员纳入工伤保险制度时，要妥善处理好待遇水平衔接问题。原制度规定没有的待遇项目要补上，待遇水平低的要按照工伤保险制度标准加以提高，一些待遇水平较高的项目可以保留原水平不变，保证制度转轨过渡中公务员既有的待遇不受损，总体保障水平有适当提高，实现制度的平稳过渡。

（四）根据公务员职业特点和职业风险水平，确定相适应的费率水平，减轻财政负担

目前全国公务员（含参公管理事业单位工作人员）共 755.5 万人，若按基本工资总额（不含津补贴）1 080 亿元的 0.5%缴纳工伤保险费，只需缴纳 5.4 亿元。而按目前公务员工伤人数及《工伤保险条例》规定的待遇标准测算一年就需支付 16.1 亿元的工伤待遇，其中仅工伤一次性补偿待遇就需要支付 11.6 亿元。因此说，将公务员纳入统一工伤保险制度，按比例缴费后，不会增加财政负担。而且由于公务员队伍总体工伤风险较低，可以以较低的工伤保险费率（如 0.2%～0.3%）缴费，大大减轻了财政负担特别是地方基层的财政负担。

目前全国工伤保险参保人数已超过 2.2 亿人，基金年收入 700 多亿元，累计结余近 1 500 亿元，工伤保险基金在现有市级统筹的基础上正逐步实现省级统筹，完全有能力以较低费率水平将所有公务员纳入工伤保险制度，从而建立统一规范的长效机制，为公务员提供长期、稳定的制度性保障。

六、公务员工伤保障制度设计

（一）目标

按照党中央、国务院确立的建立独立于用人单位之外的社会保障体系的要求，建立既能体现公务员职业特点，又与工伤保险制度基本统一、相互衔接的公务员工伤保障制度，以维护公务员工伤保障权益，稳定公务员队伍，从而实现公务员工伤保障制度从计划经济体制下的单位保障向社会主义市场经济体制下的社会保险制度转轨。

具体要实现三个目标：一是公务员公伤保障制度与工伤保险制度基本并轨，做到制度统一、待遇项目统一、工伤（公伤）认定鉴定标准统一、管理经办统一；二是为公务员工伤提供长期、稳定的经费保障，确保公务员及时、足额享受工伤保障待遇；三是公务员工伤保障制度实行社会统筹。

（二）基本原则

1. 遵循工伤保险的普遍适用原则

公务员工伤保障制度作为工伤保险制度体系的组成部分，应遵循工伤保险普遍适用原则。首先是无责任补偿原则。无论是哪一方责任，只要属于工伤范围，工伤职工都应享受工伤保险待遇。其次是个人不缴费原则。按照国际惯例，工伤保险费由用人单位缴纳，个人不缴费。最后是补偿与预防、康复相结合的原则。在给予工伤职工医疗救治和经济补偿的同时，要积极开展工伤预防和康复活动，减少职业伤害，提升伤残职工的生存质量和回归社会的能力。

2. 统一与差别并存原则

作为劳动者中的一员，公务员应该和所有劳动者一样享受同等的工伤保险待遇。包括统一的待遇项目，统一的认定、鉴定标准。与此同时，公务员作为国家机器运行的维护者，按照国际通行做法，一般享有高于普通劳动者的社会福利保险待遇，以利于维护公务员队伍的稳定。在公务员工伤保障制度设计时应充分把握好两者关系，既做到与工伤保险制度基本统一，又能针对公务员的职业特殊性，在具体项目上略有差异。

3. 公务员工伤待遇不降低原则

公务员的公伤保障制度发展有较长的历史基础，在制度设计时要正视这一现实情况。认真分析原有待遇规定和待遇水平，保证待遇的延续性，并尽量做到在制度变革中，不冲击原有的待遇水平，实现制度平稳过渡。

（三）设计方案

将公务员公伤保障制度纳入现行的工伤保险制度，实行社会统筹。这一选择基于：一是符合我国国情及社会保险发展方向；二是公务员公伤保障制度和职工工伤保险制度差异不是非常悬殊，并轨较为容易。首先，公务员的“公伤”与职工的“工伤”范围规定基本一致；其次，伤残等级一致，都为10个等级；最后，待遇项目基本对应。三是可以解决公务员公伤保障中最为困扰的医疗费问题。四是节约管理成本，利用工伤保险现有的管理经办系统，可以节约大量的人力和物力资源。

1. 纳入人群

一是公务员，为“依法履行公职，纳入国家行政编制、由国家财政负担工资福利的工作人员”。具体为：党和国家机关工作人员，包括党的机关、人大机关、行政机关、政协机关、审判机关、检察机关中从事公务的人员，各级公安机关人民警察。二是依照《公务员法》管理的事业单位工作人员，即参公人员。目前，此类人员已有明确划分。

2. 资金筹集

按照工伤保险规定，由用人单位按确定的费率缴纳工伤保险费。由于国家机关和参公事业单位经费来源于国家财政，工伤保险费需纳入预算管理，可采取年缴费方式，每年进行划拨。

公务员的缴费比例可根据工伤发生率、工伤费用使用总量等指标进行测算，同时参考职工现行的缴费水平，最后确定公务员工伤保险的缴费费率。本报告假设了4个缴费比例，分别是0.2%、0.3%、0.4%、0.5%，对缴费资金规模进行了匡算（见表6—10）。计算结果是，以0.2%的缴费比例计算，全国公务员及参公事业单位工作人员的年缴费额为2.16亿元，如果以0.5%的比例计算，年缴费额约为5.4亿元。

表6—10　公务员参加工伤保险不同缴费比例所需资金规模

公务员人数（万人）	年基本工资总额（亿元/年）	缴费比例（%）	月缴费额（万元/月）	年缴费额（亿元/年）
755.5①	1 080.00②	0.2	1 800.00	2.16
		0.3	2 700.00	3.24
		0.4	3 600.00	4.32
		0.5	4 500.00	5.40

3. 待遇内容

公务员纳入工伤保险制度后，享受工伤保险规定的所有项目内容，包括原来没有规定的一次性伤残待遇、工伤康复项目，也包括开展工伤预防活动。公务员的公伤医疗纳入工伤保险管理，公伤医疗费从工伤保险基金中支出。

4. 工伤管理

公务员参加工伤保险制度后，实行社会统筹，纳入现有的工伤保险的三个系统进行管理，由工伤保险行政部门进行工伤认定，由劳动能力鉴定委员会进行伤残等级评定，由社会保险经办机构负责待遇计发。

① 为2009年全国公务员人数，包括参公事业单位工作人员。

② 为2009年全国公务员，包括参公事业单位工作人员的基本工资总额，不含津贴。

（四）与公伤抚恤待遇的衔接

公务员纳入工伤保险制度后，与公伤抚恤待遇如何衔接是一个不可回避的问题，也是一个非常重要的问题。可选择的方案有：

方案一：公务员工伤保险制度和公伤抚恤制度双轨运行。

这个方案是对现行的公务员抚恤待遇规定不做考虑，将公务员纳入工伤保险制度，执行工伤保险的政策规定。这个方案形成的结果是工伤保险制度和抚恤待遇给付并行。其优点是不冲击公务员现行公伤抚恤规定，一是减少了公务员队伍因利益改变带来的波动；二是减少了因两项制度合并带来的待遇衔接问题，降低了工作成本。存在的问题是公务员在伤残、公亡抚恤待遇上会出现双重领取的情况，增加财政负担，也容易引起不能享受双重待遇的企业参保职工的不满，引发对社会公平性的质疑。

方案二：工伤保险制度取代公务员工伤抚恤制度。

这是一个一破一立的方案，即公务员不再享受抚恤待遇规定，全部纳入工伤保险制度。这个方案是把公务员和其他职工同等对待，纳入同一制度，容易得到社会的认可，但存在的最大问题是对于工伤保险待遇和军人抚恤之间的待遇差，如何处理。从抚恤待遇向工伤保险待遇转化过程中，如果待遇是提高的，容易被接受。如果待遇降低了，就会引起利益受损方的强烈不满，直接影响到制度的顺利实施。

方案三：构建“基本保险＋补充保险”的多层次公务员公伤保障制度框架。

鉴于上述两种方案各有利弊，我们建议构建“基本保险＋补充保险”的多层次公务员工伤保障制度框架，一方面体现公平原则，公务员和职工纳入统一的工伤保险制度。另一方面尊重历史，保持待遇的延续性，通过补充保险保证公务员公残、公亡抚恤待遇不降低，同时解决特殊抚恤待遇的归属问题。基本保险层面为工伤保险制度，完全按照《工伤保险条例》规定执行。补充保险是在基本工伤保险基础上的补充性公伤保险，可包括三部分内容：一是伤残抚恤制度与工伤保险制度间的待遇差额部分；二是公检法司部门现在享受的特别补助金、特别抚恤金等特别待遇；三是原公伤认定范围广，现不属于工伤保险认定范围的待遇部分。如《军人抚恤优待条例》第九条第四款规定的“在执行任务中或者工作岗位上因病猝然死亡，或者因医疗事故死亡的”情形的待遇部分。

（五）过渡办法

1. 新老制度过渡应把握的原则

首先，坚持“新公伤”新政策、“老公伤”过渡后执行新政策的原则。以参加工伤保险的时间为分水岭，参保前发生公伤的为“老公伤”，纳入工伤保险制度后发生的为“新公伤”。“新公伤”执行《工伤保险条例》规定，“老公伤”按照相应的过渡办法进行对接后执行《工伤保险条例》规定。

其次，坚持公务员公伤在工伤保险制度内逐步消化原则。一次性解决公务员公伤问题，不把“老公伤”留在工伤保险制度外，不形成新老公伤两种待遇标准、两种管理体制的局面。

最后，坚持全盘接收的原则。不深究历史，不倒前账，对于新政策实施前由各类权威机构（人社部门、民政部门、行业主管部门）认定的公伤人员，要全盘接收，不搞大规模的重新认定、鉴定工作。

2. 公伤认定、伤残等级鉴定的衔接

一是由人社部门、民政部门或单位认定公伤，已发放公伤伤残待遇的人员，其认定结果视为有效。但要提供书面材料，进行备案，换发工伤保险机构发放的《工伤证》。

二是没有经过公伤认定，但一直领取伤残、工亡待遇的；或经过公伤认定，没有进行伤残评定的；或经过公伤认定、伤残等级鉴定，但没有享受相应待遇的人员，可由本人及家属或单位提出申请，提供相关证明材料，由人社部门工伤认定机构进行工伤认定或由劳动能力鉴定机构进行伤残等级评定。

三是公伤人员个人对原评残等级不满的，可由个人及亲属或单位提出重新鉴定申请，由劳动能力鉴定机构进行重新评定。

3. 待遇衔接

一是公务员纳入工伤保险制度时已发生公伤，正处于抢救治疗期间，没有进行公伤认定的，公伤认定前发生的医疗费用，伙食费，异地就医的交通费、住宿费等由原渠道支出，公伤认定后发生的相关费用由工伤保险基金支付。

二是纳入工伤保险制度前已发生公伤，公伤认定、伤残等级评定已经完成，待遇已开始支付的公伤人员，从参加工伤保险制度之日起，纳入工伤保险统筹管理。具体待遇衔接办法为：

（1）旧病复发的医疗费，按工伤保险标准报销，从工伤保险基金中支付。

（2）公务员公伤待遇中缺失的一次性伤残补助金，“老公伤”人员纳入工伤保险制度后不再补发。

（3）伤残等级达到一至四级的“老公伤”人员，与工伤保险规定一至四级的伤残津贴相比有差额的，采取就高不就低的原则，确定抚恤金，并折算为月标准，按月发放。待遇差额部分可在补充工伤保险中予以解决。

伤残等级达到五至十级的“老公伤”人员，如果退出劳动岗位，没有办理退休手续的，采取就高不就低的原则确定抚恤金，并折算为月标准，按月发放。如果没有退出劳动岗位的，与工伤保险规定的相同等级的伤残津贴标准对应，采取就高不就低的原则确定抚恤金水平。待遇差额部分可在补充工伤保险中予以解决。

（4）“老公伤”人员原一次性公亡抚恤金与工伤保险一次性工亡补助金有差额的部分不再补发。“新公伤”人员一次性公亡抚恤金与工伤保险一次性工亡补助金的差额部分可在补充工伤保险中予以解决。

（5）参加工伤保险制度后，“老公伤”人员需要更换辅助器具的，按照工伤保险的辅助器具配置标准规定执行，所需费用由工伤保险基金支付。

（6）公务员参加工伤保险前发生公伤，已完成公伤认定或伤残等级评定，但未领取抚恤待遇的，按工伤保险待遇标准执行。治疗未结束的人员，其医疗费自参加工伤保险之日起，由工伤保险基金支付。伤残待遇的差额部分可在补充工伤保险中予以解决。

4. 工伤责任衔接

（1）参加工伤保险制度后，公务员的公伤待遇保障责任、管理责任等由工伤保险管理机构承担。

（2）参加工伤保险制度前遗留的待遇拖欠问题，由原渠道解决。

（3）参加工伤保险制度前发生公伤，个人及单位对公伤认定有争议的，按原渠道解决。

（六）相关人员的政策处理

1. 财政拨款事业单位的工作人员

长期以来，事业单位工作人员公伤待遇一直是参照公务员办法和待遇标准执行。2005 年，劳动和社会保障部、人事部、民政部、财政部联合下发了《关于事业单位、民间非营利组织工作人员工伤有关问题的通知》（劳社部发〔2005〕36 号），明确事业单位、民间非营利组织工作人员因工伤遭受事故伤害或者患职业病的，按照《工伤保险条例》规定执行。同时在第四条规定，财政拨款事业单位可以选择参加统筹地区的工伤保险，也可以选择按照国家机关工作人员的有关工伤政策执行。调查数据显示，2009 年科教文卫等财政拨款事业单位参加工伤保险的人数只占调查人数的 43.7%。2010 年修订的《工伤保险条例》明确规定事业单位，包括财政拨款事业单位要依照条例规定参加工伤保险，不再是选择性参保。

在财政拨款事业单位参加工伤保险的问题上，政策已经明确，不存在障碍，现在主要任务是如何实现全员参保的问题。为了促进事业单位工作人员参保，在操作层面上还有两个问题需要解决。一是事业单位工伤保险费的资金来源。目前，一些财政拨款的事业单位参保存在着没有资金来源、没有支出项目的问题，需要进一步明确事业单位参加工伤保险的缴费办法，明确事业单位工伤保险缴费的列支项目，并对工伤保险费实行预算管理。二是中央所属的事业单位参加工伤保险问题。目前，中央所属的事业单位由于种种原因，除养老保险外，其他保险项目都没有参保，职工的工伤保障问题还在原渠道解决，需要加快中央所属事业单位的参保进程。

2. 工勤人员

工勤人员是指国家机关、事业组织、社会团体中不执行或不参照执行《公务员法》管理的工作人员，如单位聘用的驾驶员、清洁工、门卫等。这部分人虽然在机关单位工作，但不是公务员身份，属于《劳动法》规范的范畴，应按照《工伤保险条例》规定参加工伤保险。但工勤人员参加工伤保险还存在一些操作性问题，如工勤人员的工伤保险费率如何确定。现行工伤保险制度都是根据单位的生产经营性质确定费率，不是以劳动人群确定费率。工勤人员作为在机关、事业单位工作的人员，其工伤保险费率是参照事业单位的缴费标准，还是执行其他行业的符合工勤人员工作性质的费率标准，这些需要进一步明确。另外，工勤人员工伤保险缴费的资金来源、支出渠道等也需要明确。

第七篇

新业态从业人员工伤保险问题研究①

1997 年我国出现第一批电子商务网站，之后电子商务类企业不断涌现。经过近 20 年的发展，我国电子商务公司的数量和规模有了很大提升，并带动了仓储、客服、配送等第三产业的快速发展。2014 年，我国移动智能终端用户规模达到 10.6 亿，用户上网环境明显改善，团购、影票、打车、外卖成为移动智能客户需求最旺盛的四类生活服务消费，使用渗透率均在 75%以上。2015 年 3 月 5 日，李克强总理在向全国人大所作政府工作报告中提出制定“互联网＋”行动计划，推动移动互联网、云计算、大数据、物联网等与现代制造业结合，促进电子商务、工业互联网和互联网金融健康发展。2016 年 11 月 1 日，经国务院同意，由七部门联合制定的《网络预约出租汽车经营服务管理暂行办法》正式实施，确立了网约车的合法地位。

随着互联网经济的发展，“互联网＋”企业吸纳了大量就业人员，并成为接收新成长劳动力的重要行业。一些“互联网＋”企业采取的

① 本报告于 2016 年完成。

就业模式与我国传统的、稳定的就业方式有较大差异，形成了一种新型就业形态（简称新业态）。新业态从业人员与用人单位的劳动形式具有工作时间灵活、管理松散等特点，与传统的职工与用人单位之间的管理方式不尽相同，这就导致了现行社会保险制度，如养老保险、医疗保险无法在“互联网＋”企业有效覆盖，也反映出工伤保险、失业保险对此类从业人员制度保障的缺失。

一、“互联网＋”企业运行模式及从业人员构成情况

（一）“互联网＋”企业运行模式主要为第三方平台运营和自营两种模式

目前，我国“互联网＋”企业根据企业自身的经营特点和目标定位有多种不同的运营模式，但归结起来，大致可以分为两大类。

一类是以阿里巴巴为代表的第三方平台模式。阿里巴巴是1999年成立的互联网公司，目前是我国最大的第三方平台企业，旗下有淘宝、天猫等商务平台，其中淘宝为C2C模式，即个人与个人的交易；天猫为B2C模式，即企业与个人的交易。北京滴滴无限科技发展有限公司是2012年成立的，主要是从事用车服务的电子商务公司，采取的也是第三方平台服务模式，通过电子商务平台，促成滴滴司机与乘客的服务关系。阿里巴巴和滴滴除了与公司管理部门的员工建立劳动关系外，与第三方平台上的个人或企业，如淘宝店主、天猫店主、滴滴司机、快递员等，都采取松散管理方式，公司与他们之间基本上是业务服务管理或合同关系。

另一类是以京东为代表的自营模式。京东是我国第一大以自营模式为主的电商企业。除京东外，主要采取自营模式的还有当当、1号店等电子商务公司。但包括京东在内的所有采取自营模式的电子商务公司，为了增加销售品种，一般也会采取双轮驱动，即融入第三方平台模式。2014年京东的经营收入占比中，自营模式的经营收入占60%左右，第三方平台的经营收入约占40%。自营模式的用工主要特点是与所用从业人员签订劳动合同，包括仓储人员、客服人员和快递人员都属于京东的员工。京东和所有员工建立劳动关系，对员工的管理属于传统的劳资管理方式。

（二）“互联网+”企业正成为吸纳劳动力就业的一个新生力量，并发挥着重要作用

在国家调整经济结构和产业结构的时期，互联网经济带来的联动就业是可观的，“互联网+”企业已成为吸纳劳动力就业的一个新生力量，并发挥了重要作用。由于一些“互联网+”企业门槛低，用工灵活，吸引了部分下岗工人、失业人员、退役军人和低收入者加入，改善了他们的生活状况，一定程度上帮助了社会弱势群体，履行了社会责任，维护了社会稳定。

阿里巴巴提供的2013年数据显示，阿里巴巴已创造了1 176万个就业机会，其中直接就业有972万人，间接就业为204万人。具体细分为：交易型，主要指网店，提供了973万个就业岗位；支撑型，如支付宝的就业人员以及物流快递行业的部分就业人员有94万人；衍生型，主要是指电子商务产业带动上下游相关领域，如研发、广告服务、客服外包服务、培训、咨询服务等行业，创造的就业岗位约有 109 万个。据统计，一个淘宝店可以带动 1.6 人就业，一个天猫店可以带动 6.9 人就业。另外，阿里巴巴自雇员工有 3 万多人，其中在杭州工作的有 2 万人，在北京工作的有 1.2 万人。

京东的数据显示，京东集团现有员工 14 万人，其中一线员工超过 10 万人。具体为：仓储人员约有 8～9 万人，客服人员 1 万人，配送人员约 3 万人，技术研发人员有 8 000～9 000 人，另有 1 万多人的管理团队。另外，京东还有一批为京东提供配送、维修、后勤服务的存在合作关系的人员。一是乡村推广员，大约有 27 万人，二是在乡镇有超过 1 500 家的“京东帮”，为京东销售产品提供配送、维修等服务。京东根据这些人员的服务量支付相应的报酬。

滴滴的数据显示，截至 2016 年 4 月，通过滴滴平台获取收入的直接和间接就业人员，共计超过 1 332 万人。其中，因滴滴平台而获得就业机会的专快车、顺风车、代驾司机超过 1 330 万人，占 2014 年年底全国第三产业就业人员的 4.2%①。伴随滴滴平台的发展成长起来的创业创新企业 4 000 多家，解决超过 2 万人的充分就业。

(三)“互联网+”企业规模差异较大，多数处于不稳定状态

调研中了解到，“互联网+”企业既有阿里巴巴、京东这样的规模

① 据国家统计局 2015 年年鉴，2014 年全国就业人口 77 253 万人，第三产业就业人员 31 364 万人。

大、管理规范的互联网上市企业，也有刚刚起步的大学生创业公司，还有只有一名专职人员的互联网公司。目前我国“互联网＋”企业的规模差异非常大。据中国就业促进会2015年《网络创业就业统计和大学生网络创业就业报告》的数据显示，在互联网企业中5人以下的占到90％。在调研中，我们也了解到一些“互联网＋”公司经营状况并不是很好，尤其是一些大学生创业公司，虽然可以享受到国家和地方政府给予的多种优惠扶持政策，但还基本上处于微利甚至亏损状态，员工的工资收入一般都不高。

（四）“互联网＋”企业从业人员以年轻人居多，分稳定就业和灵活就业两种形式

据中国就业促进会2015年《网络创业就业统计和大学生网络创业就业报告》显示，在网络注册的人员中有80％为34岁以下的年轻人，女性占到50％。京东集团员工的平均年龄为27岁，男女比为3∶1。滴滴平台司机的主要构成是中青年男性，占86％；其中，70、80后，有家庭和孩子的男性占主导。从2016年2月29日的数据看，专车、快车司机中有46％是27～36岁的80后，32％为37～46岁的70后，13％是90后；代驾司机中有52％是80后，36％是70后，4％是90后；顺风车司机中有58％是80后，20％的人是90后，18％是70后。另外，在滴滴司机中有14％是女性司机，约有186万人。

“互联网＋”企业的人员构成分稳定就业员工和灵活就业人员两种，稳定就业的员工一般是由企业正式招聘，接受公司直接管理，要遵守公

司的各项规定，按月领取工资待遇。灵活就业人员是通过注册和签约人员的形式，和“互联网＋”企业建立联系，基本上属于业务性合作关系，没有固定薪水，需要按照任务（工作）量获得报酬。多数公司会从注册和签约人员的报酬中抽取一定比例（金额）的管理费或信息费、服务费。

另外，就灵活就业人员群体看，构成非常复杂。首先是人员的年龄跨度很大，有高于60岁的从业人员，也有不足18岁的从业人员，年龄跨度超出了劳动法规定的就业年龄范围；其次文化水平较高。据中国就业促进会2015年《网络创业就业统计和大学生网络创业就业报告》显示，网络注册的人员中大专以上的大学生占50％。滴滴的调查数据显示，在北京专快车活跃司机中，50％为本科/大专以上学历，41％的司机为高中/中专学历①。代驾司机中，47％是本科/大专以上学历，33％的司机为高中/中专学历②；第三是该人群中兼职人员较多，据阿里研究院《2016年阿里巴巴商业服务生态白皮书》的数据显示，65％的人身兼多职。滴滴的数据显示，有56％的自由职业者，26.6％的普通公司员工在兼职做专快车司机，代驾司机中以物流司机、公司司机、小生意经营者居多③；第四收入差距较大，低收入者居多。在互联网商务平台上，除少数人收入较高外，多数人的收入都是处于低水平状态。据阿里巴巴的数据显示，目前有94％的店家达不到交税的起征点（税收起征为月营业额3万元）。

① 滴滴随机抽取2015年6月1—7日接过单的4 069名司机的数据统计。
② 滴滴对全国3 804个抽样样本的统计。
③ 滴滴公司对全国3 804个抽样样本的统计。

二、“互联网+”企业参加工伤保险情况及对制度的需求情况

“互联网+”企业的从业人员大致可以分为两类，一是稳定就业人员，二是灵活就业人员。稳定就业人员可以按照现行的社会保险制度参保，渠道是畅通的，五项社会保险完全可以与其对接。对于灵活就业人员，目前养老保险和医疗保险制度已经覆盖，可以灵活就业人员身份自愿参保，其养老问题和医疗问题可以得到保障，而工伤保险的情况就相对较为复杂。

（一）“互联网+”企业参加工伤保险情况

1. 企业正式员工五险合一参加社会保险，工伤保险一并纳入

调研中，我们了解到“互联网+”企业稳定就业的员工基本上已经参加了社会保险，并且是五险合一参保，工伤保险一并参加。例如，京东已为14万员工参加社会保险，并且是以上一年个人实际收入为基数参保。除此之外，京东集团北京总部还给其1.4万员工购买了商业保险，包括大病医疗和意外伤害险。阿里巴巴的3万多员工也都参加了社会保险，并且是五险合一参保，同时公司还为所有员工购买了商业医疗保险。滴滴的6 000多名正式员工也参加了五险合一的社会保险，同时还购买了商业医疗保险作为补充。笔者在杭州、宁波调研时了解到，在一些规模较小的互联网公司中，部分企业也为其正式、稳定的员工参加了社会保险，但是规模较小的公司基本上都是按照当地最低工资水平缴纳的社会保险。另外，杭州市规定父母一方在杭州缴

纳社会保险6个月以上，其子女才可在杭州入托、上学，一定程度上也推进了个人电商和企业电商参保。

总的来看，大型的“互联网＋”企业中稳定就业的从业人员基本上都参加了社会保险，并且是五险合一参保。规模较小的“互联网＋”企业部分人员参保，参保人员主要是公司的核心管理人员。在“互联网＋”企业中不稳定就业人员，即灵活就业人员则参保率较低。据阿里巴巴的调查统计，个人网店店主参加工伤保险的有16.5%，企业网店店主参加工伤保险的有16.6%。

2. 部分签约或注册从业人员以灵活就业人员身份参加了养老保险和医疗保险，但没有职业伤害保障

调研中，我们了解到部分小规模的“互联网＋”企业主或个人，以灵活就业人员的身份参加了养老保险和医疗保险，定期缴纳保险费。这些人中有的已打拼多年，想为自己的养老和医疗提供一份保障；有的是虽然本人比较年轻，参加社会保险的意愿不强，但是其父母或家庭对其参加社会保险有强烈要求，这部分人主要是本地户籍人员；还有的是为了购房或让孩子在当地入托、上学等，参加社会保险。由于目前以灵活就业人员身份只能参加养老保险和医疗保险，所以这些人都没有参加工伤保险。

3. 部分企业为高风险岗位的员工购买了商业意外伤害保险

有一些企业尤其是职业风险较高的企业，如餐饮中厨房工作、送外卖、司机等岗位，企业想为其员工上社会保险，但是员工本人并不愿意。主要是由于五险合一参保个人负担较重，许多外地员工看重的

是当期收入，而不太考虑长远的生活保障问题，所以不愿意缴纳社会保险。但由于企业存在着一定的职业风险，为了减少职业伤害后的赔偿负担和纠纷，一些企业为有职业风险的员工购买了商业意外伤害保险。如滴滴，为滴滴司机和乘客购买了意外伤害团体险，保额是120万元/人，并承诺不分责任先行赔付，然后再进行追偿。

4. 多数灵活就业人员没有参加任何社会保险或商业保险

据中国就业促进会2015年《网络创业就业统计和大学生网络创业就业报告》显示，有42%的个人网店店主和32.7%的企业网店店主没有参加任何社会保险。经济原因是制约灵活就业人员参加社会保险的主要因素之一。首先是多数网店的运营资金来自个人或家庭，网店运营压力较大，资金周转紧张；其次是网店交易规模小，经营收入有限，无法负担社会保险费用，据统计，有36%的个人网店月营业额在500元以下，有10.8%在500～1 000元，21.3%在1 000～3 000元，16.4%是在3 000～10 000元，在10 000元以上的有15.5%。即68.1%的个人网店营业额在3 000元以下。如果按灵活就业人员参加养老保险和医疗保险，每月的社会保险支出也要在500元左右，北京市会更高，可达到1 000元左右，对于收入较低的灵活就业人员来说负担较重。这部分灵活就业人员多数都处于收入不稳定状态，只是维持温饱，还无暇顾及社会保险问题，或者认为自己还年轻，等创业完成后再予考虑。

（二）地方社会保险扶持政策

1. 浙江省社会保险补贴政策

浙江省人民政府2015年出台了《关于支持大众创业促进就业的意见》（浙政发〔2015〕21号），对包括新业态等创业人员给予贷款、税收、社会保险等方面的政策扶持。在社会保险方面，给予现金补贴，具体规定为：重点人群[①]正常经营并依法缴纳社会保险费1年以上的，给予不超过5 000元的一次性创业社会保险补贴。重点人群创办个体工商户或企业带动3人就业，并依法缴纳社会保险费1年以上的，给予每年2 000元的带动就业补贴；带动超过3人就业的，每增加1人再给予1 000元补贴，每年总额不超过2万元，补贴期限不超过3年；重点人群租用经营场地创业的，有条件的地方给予租金补贴。重点人群在农村地区进行创业的，一次性创业社会保险补贴和带动就业补贴标准可上浮20%。城乡劳动者在村级商务服务站服务1年以上并依法缴纳社会保险费的，经人社、财政部门认定，可享受一次性创业社会保险补贴，大学毕业5年以内未就业的毕业生补贴标准可达到1万元。就业困难人员到村级电子商务服务站就业并依法缴纳社会保险费的，经人社、财政部门认定，可参照公益性岗位政策给予岗位补贴和社会保险补贴，不再享受一次性创业社会保险补贴。

① 指在校大学生和毕业5年以内高校毕业生、登记失业半年以上人员、就业困难人员、城镇复退军人、持证残疾人。

2. 杭州市社会保险补贴政策

2015年杭州市人社局、财政局下发了《关于印发〈杭州市主城区高校毕业生城乡登记失业人员社会保险补贴实施办法〉的通知》，具体涉及三项社会保险补贴政策，符合条件的高校毕业生、城乡登记失业人员、小微企业等都可提出申请。具体规定为：主城区（萧山、余杭除外）城乡登记失业人员和毕业2年以内的主城区生源普通全日制高校毕业生，2012年1月1日以后，在主城区从事个体经营或电子商务（网店）经营（除建筑业、娱乐业、销售不动产、转让土地使用权、广告业、房屋中介、桑拿、按摩、网吧、氧吧外），在营业证照或《网上创业就业认定证明》有效期限内，以个体劳动者形式或由其创办的个体工商户或网店为其缴纳社会保险费满12个月的，可以按一次性1 000元的标准享受社会保险补贴。主城区300人以下的企业，2012年1月1日以后，新招用毕业2年以内的主城区生源普通全日制高校毕业生（小微企业法定代表人除外），签订1年以上劳动合同并按时足额缴纳社会保险费的，可以按小微企业为该高校毕业生实际缴纳的基本养老、医疗和失业保险费总额，享受1年的社会保险补贴。注册地在主城区的各类企业、个体工商户、民办非企业等用人单位，2012年1月1日以后，招用毕业2年内的杭州市主城区生源的普通全日制高校毕业生，签订1年以上劳动合同并缴纳社会保险费满12个月的，可以按一次性1 000元的标准享受社会保险补贴。与小微企业新招用高校毕业生社会保险补贴政策一样，这项补贴也不能用于企业法定代表人（包括合伙企业负责人、个人独资企业负责人、个体工商户业主、民办非企业单位负责人等)。另外，如果用人单位同时符合这两项补贴条件的，只能选择其中一项进行享受。

3. 宁波市社会保险补贴政策

宁波市2011年出台政策规定，2012年1月1日以后，在市辖各区新创办创业实体并经工商注册登记，或被认定为网络创业、村级电子商务服务站负责人的本市户籍劳动者和毕业5年内高校毕业生，均可申领大学自主创业生补贴，包括一次性创业补贴和创业社会保险补贴等。具体规定为：在校生和毕业生在宁波从事个体经营或创办企业，领取工商营业执照后稳定经营6个月以上的，可申请不超过2 000元的一次性创业补贴。创业社会保险补贴标准为其应缴的基本养老、基本医疗和失业保险费最低标准之和的三分之二，享受期限最长不超过3年。

三、存在的问题

从工伤保险的角度看，“互联网＋”从业人员中的正规从业人员，无论是全日制的和非全日制的就业人员都符合现行工伤保险制度规定和参保条件，完全可以纳入制度保障范围。笔者在调研中也了解到一定规模以上的“互联网＋”企业中的正式、稳定就业人员基本上已经参保。对于工伤保险来说，最难解决的是灵活就业人员（包括新业态从业人员）的职业风险保障问题。目前，我国工伤保险制度中缺乏对灵活就业人员职业风险的制度保障安排，主要是由于现行的工伤保险制度设计是为传统的、规范的单位用工模式设计的，与灵活就业这种自主就业形式有诸多方面无法对应。具体分析为：

（一）工伤保险以劳动关系为参保前提，灵活就业人员不存在法定意义上的劳动关系

现行工伤保险制度是为有劳动关系的职工设计的，劳动关系（事实劳动关系）是通过用人单位建立起来的。而“互联网＋”企业与新业态从业人员是属于何种用工关系，目前还没有准确的界定。新业态从业人员现实中是以一种灵活、弹性或自我雇佣的就业形式存在，按照现行政策规定不存在法定意义上的劳动关系。而由于新业态从业人员在只是通过“互联网＋”企业提供的商务平台从第三方获取收入，并没有直接从“互联网＋”企业获取收入，因此对事实劳动关系也很难确定。

（二）法律规定用人单位缴费，灵活就业人员无用人单位缴费

按照法律规定及国际惯例，工伤保险费由用人单位缴纳，个人不缴费。而灵活就业人员由于没有法定意义上的用人单位，因此缺少工伤保险的缴费主体。同时，现行工伤保险费率是以行业、企业的工伤风险确定的，而灵活就业人员是分散在各个行业，如何确定其工伤风险及费率，也是需要研究解决的问题。

（三）法律规定用人单位要支付部分工伤待遇，灵活就业人员无用人单位承担这部分责任

出于防控工伤事故、降低工伤风险的目的，我国工伤保险制度一直采用由工伤保险和用人单位分担待遇支付责任的做法。按照现行规

定，用人单位要承担工伤人员停工留薪期内的工资福利待遇、护理费及一次性就业补助金等待遇。由于新业态从业人员没有用人单位，其部分待遇保障责任无法履行，会影响到新业态从业人员实际获得工伤待遇的水平，容易造成社会对制度公平性的质疑及新业态从业人员的心理落差。

（四）灵活就业人员工伤调查取证难、认定难

按照《工伤保险条例》规定，工伤必须满足三个条件，即工作时间、工作场所和工作原因。新业态从业人员的工作时间、工作场所非常灵活，有的有专门的办公场所，有的在家办公，有的是流动工作，工作场所和生活场所容易混杂在一起，受伤是由于工作原因还是非工作原因也很难区分。另外，新业态从业人员多是独自工作，因此对新业态从业人员的伤亡，首先是很难调查取证，其次是很难判断是否是在工作时间因工作原因受伤。新业态从业人员工伤调查取证难、认定难，会导致工伤的纠纷和争议增多，反而不利于稳定，同时也会增加非工伤向工伤的逆选择，产生道德风险，增加基金风险。

（五）现行工伤保险管理经办模式难以适应以个人为主体参保

现行工伤保险制度管理、经办皆是以用人单位为主体，包括参保、缴费、工伤认定、劳动能力鉴定、待遇给付等环节，灵活就业人员若以个人身份参保，对现行工伤保险的管理模式、经办方式都会形成挑战。首先是社会保险经办机构要面临着大量以个人身份办理业务的人员，大大增加了经办的工作量；其次是需要重新建立适应个人参保、缴费、工伤申报、劳动能力鉴定、待遇给付的管理办法；再次是要调整经办方式，以更加便捷、灵活的形式和手段适应灵活就业人员的需求；最后是要有更加完善的基金监管手段，防止出现基金欺诈行为。

四、政策建议

互联网经济时代，“互联网+”企业带动了我国第三产业的发展，也为安置就业发挥了重要作用。目前，我国正处于推进供给侧结构改革阶段，工伤保险应着力补齐短板，解决灵活就业人员职业风险缺乏保障的问题，给予其以制度性保障。具体建议如下：

（一）建立重大职业伤害保险，重点解决灵活就业人员工残和工亡的保障问题

根据我国社会经济发展要求及工伤保险发展趋势，应尽快为灵活就业人员的职业伤害保障作出制度性安排。但是，由于灵活就业与正规就业形式差异较大，和现行工伤保险制度规定对接困难，建议在当前及今后一段时期，可考虑为灵活就业人员建立重大职业伤害保险，保障需求最迫切、个人经济力量难以承受的重特大职业伤害。这样做，一是使灵活就业人员职业伤害有制度性安排，保障了其工伤权益；二是只对灵活就业人员的重大职业伤害进行保障，一定程度上可以降低灵活就业人员的工伤保险费率，减轻其缴费负担；三是建立灵活就业人员重大职业伤害保险，可以规避灵活就业人员工伤认定难、用人单位主体责任缺失、工伤保险基金支付存在道德风险等问题，从而减少

工伤保险部门管理经办成本和难度，也可以维护现行制度的平稳运行。

1. 由工伤保险主管部门主导设计灵活就业人员重大职业伤害保险制度和具体办法

人社部门应根据灵活就业人员的用工特点、收入状况、职业风险等因素研究制定适合灵活就业人员的职业风险保障办法。当前阶段可考虑以重大职业伤害即达到伤残等级及死亡情形为保障范围，待条件具备后，可逐步扩大保障范围。考虑到灵活就业人员的职业特点，初始阶段应以工作时间、工作场所、工作原因即“三工”为工伤认定范围，不涉及上下班交通事故、突发疾病死亡等情形，以免造成工伤认定上的过多纠纷，影响制度运行效果。对于灵活就业人员可根据保障范围、收入状况，设计不同的缴费档次和保障水平，例如，缴费档次可分设年缴费 50 元、100 元、200 元等档次，保障水平与之对应。从保护灵活就业人员职业安全的角度讲，灵活就业人员参加重大职业伤害保险应与其他就业形式的职工一样实行强制性参保，国家应鼓励用工单位为灵活就业人员购买重大职业伤害保险，单位或个人购买重大职业伤害保险的费用可计入免税范围。

2. 委托商业保险公司经办灵活就业人员的重大职业伤害保险

由于目前工伤保险经办机构缺乏对个人参保的经办管理经验及经办机构人力的限制，可采取政府购买服务的方式，委托商业保险公司具体经办灵活就业人员的重大职业伤害保险。工伤保险管理部门制定具体办法、规则并履行监督管理职责，以确保灵活就业人员可获得职业伤害保障，并确保重大职业伤害保险制度的平稳运行。

3. 鼓励各地积极探索、积累实践经验

一项新制度、新政策的出台，要经得住实践的考验。灵活就业人员的职业伤害保障是新的发展时期面临的新问题，没有历史经验，需要在地区实践经验的基础上进行不断完善和提升。因此，应鼓励各地在国家政策总体框架下积极探索具体的、可行的做法，不断积累经验，不断发现问题、解决问题，使灵活就业人员的职业伤害保障制度具有普遍适用性。

（二）多方配合，为灵活就业人员职业伤害保障保驾护航

1. 给予有困难的灵活就业人员缴费补贴

目前灵活就业人员收入普遍偏低，缴费能力较弱，尤其是下岗职工、失业人员、新创业的大学生经济较为困难。为了解决低收入人员的参保问题，建议通过再就业基金、失业保险金等渠道进行补贴，以提高灵活就业人员的参保积极性。

2. 疏通民政救助渠道，使享受重大职业伤害保险待遇后仍有经济困难的灵活就业人员可以得到社会救助

灵活就业人员在获得重大职业伤害保险待遇后，生活依然存在困难的，可通过民政救助、社会捐助等渠道给予进一步的经济帮助，以解决工残人员及工亡人员供养亲属的基本生活保障问题。

3. 鼓励有条件、有需求的灵活就业人员购买商业意外伤害保险，作为重大职业伤害保险的补充

灵活就业人员中有少部分人收入较高，或者对职业风险保障有更

高的要求，或者所从业的“互联网+”企业有意愿，可鼓励个人和用人单位购买商业保险，作为重大职业伤害保险的补充，以满足灵活就业人员多元化的保障需求。

（三）加大政策宣传，让灵活就业人员对政策有所了解

利用政务网、微信公众号、短信平台、微博、“互联网+”企业商务平台、创业微电影、公益广告等多种形式开展工伤保险宣传，增加政策的普及性和关注度；公开参保缴费办法、工伤申报、工伤认定、劳动能力鉴定、待遇给付程序，让参保人对工伤保险工作有更深入的了解；定期举办工伤保险培训、讲座、论坛等，系统地开展工伤保险业务培训，及时对工伤保险新政策、新规定进行宣讲。

第八篇

建筑业工伤保险参保政策实施评价①

为贯彻落实党中央、国务院关于切实保障和改善民生的要求，依据《社会保险法》《建筑法》《安全生产法》《职业病防治法》和《工伤保险条例》等法律法规规定，人力资源和社会保障部、住房城乡建设部、国家安全监管总局、全国总工会在大量调研和广泛征求意见的基础上，于 2014 年 12 月 29 日印发了《关于进一步做好建筑业工伤保险工作的意见》（人社部〔2014〕103 号）（以下简称《意见》）。2015 年是《意见》实施的第一年，也是政策贯彻落实的关键一年。本报告根据《意见》的要求，跟踪了一年来各地落实和执行《意见》的情况，总结分析了推进建筑业参加工伤保险工作的经验和存在的问题，并在此基础上提出加快推进建筑行业参保的政策建议，以作为对《意见》实施一年的回顾和总结，并为进一步推进建筑行业参保工作、完善相关政策措施提供理论基础。

① 本报告于 2016 年完成。

一、建筑行业参加工伤保险工作的推进情况

（一）国家层面的推进举措

2015 年 1 月 5 日，人力资源和社会保障部召开了由住房城乡建设部、国家安全监管总局、全国总工会参加的“进一步做好建筑业工伤保险工作”视频工作会议，传达了《意见》精神，部署推进建筑业参加工伤保险工作。

2015 年 3 月 15 日，人力资源和社会保障部办公厅印发了《关于开展建筑业“同舟计划”——建筑业工伤保险专项扩面行动计划的通知》（人社厅发〔2015〕43 号），要求用三年左右时间，结合全民参保登记计划的实施，实现建筑业从业人员全部参加工伤保险，同时要求建立按项目参保和优先办理工伤保险的工作机制。提出“同舟计划”的工作目标为：2015 年，要做到年内新开工建筑项目全部参加工伤保险；继续巩固已参保的在建项目参保成果，努力将未参保的在建项目纳入保障范围。初步建立按项目参保和优先办理工伤保险的工作机制。同时推进交通、铁路、水利等建筑施工企业参加工伤保险。2016 年，要做到建设项目基本实现全部参保，大部分交通、铁路、水利等建筑施工企业参加工伤保险。完善按项目参保和优先办理工伤保险的工作机制。2017 年，要做到全部建筑企业从业人员参加工伤保险，全面加强按项目参保的管理能力和服务能力。

2015 年 4 月 13 日，人力资源和社会保障部社会保险中心印发了

《关于印发建筑业按项目参加工伤保险经办规程（试行）的通知》（人社险中心函〔2015〕38号），规范和统一各地实施建筑行业按项目参加工伤保险的业务管理和经办操作程序。

2015年4—7月，人力资源和社会保障部组织了集中宣传活动，主题是推进建筑业参加工伤保险。在继续发挥好广播电视、报纸杂志等传统媒体宣传作用，进一步做好现场宣传咨询、印发宣传手册、海报宣传等宣传活动的同时，充分利用当前网络、电信等数字媒体广泛普及的有利条件，通过公益广告、公益短信、开通微博等宣传形式，全方位、多维体开展工伤保险宣传活动。此外，还利用“中国工伤保险”微信公众账号，开展了面向各类用人单位、职工、农民工和广大群众的“工伤保险微信竞答”活动。

2015年8月，人力资源和社会保障部工伤保险司组织了各省市从事工伤保险工作的人员进行了专题培训，解读建筑行业参加工伤保险的政策，请先期开展按项目参保的地区介绍了经验，分析了政策操作过程中可能存在的问题。通过培训提升各省市对政策的把握能力，规范工伤认定、劳动能力鉴定和待遇给付工作。

2015年9月，按照人力资源和社会保障部、住房城乡建设部、国家安全监管总局、全国总工会办公厅《关于开展建筑企业参加工伤保险工作督导检查的通知》（人社厅函〔2015〕275号）的安排，人力资源和社会保障部领导带队赴江西省开展建筑企业参加工伤保险督导检查，启动了四部委联合督查工作。四部委和部分全国政协委员组成了4个督查组，先后赴北京、河北、内蒙古、江西、河南、湖南、重庆、贵州 8 个省市自治区进行督查，督查组先后听取了有关部门的汇报，实地检查了部分建设项目施工现场，并与有关部门、部分建筑企业负责人和职工代表进行了座谈。督查组对各省市推进建筑企业参加工伤保险工作给予了肯定，同时也指出了工作中存在的差距和问题，并对各地下一步的工作提出了具体要求。

2015 年 9 月 23 日，人力资源和社会保障部办公厅印发了《关于规范建筑业按项目参加工伤保险统计方法的通知（试行）》（人社厅发〔2015〕159 号），规定：一是对于已实现动态实名制管理的地区，可按实际参保人数统计；二是对于尚未实现动态实名制管理的地区，可按建设项目参保实际缴费金额倒推，具体公式为：某个建设项目参保人数＝该建设项目缴费金额÷工期月数÷（当地上年度月社平工资×60％×建筑行业平均费率）；三是对于按工资总额、人工成本、工程量等推算按项目参保人数的地区，可根据当地实际，继续按现有方式统计；四是全年按项目参保人数按月报平均数估算，即全年按项目参保人数＝1－12 月按项目参保人数之和÷12。

2015 年 11 月 13 日，人力资源和社会保障部社会保险中心和工伤保险司联合发函《关于做好“同舟计划”自查工作的通知》（人社险中心函〔2015〕124 号），要求各地按照“同舟计划”工作安排，在 11 月全面开展自查工作。

（二）各省市落实政策情况

按照《意见》精神和“同舟计划”的工作要求，各地人社部门主要做了三项工作：一是抓紧摸清底数，包括本地区建筑企业数量、在建项目数量、建筑业用工情况及参加工伤保险情况等，制定落实具体的工作方案和工作目标责任制；二是会同住建等有关部门落实政策，完善配套政策措施；三是加强工作调度和督促检查。

在四部委召开“进一步做好建筑业工伤保险工作”视频工作会议后，各省市都以现场会或视频会的形式召开了四部门参加的工作会，落实《意见》精神，提出了对各地市的具体工作要求。各省市在对本省建筑行业项目和从业人数摸底的基础上，在 2015 年 10 月底前已全部出台了本省的建筑企业参加工伤保险的实施方案。

（三）各地市执行政策情况

各地市是《意见》的具体实施者和落实者，非常重视国家政策在转化过程中在本地区的落地和可操作性。各地市人社部门都是多次会同住建、安监、总工会等部门商讨具体的实施办法。尤其是一些市级统筹地区，在制定实施办法时对影响基金收支的缴费基数、费率等指标的确定，持非常谨慎的态度。经过反复对建筑项目和建筑从业人员数量的摸底，最终确定了适合本地区、具有可操作性的缴费基数和比例。而且一些地市不但制定了实施办法，还印发了建筑行业管理办法、经办流程，建立了建筑行业参保缴费、医疗救治的绿色通道，给予建筑工人参保以更加便捷的服务和人性化关怀。

二、各地建筑行业工伤保险参保工作的进展情况

（一）摸清底数情况

各省市摸清建筑业参加工伤保险所需基本情况的工作主要放在了2015年上半年。各省市都要求各地人社部门要会同住建、交通运输、水利等部门摸清本地区建筑、交通运输、铁路、水利等相关行业建设施工企业的数量构成、人员结构，本地区工程在建项目和拟建项目名称、工程所在地、建筑单位、工程总承包单位、工程造价、施工期限以及用工情况，现有企业和工程项目参加工伤保险等基本情况。如江西省对各部门都有具体的要求和明确的职责分工，具体为：各级工伤保险经办机构负责做好参保单位的人员信息、用人单位参保登记及伤残人员待遇核定等工作；各级住建部门负责提供建筑企业的分布、类别明细、人员情况等有关数据，并要加强许可证管理和建筑施工的劳动用工管理。对未提交按项目参加工伤保险证明的建设项目，不予核发施工许可证，督促在建项目参加工伤保险。对不依法依规参加工伤保险、不按规定开展劳动用工管理的单位和项目进行严肃处理；各级安监部门负责建筑行业安全生产综合监管工作，督促、指导、检查本级政府建筑安全监管部门和下级政府开展建筑安全监管工作，负责建筑行业职业卫生监管工作；统计和通报安全生产事故及伤亡人员情况。湖北省经过摸底，确认全省建筑业从业人员有179.84万人，其中已参加工伤保险人员20.03万人，仅占11.14%。甘肃省通过摸底了解到，

2013 年年底全省建筑业企业共有 1 295 户，从业人员 54.81 万人，其中 90%是农民工；2014 年年底，已有 12.61 万人参加了工伤保险，参保率 23%，尚未参保的占 77%。

（二）制定实施方案情况

按照人力资源和社会保障部的要求，各地要制定推进建筑业参加工伤保险的具体实施方案。经过一系列的前期准备，从 2015 年 2 月起，各省市开始陆续出台实施方案。截至 2015 年 10 月底，所有的省市自治区都出台了《意见》的相关落实办法。

1. 发文标题与发文单位

从各地出台的实施办法看，发文的标题主要有："关于做好建筑行业工伤保险的通知""……的实施意见""……的实施细则""……的实施方案"。大多数省市的发文内容是针对建筑业参加工伤保险，但天津市明确规定推进农民工参加工伤保险，云南省则扩大为推进高风险行业参保，西藏自治区扩大到推进建筑业以外的矿山、石材加工等行业参保。多数地区的发文单位与 103 号文相同，采取人社、住建、安监、总工会四部门联合发文，也有少数地区根据本省的实际情况，增加了发文单位，如辽宁省是由人社、住建、财政、安监、总工会、地税联合发文；江苏省是由人社、住建、安监、总工会、交通运输和水利联合发文；湖南省是由人社、住建、建委、规划建设、安监、总工会联合发文；海南省是由人社、住建、财政、安监、总工会和地税联合发文。江苏省泰州市是由人社、财政、安监、住建、总工会、农委、交通运输、水利、建工联合制定《关于进一步加强建筑业工伤保险工作的意见》，由市政府发文。陕西省西安市是由人社、城建、安监、市政公用局、总工会、棚户区改造办公室联合发文。见表8—1。

表8—1　各省市印发建筑业参加工伤保险实施办法的情况

省份	发文名称	发文单位	发文时间
北京	关于做好北京市建筑业工伤保险工作的通知	人力资源和社会保障局、住房和城乡建设委员会、安全生产监督管理局、总工会	2015年9月23日
天津	关于进一步做好我市建筑业农民工工伤保险工作有关问题的通知	人力资源和社会保障局、住房和城乡建设委员会、安全生产监督管理局、总工会	2015年4月12日
河北	关于贯彻落实人社部等四部委《关于进一步做好建筑业工伤保险工作的意见》的有关问题的通知	人力资源和社会保障厅、住房和城乡建设厅、安全生产监督管理局、总工会	2015年8月19日
山西	关于印发《关于进一步推进建筑业工伤保险工作的实施方案》的通知	人力资源和社会保障厅、住房和城乡建设厅、安全生产监督管理局、总工会	2015年4月16日
内蒙古	关于印发《内蒙古自治区建筑施工企业参加工伤保险实施办法》的通知	人力资源和社会保障厅、住房和城乡建设厅、安全生产监督管理局、总工会	2015年9月1日
辽宁	关于印发《辽宁省建筑业工伤保险工作实施方案》的通知	人力资源和社会保障厅、住房和城乡建设厅、安全生产监督管理局、总工会、地方税务局	2015年2月15日
吉林	关于进一步做好建筑业工伤保险工作的实施意见	人力资源和社会保障厅、住房和城乡建设厅、安全生产监督管理局、总工会	2015年5月12日

续表

省份	发文名称	发文单位	发文时间
黑龙江	关于黑龙江省建筑业参加工伤保险工作的实施意见	人力资源和社会保障厅、住房和城乡建设厅、安全生产监督管理局、总工会	2015年2月15日
上海	关于进一步做好本市建筑业工伤保险工作若干意见的通知	人力资源和社会保障局、住房和城乡建设管理委员会、安全生产监督管理局、总工会	2015年7月31日
江苏	关于进一步做好建筑业工伤保险意见的通知	人力资源和社会保障厅、住房和城乡建设厅、安全生产监督管理局、总工会、交通运输厅、水利厅	2015年3月31日
浙江	转发人力资源和社会保障部四部门《关于进一步做好建筑业工伤保险工作的意见》的通知	人力资源和社会保障厅、住房和城乡建设厅、安全生产监督管理局、总工会	2015年4月13日
安徽	转发《人力资源和社会保障部、住房和城乡建设部、安全监管总局、全国总工会关于进一步做好建筑业工伤保险工作的意见》的通知	人力资源和社会保障厅、住房和城乡建设厅、安全生产监督管理局、总工会	2015年3月23日
福建	关于进一步落实建筑业工伤保险工作的通知	人力资源和社会保障厅、住房和城乡建设厅、安全生产监督管理局、总工会	2015年4月27日
江西	江西省人力资源和社会保障厅等四部门关于进一步做好建筑业工伤保险工作的通知	人力资源和社会保障厅、住房和城乡建设厅、安全生产监督管理局、总工会	2015年11月11日
山东	关于转发人社部〔2014〕103号文件明确建筑业参加工伤保险有关问题的通知	人力资源和社会保障厅、住房和城乡建设厅、安全生产监督管理局、总工会	2015年3月24日

续表

省份	发文名称	发文单位	发文时间
河南	关于进一步做好建筑业工伤保险工作的实施意见	人力资源和社会保障厅、住房和城乡建设厅、安全生产监督管理局、总工会	2015 年 7 月 14 日
湖北	关于转发《关于进一步做好建筑业工伤保险工作的意见》的通知	人力资源和社会保障厅、住房和城乡建设厅、安全生产监督管理局、总工会、地方税务局	2015 年 2 月 2 日
湖南	关于进一步做好建筑业工伤保险工作的意见	人力资源和社会保障厅、住房和城乡建设厅、地方税务局、安全生产监督管理局、总工会	2015 年 8 月 4 日
广东	关于进一步做好我省建筑业工伤保险工作的实施意见	人力资源和社会保障厅、住房和城乡建设厅、地方税务局、安全生产监督管理局、总工会	2015 年 7 月 15 日
广西	转发人力资源和社会保障部、住房和城乡建设部、安全监管总局、全国总工会关于进一步做好建筑业工伤保险工作的意见的通知	人力资源和社会保障厅、住房和城乡建设厅、安全生产监督管理局、总工会	2015 年 3 月 6 日
海南	关于转发人力资源和社会保障部等四部门《关于进一步做好建筑业工伤保险工作的意见》的通知	人力资源和社会保障厅、住房和城乡建设厅、安全生产监督管理局、总工会	2015 年 2 月 9 日
重庆	关于进一步做好建筑业参加工伤保险的实施意见	人力资源和社会保障局、住房和城乡建设委员会、安全生产监督管理局、总工会	2015 年 9 月 22 日

续表

省份	发文名称	发文单位	发文时间
四川	转发人力资源和社会保障部、住房和城乡建设部等四部门关于进一步做好建筑业工伤保险工作的意见的通知	人力资源和社会保障厅、住房和城乡建设厅、安全生产监督管理局、总工会	2015年4月25日
贵州	关于转发《关于进一步做好建筑业工伤保险工作的意见》的通知	人力资源和社会保障厅、住房和城乡建设厅、安全生产监督管理局、总工会	2015年5月26日
云南	关于全面推进建筑等高风险企业参加工伤保险的实施意见	人力资源和社会保障厅、住房和城乡建设厅、安全生产监督管理局、总工会	2015年5月7日
西藏	关于进一步做好建筑施工、矿山企业及石材加工企业从业人员工伤保险工作的通知	人力资源和社会保障厅、住房和城乡建设厅、安全生产监督管理局、总工会	2015年4月7日
陕西	《关于进一步做好建筑业工伤保险工作的意见》的通知	人力资源和社会保障厅、住房和城乡建设厅、安全生产监督管理局、总工会	2015年2月15日
甘肃	《关于进一步做好建筑业工伤保险工作的意见》的通知	人力资源和社会保障厅、住房和城乡建设厅、安全生产监督管理局、总工会	2015年2月12日
青海	关于印发《关于进一步做好建筑业工伤保险工作实施方案》的通知	人力资源和社会保障厅、住房和城乡建设厅、安全生产监督管理局、总工会	2015年3月25日
宁夏	关于印发《关于进一步做好建筑业工伤保险工作实施方案》的通知	人力资源和社会保障厅、住房和城乡建设厅、安全生产监督管理局、总工会	2015年2月15日

续表

省份	发文名称	发文单位	发文时间
新疆	关于推进建筑业参加工伤保险专项扩面行动的通知	人力资源和社会保障厅、住房和城乡建设厅、安全生产监督管理局、总工会	2015 年 4 月 24 日
新疆生产建设兵团	关于进一步做好建筑业工伤保险工作的通知	人力资源和社会保障局、建设局、安全生产监督管理局、总工会	2015 年 5 月 13 日

2. 实施时间

各省市发文规定的实施时间有两种规定，一是发文时间和实施时间一致，发文时间即为实施时间；二是发文时间与实施时间分离，在发文时规定实施时间，如辽宁省 2015 年 2 月 15 日发文《关于印发〈辽宁省建筑业工伤保险工作实施方案〉的通知》，规定从 2015 年 11 月 1 日开始实施。从全国的情况看，各省市的实施时间主要集中在 2015 年 3 月至 11 月。

3. 扩面目标

各省市都按照“同舟计划”的要求，制订了建筑业参保的三年全覆盖计划，提出了扩面目标和时间表。山西省要求：2015 年，新开工的建筑工程项目全部参加工伤保险，60％以上的在建建筑工程项目参加工伤保险，80％以上的建筑施工企业参加工伤保险。2016 年，进一步完善按建筑工程项目参保工作机制，基本实现建筑工程项目（含新建、在建项目）全部参加工伤保险，90％以上的建筑施工企业参加工伤保险。2017 年，建筑业职工全部参加工伤保险。全面加强按建筑工程项目参保的管理服务能力。江西省要求：2015 年 1 月 1 日后开工的建筑项目应全部参加工伤保险。2014 年 12 月 31 日前开工的在建项目，2015 年年底，应有 60%的在建项目参加工伤保险；2016 年年底，在建项目参加工伤保险要达到 80%；2017 年年底，所有在建项目参加工伤保险。湖北省提出 2015 年、2016 年、2017 年全省建筑业参加工伤保险人数分别达到 70.03 万人、120.03 万人和 143.87 万人的目标任务。云南省从 2015 年起在全省全面依法推进为期三年的“同舟计划”，将以农民工为主体的 70 多万建筑业从业人员纳入工伤保险，维护建筑工人享有工伤保障的合法权益。四川省南充市则规定用 2 年的时间完成“同舟计划”，要求年内新开工建筑项目全部参加工伤保险，在建项目参加工伤保险在 2015 年达到 80%，2016 年实现全部参保。

（三）各地政策规定情况

1. 明确参保范围

所有的省市都是按照人力资源和社会保障部社会保险中心《建筑业按项目参加工伤保险经办规程（试行）》的要求，将房屋建筑和市政基础设施工程的建设项目纳入建筑业先行参加工伤保险的范围。大多数省市还规定机电工程（包括设备安装、管道建设、消防建设等）、水利工程、其他道路工程（公路建设、铁路建设、涵洞隧道建设）、其他市政设施工程（包括广场、园林建设、停车场等）可以参照以建设项目为单位优先参加工伤保险。另外，浙江省规定按项目参保的企业，其使用的超过法定退休年龄但未享受机关事业单位或者企业职工基本养老保险待遇的人员，纳入工伤保险统筹管理。

2. 确定缴费基数及比例

从各地印发的实施办法看，缴费基数的确定主要有三种方式，见表8—2。

一是计缴公式为：项目工程总造价×比例。采取这种做法的省份占多数，主要为上海、广东、天津、重庆、黑龙江、广西、江西等。缴费比例多为1‰左右，例如上海、广东、重庆、河南。天津、吉林、新疆规定的缴费比例低于1‰，天津为0.66‰、吉林为0.85‰、新疆为0.5‰。也有一些省份和地市规定的比例高于1‰，如陕西为1.2‰、广西为1.3‰、安徽为2‰、西藏为3‰。黑龙江、辽宁则规定了一个比例区间，分别为0.8‰～1‰、0.7‰～1‰。陕西省西安市规定按照工程项目施工承包合同总造价的1‰一次性缴纳工伤保险费；建设项目追加预算的，追加部分按上述标准缴费。在西安市人力资源社会保障局等六部门《关于建筑施工企业参加工伤保险有关问题的通知》（市人社发〔2015〕167号）下发之日前项目已开工建设的，按照工程项目施工承包合同总造价的0.7‰缴纳；通知下发之日后开工的建设项目，均应按照工程项目施工承包合同总造价的1‰一次性缴纳工伤保险费。湖北省荆州市规定：房屋建筑工程领域按项目参保的，工程总造价在2 000万元及以上的按2‰缴费，1 000～2 000万元的按3‰缴费，500～1 000万元的按4‰缴费，500万元以下的按5‰缴费；交通、水利、铁路、市政工程领域按项目参保的，工程总造价在4 000万元及以上的按1‰缴费，1 000～4 000万元的按1.5‰缴费，500～

1 000 万元的按 2‰缴费，100～500 万元的按 2.5‰缴费，100 万元以下的按 3‰缴费。

二是计缴公式为：项目工程总造价×项目人工费占比×统筹地区建筑行业基准费率。采取这种做法的省份主要有山西、四川、青海、云南等。采取这种做法的多数省份把人工成本定为 20%，费率则按照现行的建筑行业费率执行。

三是计缴公式为：本市上年度职工月平均工资÷月平均工作日（20.83 天）×60%×保险期（合同工期总天数÷30 天）×月平均预计缴费人次×1%（缴费费率）。工伤保险费计算结果四舍五入保留到“元”。这是北京市的做法，由于北京实行按项目参保的做法较早，在实施办法中既要和国家保持一致，也要考虑新老政策的衔接问题，因此建筑业按项目参保的计缴公式考虑了缴费人次的因素。

表 8—2　　　　建筑业参保缴费基数及费率情况

省（市、自治区）	缴费基数	费率
上海	项目工程总造价×比例	0.66‰
广东	项目工程总造价×比例	1‰
河南	项目工程总造价×比例	1‰
安徽	项目工程总造价×比例	2‰
黑龙江	项目工程总造价×比例	0.8‰～1‰
山东	项目工程总造价×项目人工费占比×统筹地区建筑行业基准费率	
重庆	项目工程总造价×比例	1‰
浙江	由各市县根据本地区情况制定	
新疆	项目工程总造价×比例	1‰
福建	由各市统筹地区根据本地区情况制定	

续表

省（市、自治区）	缴费基数	费率
广西	项目工程总造价×比例	1.3‰
贵州	由各市州统筹地区根据本地区情况制定	
陕西	项目工程总造价×比例	1.2‰
四川	项目工程总造价×项目人工费占比×统筹地区建筑行业基准费率	
吉林	项目工程总造价×比例	0.85‰
北京	本市上年度职工月平均工资÷月平均工作日（20.83）天×60%×保险期（合同工期总天数÷30天）×月平均预计缴费人次×1%（缴费费率）	
天津	项目工程总造价×比例	0.66‰
河北	由各市县根据本地区情况制定	
内蒙古	项目工程总造价×比例	1‰
辽宁	项目工程总造价×比例	0.7‰～1‰
江苏	以工程总造价一定比例为基数，具体比例由各市县制定	
江西	由各市统筹地区根据本地区情况制定	
湖北	以工程总造价一定比例为基数，具体比例由各市级统筹地区制定	
湖南	项目工程总造价×项目人工费占比×统筹地区建筑行业基准费率	
海南	由各市县根据本地区情况制定	
云南	项目工程总造价×比例	1‰
西藏	项目工程总造价×比例	3‰
山西	项目工程总造价×项目人工费占比×统筹地区建筑行业基准费率	
甘肃	项目工程总造价×比例	1‰
青海	项目工程总造价×项目人工费占比（20%）×统筹地区建筑行业基准费率（1%）	
宁夏	项目工程总造价×项目人工费占比（20%）×统筹地区建筑行业基准费率（1.2%）	
新疆生产建设兵团	项目工程总造价×比例	1‰

另外，各地在实施办法中都规定，建设项目工伤保险缴费费率由社会保险行政部门会同有关部门，根据建筑施工企业工伤事故发生率和工伤保险基金收支等情况适时适当进行调整。

3. 实行动态实名制管理

各地基本上都要求对建筑施工项目从业人员实行动态实名制管理。建筑施工项目从业人员出现增减变化的，用人单位可在规定时间内到社会保险经办机构办理人员变更手续，社会保险经办机构采取便捷的申报方式，方便用人单位及时变更人员信息。北京市规定专业分包企业、劳务分包企业要认真落实动态实名制管理，及时在“北京市劳务分包合同及施工人员实名制备案系统”中如实填报建设项目职工名册及增减变化情况。黑龙江省规定建筑行业职工参保的增减变化可实行书面或网络报备制度。河北省要求逐步建立便捷的动态实名申报方式，采取24小时网上申报、传真等，方便建筑施工企业报送有关情况。湖北省襄阳市规定：建筑施工企业务工人员参加工伤保险实行动态实名制管理。建筑施工总承包企业应依法与务工人员签订劳动合同，加强施工现场劳务用工管理。建筑施工总承包企业负责汇总本建设项目务工人员基本信息，到所属地社会保险经办机构办理务工人员参保登记。如发生变动，建筑施工总承包企业应及时办理本建设项目务工人员增减变动手续。因情况紧急临时增加的务工人员在48小时内发生工伤事故，但未能及时办理参保登记的，经建筑总承包企业填报《襄阳市建筑业工伤保险紧急临时用工参保申报表》后，由同级人力资源和社会保障部门和城乡建设主管部门进行确认后，可按参保人员处理。

4. 确定待遇计发基数

由于《工伤保险条例》规定伤残津贴是以本人月工资为基数计发，但由于建筑工人工资很多不是按月工资计算，而是按项目或按天计算。为了解决这一问题，各地在实施方案中规定了按项目参保的待遇计发基数。主要有三种方式：一是按统筹地区上年度职工月平均工资作为计发基数。例如：北京市、天津市规定，针对建筑业工资收入分配特点，核定工伤保险待遇以事故伤害发生日本市上年度职工月平均工资作为基数。浙江省规定针对建筑业职工工资收入分配的特点，对相关待遇中难以按本人工资作为计发基数的，可以参照统筹地区上年度职工月平均工资作为计发基数，其中职业技能等级为中级工以上的，待遇基数可以适当提高。陕西省西安市规定，对相关工伤待遇难以按本人工资作为计发基数的，以本市上年度职工月平均工资的60%作为计发基数。二是按上年度城镇非私营企业在岗职工年平均工资作为计发基数。如河北省规定，建筑行业工伤人员待遇计发基数按照《工伤保险条例》和《河北省工伤保险实施办法》的有关规定执行，按项目参保的工伤待遇，其核定统一采用工伤发生时全省上年度城镇非私营企业在岗职工年平均工资作为计发基数。三是以工伤保险缴费基数作为计发基数。如湖北省襄阳市规定，务工人员工伤待遇计发时涉及本人工资的，按照工伤事故发生时对应的结算年度工伤保险缴费基数保底比例确定。

5. 建立便捷服务机制

天津市规定：各级人力资源社会保障行政部门、劳动能力鉴定委员会应当为职工申请工伤认定、劳动能力鉴定开辟绿色通道。对劳动关系明确、受伤事实清楚、劳资双方无争议的，应参照天津市伤情较重职工“快认快结”的规定，将工伤认定时限由15日缩短至3日，最长不超过10日；劳动能力鉴定时限由90日缩短至30日。对伤情较重、行动不便的工伤职工组织专家上门鉴定。黑龙江省规定：建筑施工企业参加工伤保险实行独立其他险种优先受理参保登记，社保经办机构为建筑施工企业参保开辟“绿色通道”，做到随时参保，随时登记录入。要简化建筑施工企业参保需提交的相关要件，实现一次性告知、一站式办结。同时，工伤认定、劳动能力鉴定等办事程序也要简便快捷。福建省规定：各统筹地区要尽快建立农民工工伤医疗救治的绿色通道制度。即农民工发生工伤前往工伤保险定点医疗机构进行医疗救治时，凡持有有效参保证明及用人单位出具的劳动关系证明材料的，无须交费均可以住院治疗。工伤保险定点医疗机构应将有效参保证明、用人单位出具的劳动关系证明材料的原件及医疗费用清单一并报送经办机构。未实行工伤保险定点医疗机构的统筹地区，经协商，也可共享医疗保险定点医疗机构的资源，比照工伤保险定点医疗机构的办法直接结算医疗费用。

6. 强化待遇保障

湖北省襄阳市规定：建筑施工企业发生了工伤（亡）及职业病的职工，其工伤认定、劳动能力鉴定、工伤保险待遇等按照《工伤保险条例》《工伤认定办法》《湖北省工伤保险实施办法》和《襄阳市工伤保险实施细则》等相关配套政策执行。其中，务工人员因工死亡或致残被鉴定为一至四级的，经本人或符合供养条件的遗属（或直系亲属、法定监护人）提出申请，可与社会保险经办机构签订协议，一次性领取供养亲属抚恤金、伤残津贴及生活护理费待遇，终止工伤保险关系。工亡职工的供养亲属抚恤金待遇，最高支付总额不超过5万元。伤残津贴以工伤发生时职工本人工资为标准，分别按90%、85%、80%、75%为基数计发到法定正常退休年龄，最高不超过20年。生活护理费以工伤发生时全市上年度职工月平均工资为标准，按护理等级分别以50%、40%、30%为基数，按照计发伤残津贴的时间折半计算。

另外，北京、上海、河南等省市对工伤人员在项目结束后的待遇保障问题作出了详细规定。上海市规定按项目参保的建设项目，其工伤保险期满后，工伤人员、因工死亡人员供养亲属的相关待遇按下列规定处理：伤残等级一至四级的工伤人员，由工伤保险基金按规定继续支付相关工伤保险待遇至失去享受条件时止；伤残五级及以下的工伤人员，依法与所在的用人单位解除或终止劳动关系的，由工伤保险基金和工伤人员所在的用人单位按规定分别支付一次性工伤医疗补助金和一次性伤残就业补助金；因工死亡人员的供养亲属，由工伤保险基金继续按规定支付供养亲属抚恤金至失去享受条件时止。河南省规定：伤残等级一至四级伤残务工人员，可以按照《工伤保险条例》《河南省工伤保险条例》及相关规定，按月长期享受工伤保险待遇；也可经本人申请选择一次性领取伤残待遇，选择的时间应是享受伤残津贴的初始时间，同时应与统筹地区工伤保险经办机构签订终止工伤保险关系协议。一次性赔偿包括：伤残津贴、生活护理费、辅助器具配置费、医疗费等。一次性赔偿标准按照原劳动和社会保障部《关于农民工参加工伤保险有关问题的通知》（劳社部发〔2004〕18号）和《河南省工伤保险条例》规定，参考《非法用工单位伤亡人员一次性赔偿办法》（人社部令第9号），为终止工伤保险关系时统筹地区上年度职工年平均工资的10～16倍，具体赔偿标准为一级伤残16倍，二级伤残14倍，三级伤残12倍，四级伤残10倍。伤残等级为五至十级或未达到伤残等级的工伤务工人员，在建设工程项目工伤保险期满后仍在进行前期治疗的，继续由工伤保险基金支付医疗费，直至停工留薪期满为止，终止工伤保险关系。按工伤保险有关规定享受供养亲属抚恤金的人员，户籍不在河南省的，根据个人申请可以选择一次性领取抚恤金待遇。选择的时间为享受抚恤金待遇的初始时间，人员为工亡职工的全部享受抚恤金亲属。标准为：供养亲属为子女的，以现按月享受的供养亲属抚恤金计算到18周岁；供养亲属为配偶或父母的，以现按月享受的供养亲属抚恤金为基数计算15年。

7. 鼓励购买商业保险

部分省市在实施办法中明确了工伤保险和意外伤害保险的关系，并鼓励建筑企业在参加工伤保险的基础上，为危险性岗位工人购买人身意外伤害保险。上海市规定：在依法参加工伤保险的基础上，鼓励建筑施工企业为项目施工现场从事危险作业的从业人员办理意外伤害保险。天津市规定：建立建设项目工伤保险附加保险制度。鼓励总承包单位按照《中华人民共和国建筑法》（以下简称《建筑法》）的有关规定，在为职工缴纳工伤保险费的同时，为农民工特别是从事特定高风险作业的农民工办理意外伤害保险。当职工发生工伤时，除由工伤保险基金依法支付待遇外，再由商业保险给予一定赔偿。浙江省鼓励企业为从事危险作业的职工办理意外伤害保险和补充保险。此外，湖北省襄阳市还规定，市人力资源和社会保障部门可以按照《国务院关于加快发展现代保险服务业的若干意见》，向有资质的商业保险公司统一招标，进行再投保，以商业保险为平台，建立多层次风险分担机制。

8. 坚持工伤预防

浙江、天津、河南、江西、福建等省市都在实施办法中明确要加强建筑行业的工伤预防工作，并给予一定的经费保障。浙江省规定：参加工伤保险的建筑施工企业及其项目部，要认真贯彻落实《劳动法》《建筑法》《安全生产法》《职业病防治法》《工伤保险条例》和《建设工程安全生产管理条例》等法律法规规定，强化施工安全管理，规范劳务用工行为，利用民工学校、微博、微信、网络等载体或新媒体技术，广泛开展宣传教育，做好工伤预防各项工作。全国工伤预防试点城市可以按规定在工伤保险基金中列支工伤预防费用，专项开展建筑业工伤保险的宣传培训等工作。天津市规定：各级建设行政部门应按照该市工伤预防费使用管理办法的要求，将工伤预防费用重点用于建筑业农民工的工伤预防宣传和培训，并对工伤预防费实行项目管理。江西省规定：按照有关规定从工伤保险基金中提取一定比例专项用于建筑行业的工伤预防宣传和培训工作。河南省要求建立工伤预防机制，按规定从工伤保险基金中列支一定比例的资金用于建筑施工企业的工伤预防工作。福建省要求各统筹地区人社部门商住建部门从工伤保险基金中提取一定比例的费用，用于开展安全生产知识宣传教育、职业健康卫生、职业技能培训、安全奖励等工伤预防工作，鼓励行业协会等服务组织开展安全风险管理和工伤预防咨询服务。

（四）开展宣传活动情况

在推进建筑业参保的工作中，各地都在2015年上半年开展了集中宣传活动。

北京市组织各区县结合辖区实际情况，深入街道乡镇、社区以及建筑业等高危企业、中小企业开展工伤保险政策宣传和培训。集中宣传活动期间，全市各区县共计开展各类现场咨询活动521次，接受咨询人数1.5万人，共发放宣传材料近4万份；开展各类培训班106次，接受培训人员近6千人。

陕西省从2015年5月起，在全省范围内开展了以“推进建筑企业参加工伤保险”为主题的工伤保险宣传活动。在宣传活动期间，除了开展传统的发放传单、现场咨询活动外，积极与电视台合作，在不同栏目前插播推进建筑业参加工伤保险的公益宣传广告；同时与地铁广告公司合作，在地铁站和地铁车厢内设置广告屏，滚动播出为期1个月的广告宣传片。部分地市在辖区范围内开展了“送工伤保险政策进建筑工地”的集中宣传活动，在建筑施工工地设立了宣传点，对《社会保险法》和《工伤保险条例》等国家法律法规和该省的配套文件进行深入宣传，现场解答政策，发放宣传材料。通过广泛宣传，进一步增强了建筑施工企业遵法守法的自觉性，提高了建筑业职工依法维护自身合法权益的意识。活动中，全省共展出宣传版面 1 900 余块，宣传条幅 300 余条，印发宣传资料 63 万余份，协调电信部门群发 18 万余条公益短信，接待群众现场咨询 3 万余次。与此同时，住建、工会部门也结合各自职能，开展了建筑业参加工伤保险的宣传工作。住建部门在建筑业企业资质办理、外地企业进入、施工许可发放等各个环节，提前对企业和企业管理人员进行政策宣传，并将建设项目参加工伤保险的有关政策在办事大厅 LED 屏幕上进行滚动播放；省总工会在《劳动者报》上连续刊发建筑业农民工工伤保险政策专题报道，编印了《农民工政策维权知识宣传手册》1 万余册，下发至各市（区）及建筑企业施工现场。

宁夏回族自治区在工伤保险集中宣传活动中，接受全区广播电视等媒体访谈、新闻媒体报道 30 多次，播出公益广告累计 70 天，发出公益短信 4.3 万余条；全区共印发宣传材料 12 万余份，深入企业宣传 126 次，举办培训班 9 期并培训人数 1 200 人，召开座谈会 22 次。通过工伤保险集中宣传活动的开展，营造了落实法律法规的良好氛围和社会环境，进一步提高广大职工特别是农民工，依法维护自身合法权益的意识，增强各类用人单位和劳动者知法守法的自觉性。

（五）建章立制情况

为了将《意见》（人社部〔2014〕103 号）转化为可操作的政策，人社部门从三个层级层层下发和制定了各项管理办法和经办规程，内容涉及参保缴费、工伤认定、劳动能力鉴定和待遇给付四个环节。首先是人力资源和社会保障部下发了建筑业参加工伤保险的管理规程，指导和规范各地的经办管理工作；其次是各省市对建筑业参保缴费、工伤认定、劳动能力鉴定和待遇给付环节提出了具体的管理要求；最后是各统筹地区统一编制了基本经办服务用表。例如北京市编制了《建设项目月平均预计缴费人次表》《建设项目职工工伤保险待遇明细表》《关于代缴建设项目职工工伤保险费的协议》《北京社会保险单位信息登记表》《北京市建设项目职工工伤保险一次性趸缴汇总表》《建设项目职工工伤保险公示标牌说明》。天津市为配合建筑行业参保，特别编制了建设项目登记、缴费申报表，工伤保险缴费通知单，各级建设行政部门联系方式，各级人力资源社会保障行政、经办部门联系方式，工伤保险待遇项目及支付标准等表格和信息材料，以方便建筑企业和参保人员使用。湖北省襄阳市编制了《襄阳市建筑业工伤保险紧急临时用工参保申报表》《建筑施工项目工伤保险参保证明》等。

（六）建立信息系统情况

部分省市开发了适应按项目参保的信息系统。河北省与制定配套政策同步开发了适应按项目参保和建筑业用工特点的信息系统，同时与现有工伤保险省级统筹信息化系统有序衔接。目前，全省用户需求分析已经完成，核心软件平台的开发工作进展顺利，参保登记缴费系统已经上线试运行，可以满足各市、县参保工作的需要。

（七）建立联席会议机制情况

建筑业参加工伤保险事宜，涉及多部门的管理范畴，仅靠人社部门的力量是无法圆满地完成这项工作的。正因如此，各地都建立了相关部门的联席会议机制。例如天津市规定：人力资源和社会保障行政部门会同市建设、安全监管、总工会等部门建立联席会议，共同做好建筑业农民工参加工伤保险工作，联席会议办公室设在市人力资源和社会保障局工伤保险处。联席会议各部门应密切配合，加强沟通，定期召开联席会议，对各区县建设项目参保、职工工伤维权等工作开展联合督导检查，定期将各区县建设项目参保情况向区县政府通报。各区县要参照市联席会议模式，建立健全本区县工作机制，密切协作，切实做好本区县建筑业农民工参加工伤保险工作，确保新开工和尚未参保的在建项目全部参保，维护建筑业农民工的合法权益。广东省规定：联席会议由人社、住建、地税、安监部门和总工会作为成员单位，由人力资源和社会保障部门负责牵头，定期召开有关部门协调工作会议。联席会议工作机构设在人力资源和社会保障部门，各有关单位要确定专人联络，定期通报相关信息，研究推进情况，部署开展督导检查工作，依法查处建筑施工企业有关违法行为，切实维护建筑业职工的工伤保险合法权益。

（八）督查情况

广东省要求建立健全建设项目工伤保险执法协作机制。有关行政部门在职责范围内对辖区在建项目参加工伤保险情况依法实施检查、监察和处理，住房城乡建设部门予以协助。如施工承包单位不如实申报建设项目工程合同总造价、导致未足额缴纳工伤保险费的，应当承担相应的法律责任，由有关行政部门依法查处和追缴。建筑业企业、工伤职工或者其近亲属有骗取工伤保险待遇、拒不协助人力资源和社会保障部门进行工伤认定调查或者提供虚假资料等情形的，由人力资源和社会保障部门依法查处。对经责令限期参加工伤保险而仍未办理建设项目参保缴费手续的建筑业企业，以及经依法查处骗取工伤保险待遇的建筑业企业，住房城乡建设部门将其作为不良行为记入建筑业企业信用手册。四川省规定：2015 年 3 季度，省级 4 部门联合开展一次建筑工人工伤维权工作情况的专项督查，通过部门联动，齐抓共管，共同做好建筑业职工特别是农民工工伤权益保障工作。湖北省襄阳市规定：各级人社、住建、安监、总工会和地税等部门要各司其职，组织开展本地区建筑业工伤保险专项扩面行动，共同做好建筑业职工特别是农民工工伤权益保障工作。市人力资源和社会保障局、住房和城乡建设委员会、安全生产监督管理局、总工会和地方税务局将定期组织开展建筑业职工工伤维权工作情况的联合督查。此外，陕西省西安市规定安监部门要把建设项目参保纳入建筑施工企业安全生产条件的考核内容，对未参保的建筑施工企业涉及安全生产的事项需要审查批准的，不得批准或者验收通过。

三、对建筑业参保政策实施情况的基本评价

2015 年是《意见》（人社部〔2014〕103 号）印发实施的第一年，总体看政策贯彻实施较为顺利，取得了一定的成效。在近一年的时间里，人社部门和住建、安监、总工会等部门积极配合，做了大量政策

实施初期的基础性工作，为进一步推进建筑行业参保打下了良好基础。

（一）政策落实有序，对扩面工作有目标、有要求

《意见》下发后，一方面四部委积极部署、贯彻落实《意见》精神，从国家到省级到地市级层层推动。一是要求各地摸清底数，制定具体的实施方案；二是要求各地积极开展形式多样的宣传，向建筑企业及其职工及全社会宣讲《意见》内容，宣讲工伤保障权益；三是要求各地进行督导检查，及时发现问题和总结经验。另一方面人力资源和社会保障部推出了“同舟计划”，作为《意见》推动的配套措施，专项开展建筑业工伤保险的参保扩面工作，提出了三年全覆盖的目标，并要求各地分新建项目和已开工项目分年度制定阶段性目标。各地结合本地区的实际，制定了具体的实施方案，明确了目标任务，细化了政策措施，启动了专项扩面行动，形成上下协同、部门联动、一级抓一级、层层抓落实的工作格局。

（二）多数地区部门间配合较好，为推动建筑业参保工作奠定了良好基础

建筑业参加工伤保险工作需要多部门的配合，《意见》下发后，各地相继成立了人社、住建、安监和总工会等部门一把手或分管领导组成的协调推进领导小组，通过共同制定工作方案、建立联席协调工作机制、联合开展工作督查等方式，切实推进各项工作的落实。各省市已经出台的实施办法，少则是由四部门共同签发，多则有六部门共同签发，可见各部门对这项工作的重视。

（三）各地的实施方案较为务实，有针对性且全面地提出了建筑业参保的政策和措施

从各地的实施方案看，各省市都是根据本地区的实际情况，对《意见》的内容进行了细化，使《意见》能够在本地区落实。各地的实施方案体现出两个特点，一是务实，各地的实施方案写得都非常具体和实在，针对建筑行业参保缴费、工伤认定、劳动能力鉴定、待遇领取过程中可能产生的问题，尽可能给予详细的规定。二是有针对性，实施方案中充分考虑建筑行业的特殊性，明确了缴费基数、待遇计发基数如何确定。同时，有的省市对开展工伤预防事宜也给予了明确说明。考虑到建筑企业原有的购买人身意外伤害保险的做法，有的省市在实施方案中也明确提出鼓励企业在参加工伤保险的基础上为危险岗位职工购买商业保险作为补充性保险。

（四）各地建筑企业参保工作进展不一，总体参保人数低于预期

从《意见》实施近一年的情况看，经过各方的努力，各地参保人数都有了不同程度的增长，如山东省淄博市建筑业农民工已经全部参保，但总体看扩面参保成果并没有达到政策制定时的预期，参保人数没有得到较大幅度的提升。分析原因主要有以下几方面。

一是受外部经济环境影响。目前建筑市场萎缩，建筑业从业人员减少。2015 年，建筑业整体形势较为严峻，市场萎缩，各地反映新开工的项目比往年减少，而有些已开工的项目也处于停工状态，造成建筑企业用工减少。安徽省的数据反映，农民工参保人数 2015 年年初为 147.68 万人，到 9 月份已减至 142.54 万人，整体呈下降趋势，建筑企业的参保扩面压力较大。

二是各部门对政策的接纳有一定的调整周期。在《意见》下发前，四部委中，尤其是人社和住建部门对建筑业的职业风险和工伤保险都一套运行多年的管理办法，其中一些做法与《意见》规定不尽相同。《意见》下发后，各相关部门都涉及思想转变、政策转化、管理方式转换的一系列问题，对于这些问题的解决需要一定的时间，这也是实施效果没有在当期反映的一个原因。由于有的地区部门间存在认识不统一、沟通协调不顺的问题，导致行动滞后，进展较慢，影响了建筑业参加工伤保险整体工作的推动。

三是部分地区部门间信息不畅通，造成参保底数不清，扩面无法及时跟进。建筑行业的参保扩面需要多部门、多环节的配合，目前部分地区多部门的合作机制依然没有完全建立，尤其是信息的交流、共享问题还没有解决。社会保险机构对开工的项目、用工人数不掌握，造成报表数据与调查摸底、社会保险统计报表数据不一致等问题。

四是建筑行业工伤保险参保政策及管理有待于进一步完善。首先是有些政策需进一步理顺和细化。例如：部分地区住建部门认为以工伤保险参保证明作为施工许可证发放前提，实际上是在设立行政许可前置条件，与现行《建筑工程施工许可管理办法》（住建部令第 18 号）第四条规定的条件事项不符。一些省份原住建和保监部门联合下发的有关建筑施工企业参加商业保险文件仍然有效，出现了文件“打架”现象；再如超龄农民工的参保问题、按项目参保的待遇计发基数问题、是否可以一次性领取待遇等问题，还需要在政策上给予进一步明确。其次是管理的规范性和灵活性的平衡问题还没有处理好。如动态实名制的管理问题，如何在工伤保险制度管理框架下，针对部分建设项目管理不规范、用工流动性大的现实情况，解决无法及时申报、变更职工花名册的问题。再次是在劳动关系确定、工伤认定和待遇申领方面有待于程序进一步简化。最后是部分省市对以建设项目参保的信息系统有待研发和完善。

五是在建项目参保扩面工作难度大。一些在建项目在建筑业参加工伤保险政策实施前已经获得项目建设许可证，并按照住建部门的有关规定购买了商业保险。对于这类企业参保扩面的难度很大，也缺少相关的制约手段。

四、进一步推进建筑业参加工伤保险工作的政策建议

在对《意见》贯彻实施一年的情况分析基础上，建议下一步推进建筑业参加工伤保险工作可采取“确保新建项目全员参保，逐步纳入在建项目参保”的工作思路，以“重点城市、重点项目、重点人群”为抓手，加强部门间合作，完善各项政策和管理措施，加大监督检查力度，促进“同舟计划”的顺利完成，充分保障建筑业从业人员的工伤保险权益。

（一）进一步加大政策宣传力度，提高建筑施工单位及农民工的维权意识

针对建筑施工单位以及农民工自身特点，积极探索普法宣传教育的新思路、新方法，以增强用人单位依法为农民工参保的意识。同时，使更多的农民工了解工伤保险、劳动仲裁、民事诉讼等相关法律知识以及所享有的合法权益，提高农民工运用法律武器维护自身合法权益的能力。

（二）进一步加强沟通协调，认真落实按建设项目参保的各项政策措施

一是人社部门要加强与住建等相关部门协作，以新开工项目作为参保扩面的重点，通过对未参保的建筑企业不得发放施工许可证这一有力制约手段，加大落实建筑企业参保的工作力度。二是充分发挥工会组织和劳动保障部门的监察作用，将已经开工的建设项目作为劳动保障监察的重点之一，对多次动员仍拒不参保的项目，下达限期参保通知书，要求用人单位在限定时间内为建设项目职工办理参保手续。三是对已参保的建设项目，确保其职工在工作中受到事故伤害后，能够及时享受医疗救治、生活保障等工伤待遇。

（三）进一步创新经办管理服务方式，切实建立起建筑企业工伤保险“绿色通道”

结合建筑业特点，继续完善建筑业参保登记“一站式”服务，开辟绿色通道，加快推进信息化建设，进一步简化和细化参保登记、缴

费、工伤认定、劳动能力鉴定、待遇支付等经办管理程序和措施，提升服务水平，为建筑企业及广大职工提供便捷高效服务。

（四）建立建筑业按项目参保的信息化共享机制，提高参保扩面的准确性和效率

加强部门间信息共享机制的建设，确保新建项目开工、在建项目进度、项目用工、企业以及项目参加工伤保险、安全生产监管等信息实现相关部门间的互联互通、信息共享。通过完善的信息化工作平台，提供高效的保障服务，促进建筑企业参保，维护职工工伤权益。

（五）进一步加强对各地的业务指导和督查，以加快推动工作的开展

督促指导各地按照建筑业参保的工作要求，进一步强化推进措施，完善工作制度，形成长效机制。认真总结推广各地先进经验和做法，发挥典型引路作用，对工作推进过程中出现的困难和问题，深入分析，认真研究，及时解决，确保如期完成建筑业参保的工作任务。

（六）加快信息系统的开发建设，为建筑施工企业参保提供便捷手段

在目前部分省市按项目参加工伤保险的信息化系统尚未到位的情况下，要加快对建筑业按建设项目参加工伤保险业务模块的研发工作。各地工伤保险经办机构要根据按项目参保的业务要求，对信息系统建设提出需求，以确保建筑业按建设项目参保管理模式的顺利实施，为建筑业参加工伤保险提供优质快捷的服务。

第九篇

职业病群体工伤保障待遇问题研究[①]

职业病是因职业劳动产生的对劳动者身体的损害，其危害已被世界公认。国际劳工组织认为，职业病可夺去劳动者的生命，还会使劳动者家庭更加贫困，劳动者所在的社区也会受到影响；职业病不仅威胁企业生产效率，还给各个国家和地区的公共财政造成沉重负担。据估算，全球累计有1.6亿人患有职业病，因职业病死亡的人数是工伤事故死亡人数的6倍，每年因职业病和工伤事故造成的直接和间接经济损失约占全球GDP的4%。职业病不仅是劳动者个人及家庭的灾难性伤害，也是工业化国家面临的非常棘手的社会问题。

由于多种原因，我国每年被诊断为职业病的人数不断增加，目前累计职业病人群数量庞大，其医疗和生活保障需求非常强烈。而值得关注的是，2000年前后大量农村劳动力进入工业生产领域，有相当数

① 本报告于2013年完成。我国职业病人群规模较大，但是由于历史原因，还有一部分职业病人员没有纳入工伤保险制度，得不到应有的权益保障。对于这部分人员，现有的保障渠道无法从根本上解决其医疗和生活问题，且由于历史积存下来的职业病人员数量较多，以工伤保险基金现有的支撑能力，也无法予以全面解决。因此，本报告建议国家建立职业病专项保障基金，用以解决历史遗留下来的未参保职业病人员的工伤保障问题。

量劳动者从事接触粉尘劳动，以尘肺病发病规律推算，2010 年前后是尘肺病的高发时期。2009 年起先后出现的安徽省凤阳县农民工患尘肺病事件、河南省农民工张海超“开胸验肺”事件、云南省水富县尘肺事件等，显现出我国职业病问题的严峻性。

让人不安的是，我国职业病人群规模有多大，对其保障的经济需求是多少，现无法准确知晓。本报告力求通过多方数据的交集，对职业病人群规模尤其是对未参加工伤保险的职业病人群规模进行一个初步判断，对工伤保障的经济需求进行测算。希望通过政府、工伤保险、用人单位及社会等多方力量解决在我国经济社会转型过程中遗留的职业病问题，使所有职业病人员都能享有工伤保障权益。

一、职业病基本状况

（一）职业病问题成因

职业病与工业化生产密切相关，但由于各个时期经济建设发展方向和重点目标不同，职业病的严重性表现也不同。纵观我国经济建设发展历程，职业病高发主要表现在两个时期。

第一个高发期为新中国成立初期，即 20 世纪五六十年代。此时我国正处于大规模经济建设时期，工业生产以基本建设和重工业为主，由于生产条件落后、工艺设备简陋，患职业病的人数增多，职业病类型主要为尘肺病、职业中毒。

第二个高发期为计划经济向市场经济的转型时期，即 20 世纪 80

年代末至21世纪初。20世纪80年代，我国开始经济体制改革，从计划经济向市场经济转型和演变，我国至此进入经济快速发展时期。而这一时期也是我国工业化发展的前中期，国民经济主要以能源开发、冶金制造和基础建设为主，正是世界公认的职业危害易发时期。

由于在第一个职业病高发阶段，我国从事工业生产的人数总量不多，所以患职业病的人数相比现在要少很多。且当时主要是以国有企业为主，患职业病人员基本上都得到了企业良好的保障和照顾，总体上说这一阶段没有遗留下工伤保障不足或缺失问题。目前看，这一阶段的职业病人员都已进入高龄，现存人数越来较少，没有提出更多的工伤保障诉求。在第二阶段产生的职业病患者是目前面临的最大问题，一是由于我国进行经济体制改革后，形成多种经济形式并存，生产经营企业类型多样化也增加了对职业病人员保障的复杂性和难度。二是由于从20世纪90年代起，大量农民工进入工业生产领域从事劳动，也因此成为工伤事故和职业病的易受害群体，他们对医疗和生活保障的需求非常迫切。

（二）职业病种类及主要特点

1. 职业病的种类

职业病是指企业、事业单位和个体经济组织的劳动者在职业活动中，因接触粉尘、放射性物质和其他有毒、有害物质等因素而引起的疾病。目前，我国在《职业病目录》内的职业病有十大类115种。[①] 十大类分别是：①尘肺，有矽肺、煤工尘肺等；②职业性放射病，有外照射急性放射病、外照射亚急性放射病、外照射慢性放射病、内照射放射病等；③职业中毒，有铅及其化合物中毒、汞及其化合物中毒等；④物理因素职业病，有中暑、减压病等；⑤生物因素所致职业病，有炭疽、森林脑炎等；⑥职业性皮肤病，有接触性皮炎、光敏性皮炎等；⑦职业性眼病，有化学性眼部烧伤、电光性眼炎等；⑧职业性耳鼻喉疾病，有噪声聋、铬鼻病等；⑨职业性肿瘤，有石棉所致肺癌、间皮癌、联苯胺所致膀胱癌等；⑩其他职业病，有职业性哮喘、金属烟热等。

在我国职业病病种中占比最大的是尘肺病，可占到职业病人数总量的80%以上。尘肺是由于在职业活动中长期吸入生产性粉尘（灰尘），并在肺内潴留而引起的以肺组织弥漫性纤维化（疤痕）为主的全身性疾病。按照《职业病目录》规定，尘肺有13种：①矽肺，②煤工尘肺，③石墨尘肺，④炭黑尘肺，⑤石棉肺，⑥滑石尘肺，⑦水泥尘肺，⑧云母尘肺，⑨陶工尘肺，⑩铝尘肺，⑪电焊工尘肺，⑫铸工尘肺，⑬根据《尘肺病诊断标准》和《尘肺病理诊断标准》可以诊断的其他尘肺。

2. 职业病的主要特点

（1）潜伏期长。有些职业病，如急性职业中毒、中暑等是急性发

① 2013年12月23日，国家卫生计生委、人力资源和社会保障部、国家安全监管总局、全国总工会四部门联合印发新版《职业病分类和目录》。法定职业病由2002年《职业病目录》的115种调整为132种。

作，但多数职业病具有迟发性特点。最典型的属尘肺病，从接触粉尘性工作开始到确诊，周期较长。发病时间短则半年，长者可达20年，甚至更长，大部分人员接尘工龄在10年以上。

（2）难以治愈。尘肺病是一个没有医疗终结的致残性职业病，目前对此尚无特效药物治疗。尘肺病和事故伤的区别是，事故伤的治疗费用多发生在伤害时，后续费用较少。尘肺病的治疗费用随着病情的推进会越来越大，费用的大量支出集中在并发症的产生及病人生命的后期。

（3）劳动能力逐步丧失。尘肺病人的临床表现主要是胸闷、胸痛、咳嗽、咳痰、劳力性呼吸困难、易感冒、呼吸功能下降，严重影响生活质量，而且每隔数年病情还要升级，合并感染，最后因肺心病、呼吸衰竭而死亡。在Ⅱ期、Ⅲ期时几乎无法从事体力劳动，劳动能力基本丧失，因此患者也就没有了获取经济收入的能力。

（三）职业病人群数量

关于我国职业病人员数量的全口径统计，官方渠道主要是来自卫生部门。卫生部门作为职业病防治的主管部门，每年向社会发布职业病新增情况和累计人数。从卫生部门报告的数据看，我国自2000年起，职业病人数呈总体上升趋势（见表9—1）。2000年新发职业病人数为1万多人，到2011年已达到近3万人。2008—2011年更是快速上升，2008年新发职业病人数为13 744人，2009年为18 124人，2010年为27 240人，2011年为29 879人。2011年比2008年增长了一倍多。由于新发职业病人数连年上升，目前职业病人群累计数量庞大。卫生部门发布的报告显示，新中国成立以来至2012年累计报告职业病80.7万多例。

表9—1　　卫生部门历年职业病人数统计

年份	职业病新发情况（人）		尘肺病新发情况（人）	
	总人数	比上年增加数	总人数	比上年增加数
2000	11 718	—	9 100	2 725
2001	13 215	1 697	10 505	2 242
2002	14 821	1 606	12 200	1 695
2003	12 511	−2 310	8 364	−3 836
2004	11 000	546	—	—
2005	12 212	1 212	9 173	—
2006	11 519	−693	8 783	−390
2007	14 296	2 777	10 963	2 180
2008	13 744	−552	10 829	−134
2009	18 124	4 380	14 495	3 666
2010	27 240	9 116	23 812	9 317
2011	29 879	2 639	26 401	2 589

注：根据历年卫生部门“全国职业病报告”整理统计。

对于卫生部门发布的职业病报告人数，许多专家认为偏低，实际病例要远远高于报告数字。理由是目前我国国企与外商投资企业的职业健康检查覆盖率仅为30%左右，中小企业约为3%，职业健康监护平均覆盖率不到10%。现在发布的职业病新发病例数是从小范围的职业健康监护中发现的，基本属于抽样调查数据，所以报告人数不是真实情况的反映。有专家估计实际尘肺病发生数比报告数要多10倍，也有专家估计我国尘肺病实际发生病例数不少于100万例。但较为一致的观点认为，我国患有职业病的人群数量大，危害严重，形势不容乐观。

由于目前没有较为准确的职业病人数统计，本文将尝试从不同角度对职业病人群规模进行推算。

第一种方法——以职业病报告数据为依据进行推算。

国家安全监管总局2012年报告的全国累计职业病人是80.7万多例，其中尘肺病72.7万多例，职业中毒5万多例。我国的职业病中最主要病种有两类，一是尘肺病，二是职业中毒。由于我们关注的是职业病人群的后期保障问题，而职业中毒多是即时发作，潜伏期很短，其医疗、生活保障等问题，可视为在当时已经解决，所以本报告在对职业病群体规模作推算时，把职业中毒人数忽略不计。笔者认为存在后期保障问题的主要是尘肺病人群。以此思路，按卫生部门及安全监管部门的统计口径推算，我国职业病人数规模约为60万人。由于卫生部门的报告数据是以诊断结果为依据，基本是准确的。但这个数字是从小范围监控得来，可以说是最真实的，也是最保守的数字。

第二种方法——以煤矿行业的调查数据为依据进行推算。

从2011年中国职业安全健康协会对北京、山东、辽宁、安徽、湖南、山西、河北、重庆等8个省市的14个国有重点煤炭企业和部分地方国有煤矿及乡镇煤矿的调研结果看，煤矿职工尘肺病检出率是：国有重点煤矿为6.7%，地方煤矿为7.4%，乡镇煤矿为7.5%。如果按照国家要求的体检比例，对全国煤矿265万接尘人员进行体检和诊断，按上述检出率推算，每年尘肺病检出人数高达5.7万人[①]。而有数据显示，煤炭行业尘肺病人占每年全部尘肺病人的一半。以此推算，全国每年新发尘肺病人为11.4万人左右。这个数字高于同期卫生部门的职业病报告人数（29 879人）的3.8倍。我们把卫生部门报告的累计尘肺病人数同比例放大，得出截至2012年全国尘肺病人数推算总量为219万人左右（计为220万人）。

由于社会上普遍认为卫生部门报告的数据偏小，本文想通过其他路径，尝试推算一下实际可能存在的职业病规模。煤炭行业是尘肺病的高发地，以煤炭行业为基数进行推算所得出的结果，一定程度上可以窥视出职业病（特别是尘肺病）的人群规模状况。所以，通过不同角度的推算及综合分析，本报告初步认为我国从新中国成立起至今累计职业病人群规模在220万人。

（四）我国职业病的分布特征

1. 尘肺病是患病人员最多的职业病病种

随着现代矿山的开采、石材的采集加工、铸造、石棉加工等行业的发展，工人接触粉尘的机会越来越多，尘肺病已经成为损害劳动者身体健康的主要职业病病种，有数据显示发病比例占职业病总人数的80%左右。2010年，我国报告尘肺病例数是职业病报告总例数的87.42%。尘肺病以煤工尘肺、矽肺最为严重，尘肺病患者中有半数以上为煤工尘肺。

① 根据中国职业安全健康协会调查数据推算所得。

2. 农民工是最大的职业病人群

国家统计局调查，全国农民工总数为2.2亿人，其中在本乡镇以外就业的农民工数量为1.4亿人。农民工群体从事的多是小煤矿、小采石场、小化工厂等高度危险、职业病危害严重的工作，所处的工作环境防护条件较差，工作现场缺乏必要的、有效的职业病防护设施和设备；同时，用人单位对国家的职业病防治法律法规认识不足，农民工普遍缺乏相应的职业病防护意识和技能，导致农民工群体职业病高发。北京义联劳动法援助与研究中心（以下简称为“义联”）2011年进行的职业病调查显示，职业病患者中绝大多数为农民工，占到总体的84.3%。据长沙市疾控中心职业病防治所对全市职业病诊断情况统计，农民工占报告人数的80%以上。另据国有煤矿农民工尘肺病发病状况调查表明，接受健康检查的农民工患病率高达4.74%，最短患病工龄只有1.5年，平均为6.69年。与正式职工发病最短工龄25年，发病率0.89%的数字相比，农民工职业病具有发病工龄短、患病率高的特点，其职业病以尘肺病最多，其次为职业中毒。

3. 煤炭和有色金属行业是职业病的高发行业

我国职业病主要分布在煤炭、有色金属、冶金、机械、建材、轻工等工业行业。从2010年职业病报告数据看，煤炭和有色金属行业报告职业病病例数分别为13 968例、2 258例，占全国报告职业病病例数的六成。上述两个行业是目前职业病的高发行业，其中煤炭行业列首位，其新发职业病占到全国新发职业病总数的51.3%。在23 812例尘肺病新病例中，94.21%的病例为煤工尘肺和矽肺，分别为12 564

例和9 870例；57.75%的病例分布在煤炭行业。我国煤炭行业职业病高发，主要原因是多数煤矿井下粉尘浓度严重超标，而且采煤综合机械化程度不高，致使每年有大量职工患上尘肺病。全国总工会2010年对新生代农民工状况调查显示，有34.7%的调查对象是在有粉尘污染的环境中工作，在这些人当中，只有27.2%的人获得了雇主提供的防尘用具。20世纪90年代，我国煤炭价格大幅上涨，吸引了大批人员就业。而这一时期乡镇集体煤矿也大量发展，许多煤炭企业单纯追求经济效益，不重视安全生产，不重视劳动保护，导致出现大量尘肺病人。

4. 中小型企业是职业病的高发区

从2010年工业企业的普查数据看，私营企业吸纳工业就业人口占到全部工业就业人口的45%。我国中小私企多数是劳动力密集企业，生产工艺一般，不可能实现大规模机械化，有很多是手工操作，造成接触职业危害的概率高，而中小型企业安全生产意识淡薄，对其安全生产监管不足，使中小企业成为职业病的重灾区。2011年义联职业病抽样调查结果显示，小型企业、中型企业、大型企业患职业病比例分别为50.7%、29.1%、20.3%。其中，中小型企业患病人数占到全部企业的80%。

二、职业病人群的待遇保障情况

目前职业病人员解决患病后的医疗及生活保障问题的渠道大体有四种，一是享受工伤保险待遇；二是由用人单位解决医疗及生活保障问题；三是通过医疗保险和新农合解决医疗费问题；四是按照《职业病防治法》规定向民政部门申请医疗救助和生活补助。其中，后三种为未参保职业病人员解决医疗和生活问题的主要渠道。在无法通过上述渠道解决保障问题的情况下，有部分职业病患者是自己承担医疗等费用。

（一）职业病人群的保障渠道

1. 享受工伤保险待遇

我国工伤保险制度从 2004 年全面实施，截至 2012 年参保人数已达 19 010 万人。享受工伤保险待遇的职业病人数逐年上升，2003 年为 2.8 万人，到 2012 年享受待遇人数达到 10.64 万人，人数增长了近 4 倍，平均每年增长近 8 000 人，越来越多的职业病人员得到了制度保障。

职业病患者在工伤保险制度中可以得到长期、良好的保障。按照《工伤保险条例》规定，因职业病产生的医疗费及治疗过程中的伙食费、异地就医的交通费均由工伤保险基金支付。同时根据职业病病情的严重程度给予相应的经济抚恤。近年来，工伤保险出台了一系列政策规定，进一步明确对职业病人员的保障。2010 年开始，通过工伤保险基金调剂、企业趸缴部分费用和政府财政补助“三家抬”等办法，将全国 312 万国有企业“老工伤”人员等纳入工伤保险统筹管理，其中原由国有企业管理的职业病人员也一并纳入，“老工伤”人员的工伤保障从单位责任转为社会责任，从根本上解决了国有企业工伤的历史遗留问题，进一步保障了国有企业职业病人员的医疗和生活保障问题。2013年人力资源和社会保障部发布了《关于执行〈工伤保险条例〉若干问题的意见》(人社部发〔2013〕34号)，规定退休后或离岗后诊断为职业病的，应被认定为工伤并享受所有待遇，切实保证了职业病人员得到稳定的医疗和生活保障。

但是从表9—2的数据中可以看出，职业病新发人数与享受工伤保险待遇人数不是同步增长的，享受待遇职业病人数大大低于新发人数，而且近些年来享受工伤保险待遇新增人数占职业病新发人数的比例有逐步减少趋势，说明有一半左右新确诊的职业病患者没有得到工伤保险制度保障。

表9—2　　职业病新发人数与享受工伤保险待遇人数情况

年份	享受工伤保险待遇的职业病总人数(万人)	享受工伤保险待遇新增人数(人)		卫生部门报告职业病新发人数(人)
			新增人数占新发人数比(%)	
2006	4.7	—	—	11 519
2007	5.6	8 668	60.6	14 296
2008	6.29	6 900	50.2	13 744
2009	7.17	8 800	48.5	18 128
2010	8.13	9 600	35.2	27 240
2011	9.24	11 100	37.1	29 879

2. 由用人单位解决医疗及生活保障问题

通过调查，我们了解到未参加工伤保险的职工一旦诊断为职业病，首先会向用人单位主张医疗和经济赔偿。但由于政策规定用人单位要按照《工伤保险条例》的待遇标准支付职工相应待遇，部分用人单位（尤其是中小企业）为了逃避职业病的经济赔偿责任，往往会使用各种不良手段，如辞退疑似职业病职工、利用诉讼程序拖垮职业病职工、拒不执行判决或裁定、注销公司以转移资产等，置职业病职工于无助境地。

即使职业病职工获得赔偿，很少有单位会按照《工伤保险条例》规定的待遇标准赔付，多数是采取一次性赔偿方式，而且给付标准过低，难以维持职业病职工的后续医疗和生活。义联抽样调查显示，平均每名职业病职工获得的一次性赔偿为 9 万元，近八成领取者表示这一数额不足以解决患病后的治疗和生活问题，近半的领取者认为最多仅够维持两年。

3. 通过医疗保险和新农合解决医疗费问题

广州市、常德市等地规定，没有参加工伤保险，且无法确定用人单位的职业病人员的治疗费用可纳入医疗保险、新农合报销范围，以此解决职业病人员的医疗费问题。但由于医疗保险、新农合需要个人承担一定比例的医疗费用，和工伤保险的医疗待遇水平有一定差距，给个人造成了一定的经济负担。为此广州市规定，家庭经济困难的职业病人员因个人负担医疗费用较大，影响其基本生活的，可申请临时医疗救助。目前此种规定在部分地区探索实施，一定程度上解决了该地区职业病人员的医疗问题，但是对于职业病人员的医疗费从医疗保险基金中支付目前存在异议[①]，而且通过医疗保险只能解决职业病人员的医疗费，无法解决其后续生活保障问题。

4. 向民政部门申请医疗救助和生活补助

2011年新修订的《职业病防治法》第六十二条规定："用人单位已经不存在或者无法确认劳动关系的职业病病人，可以向地方人民政府民政部门申请医疗救助和生活等方面的救助。地方各级人民政府应当根据本地区的实际情况，采取其他措施，使前款规定的职业病病人获得医疗救治。"这是针对职业病人员因无法确定劳动关系而得不到保障进行的一项法律性规定，也是建立了一个新的保障渠道。但是由于该条款许多细则没有明确，目前可操作性不强。例如，申请民政救济的劳动者是否需事先通过法律途径，以证明劳动关系无法得到支持或用人单位不存在。再如，对于劳动者患有职业病情况的认定，是否需要严格的职业病诊断。对于第一个问题，"无法证明劳动关系或者用人单位不存在"的规定较为笼统，不能明确是依据劳动者口头陈述，还是劳动者必须申请劳动争议仲裁、诉讼但最终其劳动关系的主张不能得到支持。对于第二个问题，申请人如何证明自己是"职业病人"？如果要求正规的职业病诊断证明，这条规定则形同虚设，因为在目前的职业病诊断体系中，法定意义上的职业病需在存在劳动关系的前提下进行诊断。即使解决了上述问题，民政部门的医疗救助也非常有限，很难满足职业病人员的长期医疗与康复需求。

① 全国人大常委会委员郑功成表示，"医疗保险是所有参保人员缴费形成的公共基金。用这笔钱治疗职业病，等于让其他参保人替雇主承担责任，这是不合理的。"

上述渠道中后三种渠道是未参保的职业病人员解决待遇保障的主要途径。从实际情况看，未参保的职业病人员首先是依靠单位解决医疗和生活费问题，而那些无法确认用人单位的未参保职业病人员只能自己承担治疗费用。对于多数是农民工的未参保群体来说，单位和个人保障的渠道和方式非常脆弱，无法保证其正常的医疗和基本生活。义联抽样调查显示，职业病人员平均年龄为37.5岁，70.2%为尘肺病，66.7%的职业病发生在民营企业，近四成的职业病人员没有获得任何赔偿，不得不自己承担病后的医疗费用。而劳动者一旦诊断出尘肺病，会因逐步丧失劳动能力失去经济收入。为了减少生活成本，很多人选择了返乡，但即使维持最低的医疗和生活水准，个人、家庭乃至家族也不堪重负。

（二）未参保职业病人群获取待遇保障的难点分析

1. 用人单位逃避责任，不配合提供材料

按照现行政策规定，职业病诊断和单位赔偿责任是关联的。如果职工被诊断为职业病，单位要承担相应的经济赔偿责任，因此许多单位，尤其是民营中小型企业会想尽各种办法阻止职工进行职业病诊断。而目前政策规定是，劳动者申请职业病诊断需要提交职业史、职业病危害接触史和现场危害调查和评价，以及临床表现和辅助检查结果等材料，这些材料的获取需要用人单位的支持和配合。但如果用人单位提供这些材料，实际上是“自证其罪”，尤其是未参保单位要承担全部经济赔偿责任。通常情况下未参保单位不会配合提供相关材料，导致劳动者很难备齐职业病诊断的申请材料，这是未参保的职业病人员共同面临的困境。义联抽样调查显示，48%的职业病人员曾经因为材料不齐全而被职业病诊断机构拒绝受理。

2. 就业流动频繁，无法确认责任单位

我国从 20 世纪 80 年代末、90 年代初开始出现进城务工人员，并不断形成庞大的农民工队伍，而农民工又是受职业病危害的最大受害群体，这主要是由于他们绝大多数在不规范企业用工，没有岗前、岗后体检，且就业流动性大，很难确定用人单位的责任。湖南省常德市 2012 年统计，累计诊断职业病人员 8 000 多人，现有 6 000 余人在世，其中 3 000 多人未参加工伤保险或无法确认用人单位，且已丧失或部分丧失劳动能力。虽然政策规定，以就业者发现职业病时的用人单位为责任单位，但由于没有任何证据证明是在该用人单位致病的，因此用人单位会想尽办法推脱责任，不惜进行法律诉讼，导致职业病人员难以得到工伤赔偿。另一种情况是，由于职业病，尤其是尘肺病具有迟发性特点，一旦职工查出患病，若曾经就业的企业已不存在，也无法找到赔偿的责任主体。

3. 维权程序烦琐，增大维权成本

维权程序繁琐是职业病人员遇到的又一大障碍。职业病维权程序最多可有 12 项，耗费时间长。劳动关系证明是很多职业病人员维权最先面临的问题。义联抽样调查显示，超过 1/4 的职业病人员为证明劳动关系提起了劳动诉讼（目前劳动关系争议实行的是一裁两审制）。但在提出职业病诊断申请的人员中，48%曾经因为材料不齐全而被职业病诊断机构拒绝受理过，其中因为缺少劳动合同、职业史证明而被拒绝的达到83%。在确认劳动关系后，职业病人员还需经历职业病诊断（与鉴定）、工伤认定（行政复议、行政诉讼一审、二审）、劳动能力鉴定（再鉴定），才能最终进入涉及工伤赔付的程序（劳动仲裁、民事诉讼一审和二审），有的还需要等待漫长的执行过程。然而，程序的各个阶段都有可能因为有关部门没有按时办理而被延长。因此对于职业病人员来说，维权之路漫长而又困难重重。

三、未参保职业病人群对保障资金的需求

本报告中未参保职业病人数的计算方法是，职业病人群规模减去已参保的职业病人数。职业病人群规模以本报告中推算的数据为准，参保的职业病人数以2012年享受工伤保险待遇的10.64万人（为了便于计算，计为10万人，下同）为准[①]。为了使对职业病人群规模的估算更具有客观性，本报告分别以小口径50万人（60万－10万）、大口径210万人（220万－10万）为基数，以《工伤保险条例》规定的待遇为标准，对上述未参保的职业病人群的保障资金需求进行测算。

（一）职业病人员可享受的工伤保险待遇

《工伤保险条例》规定，职业病患者和事故伤害的工伤人员享受的

①　有些省市同志提出职业病享受待遇人数不等同于职业病人参保人数，享受待遇人数要小于参保人数。从地方经验看，2012年全国享受待遇人数10.64万人，要小于实际纳入工伤保险的职业病人数。由于信息统计时，没有对参保人中职业病人数量进行单独统计，现无法得到全国的参保职业病人数，也无法确定职业病享受待遇人数与职业病人参保人数的比例。为此，课题组最终选择使用职业病享受待遇人数作为分析和推算的依据。

待遇项目和水平是相同的。主要有四大类：一是医疗待遇；二是伤残待遇；三是工亡待遇；四是工伤康复待遇。表9—3所示为工伤保险待遇项目及标准。

表9—3　　工伤保险待遇项目及标准

项目		具体标准
医疗待遇	医疗费	治疗工伤所需费用符合工伤保险标准的，从工伤保险基金支付
	住院伙食补助费	由各省市自定标准，从工伤保险基金中支付
	异地就医交通、食宿费	由工伤保险基金按标准支付
伤残待遇	一次性伤残补助金	一至十级伤残分别为本人工资27个月至7个月不等
	伤残津贴	一至六级伤残分别为本人工资的90%、85%、80%、75%、70%、60%不等，按月发放
	护理费	生活不能自理的工伤职工在停工留薪期需要护理的，由所在单位负责 评残后的护理费从工伤保险基金按月支付，标准分别为统筹地区上年度职工月平均工资的50%、40%、30%
	辅助器具配置费	经劳动能力鉴定委员会确认，可安装。所需费用按国家标准从工伤保险基金中支付
	一次性工伤医疗补助金	由工伤保险基金支付，标准由各省级政府规定
	一次性伤残就业补助金	由用人单位支付，标准由各省级政府规定
工亡待遇	一次性工亡补助金	标准为上一年度全国城镇居民人均可支配收入的20倍
	供养亲属抚恤金	配偶每月40%，其他亲属每人每月30%，孤寡老人或者孤儿每人每月在上述标准的基础上增加10%
	丧葬补助金	6个月统筹地区上年度职工月平均工资
工伤康复		已开展医疗康复、职业康复，符合规定的项目费用由工伤保险基金支付

（二）未参保的职业病人员的待遇需求测算

1. 职业病人数

在不考虑新增职业病人数的情况下，由于自然死亡减员①，小、大口径的职业病人数在 2013 年至 2022 年逐年减少：①小口径，由 50 万人降至 2022 年的 34.7 万人；②大口径，由 210 万人降至 2022 年的 145.6 万人。详见表 9—4、表 9—5。

表 9—4　　2013—2022 年职业病人数

人数（万人）	年份									
	2013	2014	2015	2016	2017	2018	2019	2020	2021	2022
小计	50.0	48.3	46.6	44.9	43.1	41.4	39.7	38.0	36.3	34.7
1～4 级	21.5	20.4	19.4	18.3	17.2	16.2	15.2	14.2	13.2	12.3
5～6 级	7.0	6.8	6.5	6.3	6.0	5.7	5.5	5.2	5.0	4.7
7～10 级	9.0	8.8	8.5	8.3	8.0	7.8	7.5	7.2	7.0	6.7
无等级	12.5	12.4	12.2	12.1	11.9	11.7	11.5	11.3	11.1	10.9

表 9—5　　2013—2022 年职业病人数

人数（万人）	年份									
	2013	2014	2015	2016	2017	2018	2019	2020	2021	2022
小计	210.0	202.9	195.7	188.5	181.2	173.9	166.7	159.6	152.5	145.6
1～4 级	90.3	85.8	81.3	76.8	72.4	68.1	63.8	59.7	55.6	51.7
5～6 级	29.4	28.4	27.3	26.3	25.2	24.1	23.0	21.9	20.9	19.8
7～10 级	37.8	36.8	35.8	34.8	33.7	32.6	31.5	30.4	29.3	28.2
无等级	52.5	51.9	51.3	50.6	49.9	49.2	48.4	47.6	46.7	45.8

① 根据卫生部门职业病报告数据推算，职业病死亡率为 3.38%。

第一套参保方案是全部未参保职业病人员在2013年一次性纳入。2013年至2022年参保职业病人数则为当年职业病人数。详见表9—4、表9—5。

第二套方案是未参保职业病人员分10年逐步纳入。2013年起每年纳入10%的人员，到2022年全部纳入工伤保险制度。此时，由于纳入人数逐年扩大，小、大口径下参保职业病人数在2013年至2022年均逐年增加：①小口径下，由5万人增加到2022年的34.65万人；②大口径下，由21万人增加到2022年的145.55万人。详见表9—6、表9—7。

表9—6 2013—2022年参保职业病人数（小口径，第二套方案）

人数（万人）	年份									
	2013	2014	2015	2016	2017	2018	2019	2020	2021	2022
小计	5.00	9.66	13.98	17.95	21.57	24.85	27.79	30.40	32.68	34.65
1～4级	2.15	4.09	5.81	7.32	8.62	9.72	10.63	11.36	11.92	12.32
5～6级	0.70	1.35	1.95	2.50	3.00	3.44	3.84	4.18	4.47	4.71
7～10级	0.90	1.75	2.56	3.31	4.01	4.66	5.26	5.80	6.28	6.72
无等级	1.25	2.47	3.66	4.82	5.94	7.02	8.06	9.06	10.01	10.91

表9—7 2013—2022年参保职业病人数（大口径，第二套方案）

人数（万人）	年份									
	2013	2014	2015	2016	2017	2018	2019	2020	2021	2022
小计	21.00	40.58	58.71	75.39	90.60	104.37	116.71	127.66	137.26	145.55
1～4级	9.03	17.16	24.38	30.72	36.20	40.83	44.66	47.72	50.06	51.73

续表

人数（万人）	年份									
	2013	2014	2015	2016	2017	2018	2019	2020	2021	2022
5～6 级	2.94	5.67	8.20	10.50	12.59	14.46	16.11	17.54	18.77	19.79
7～10 级	3.78	7.36	10.74	13.91	16.85	19.58	22.07	24.34	26.39	28.21
无等级	5.25	10.38	15.39	20.25	24.96	29.50	33.87	38.05	42.04	45.82

2. 保障费用需求

按第一套参保方案，由于 2013 年全部参保，当年需要支付全部参保人员一次性伤残补助金而导致总费用较高，小、大口径下费用分别为 437.7 亿元、1 838.2 亿元；2014 年保障费用需求则大幅度降低，约为 2013 年的 50%；2014 年后保障费用需求保持适度增长，年均增长率为 5.55%；2014 年后保障费用需求中，资金量最大的 4 项依次为医疗费、抚恤金、伤残津贴、护理费。小、大口径下费用差别主要是由于人数造成的，总费用及分项费用均遵从 5∶29 的关系。详见表 9—8 至表 9—9。

表 9—8　2013—2022 年参保职业病人员总费用（小口径，第一套方案）　单位：亿元

项目	年份									
	2013	2014	2015	2016	2017	2018	2019	2020	2021	2022
小计	437.7	231.0	245.9	261.1	276.5	292.2	308.0	324.0	339.9	355.9
医疗费	68.8	72.2	75.6	79.1	82.6	86.1	89.6	93.1	96.6	100.1
一次性伤残补助金	221.2	0.0	0.0	0.0	0.0	0.0	0.0	0.0	0.0	0.0
伤残津贴	53.8	57.1	60.3	63.6	66.7	69.8	72.8	75.6	78.3	80.7

续表

项目	年份									
	2013	2014	2015	2016	2017	2018	2019	2020	2021	2022
护理费	29.5	31.3	33.1	34.9	36.7	38.4	40.0	41.5	43.0	44.3
丧葬费	3.2	3.7	4.1	4.6	5.1	5.7	6.2	6.8	7.5	8.1
工伤康复费用	2.7	3.6	4.6	5.8	7.1	8.5	10.0	11.7	13.6	15.5
抚恤金	52.1	56.3	60.6	65.1	69.8	74.7	79.7	84.8	90.0	95.4
住院伙食补助	6.4	6.9	7.4	8.0	8.5	9.1	9.7	10.4	11.0	11.7

表 9—9　　2013—2022 年参保职业病人员总费用
（大口径，第二套方案）　　单位：亿元

项目	年份									
	2013	2014	2015	2016	2017	2018	2019	2020	2021	2022
小计	1 838.2	970.2	1 032.6	1 096.4	1 161.4	1 227.2	1 293.8	1 360.7	1 427.7	1 494.7
医疗费	289.1	303.3	317.7	332.2	346.8	361.4	376.2	390.9	405.7	420.4
一次性伤残补助金	928.9	0.0	0.0	0.0	0.0	0.0	0.0	0.0	0.0	0.0
伤残津贴	225.8	239.6	253.4	267.0	280.3	293.3	305.7	317.6	328.7	339.0
护理费	124.1	131.6	139.2	146.7	154.0	161.1	168.0	174.5	180.6	186.3
丧葬费	13.6	15.3	17.3	19.3	21.5	23.8	26.2	28.8	31.4	34.2
工伤康复费用	11.2	15.1	19.4	24.3	29.7	35.6	42.1	49.2	56.9	65.3
抚恤金	218.7	236.3	254.6	273.6	293.3	313.6	334.6	356.1	378.1	400.6
住院伙食补助	26.8	28.9	31.1	33.5	35.9	38.4	40.9	43.6	46.3	49.0

按第二套参保方案，覆盖面逐年扩大，每年均有新增参保人员，一次性伤残补助金在逐年支付，不像第一套方案集中在 2013 年一年支付，因而各年保障费用需求保持适度增长。小口径下保障费用需求由

2013 年的 43.8 亿元增加到 2022 年的 391.3 亿元，大口径下保障费用总需求、分项需求较小口径下需求扩大 4.2 倍。详见表 9—10、表 9—11。

表 9—10　　2013—2022 年参保职业病人员总费用（小口径，第二套方案）　　单位：亿元

项目	年份									
	2013	2014	2015	2016	2017	2018	2019	2020	2021	2022
小计	43.8	69.8	98.9	131.0	166.4	205.0	246.8	291.8	340.0	391.3
医疗费	6.9	14.4	22.7	31.6	41.3	51.6	62.7	74.5	86.9	100.1
一次性伤残补助金	22.1	23.6	25.1	26.6	28.1	29.7	31.1	32.6	34.0	35.4
伤残津贴	5.4	11.4	18.1	25.4	33.4	41.9	51.0	60.5	70.4	80.7
护理费	3.0	6.3	9.9	14.0	18.3	23.0	28.0	33.2	38.7	44.3
丧葬费	0.3	0.7	1.2	1.8	2.6	3.4	4.4	5.5	6.7	8.1
工伤康复费用	0.3	0.7	1.4	2.3	3.5	5.1	7.0	9.4	12.2	15.5
抚恤金	5.2	11.3	18.2	26.1	34.9	44.8	55.8	67.8	81.0	95.4
住院伙食补助	0.6	1.4	2.2	3.2	4.3	5.5	6.8	8.3	9.9	11.7

表 9—11　　2013—2022 年参保职业病人员总费用（大口径，第二套方案）　　单位：亿元

项目	年份									
	2013	2014	2015	2016	2017	2018	2019	2020	2021	2022
小计	183.8	293.2	415.3	550.4	698.9	860.9	1 036.4	1 225.5	1 427.9	1 643.4
医疗费	28.9	60.7	95.3	132.9	173.4	216.9	263.3	312.7	365.1	420.4
一次性伤残补助金	92.9	99.1	105.5	111.8	118.2	124.5	130.8	137.0	142.9	148.7

续表

项目	年份									
	2013	2014	2015	2016	2017	2018	2019	2020	2021	2022
伤残津贴	22.6	47.9	76.0	106.8	140.2	176.0	214.0	254.1	295.9	339.0
护理费	12.4	26.3	41.8	58.7	77.0	96.7	117.6	139.6	162.5	186.3
丧葬费	1.4	3.1	5.2	7.7	10.7	14.3	18.3	23.0	28.3	34.2
工伤康复费用	1.1	3.0	5.8	9.7	14.8	21.4	29.5	39.4	51.3	65.3
抚恤金	21.9	47.3	76.4	109.4	146.6	188.2	234.2	284.9	340.3	400.6
住院伙食补助	2.7	5.8	9.3	13.4	17.9	23.0	28.7	34.8	41.6	49.0

（三）工伤保险基金承受能力分析

1. 工伤保险基金收支状况

2012 年全国工伤保险基金的收支规模为 933 亿元，其中基金收入为 527 亿元，支出为 406 亿元，当期结余为 121 亿元。截至 2012 年，工伤保险基金累计结余是 737 亿元。

2. 未参保职业病人员对基金的影响

若执行第一套方案，2013 年全部职业病人员参保，工伤保险累计结余基金还不够支付小口径下职业病人员 2013 年至 2015 年三年待遇，仅能支付大口径下职业病人员 2013 年待遇的 40%。

若执行第二套方案，职业病人员逐年参保，工伤保险累计结余基金能支付小口径下职业病人员 2013 年至 2018 年六年待遇；不够支付大口径下职业病人员 2013 年至 2015 年的三年待遇。

四、对我国职业病问题的判断和基本结论

（一）历史遗留的未参保职业病人员亟须保障

由于经济社会发展等多方面原因，我国接触职业危害人数众多，在经济转型时期产生的职业病人员数量较大。根据推算，目前我国职业病人数规模在 220 万人左右。这一群体人员主要集中在非公企业，特别是中小企业及不规范企业。20 世纪 90 年代以后农民工大量进城务工，患职业病人数不断增加，目前职业病人群中农民工占比较大。

从 2012 年享受工伤待遇的职业病人员情况看，一至四级的占 43%，五至六级的占 14%，七至十级的占 18%，未评定伤残等级的占 25%。从各个等级的占比看，职业病伤残状况与事故伤害不同，完全丧失劳动能力的占比较大，说明职业病一旦被查出，往往病情较为严重，而尘肺病属不可治愈性疾病，病情随着时间推移及年龄增长不断加重，劳动能力也会丧失，这和事故伤害明显不同，也是职业病人员最需要制度性保障的主要原因。

保守估算，目前我国有 4 成左右的职业病人员是自我承担患病后医疗费及生活费用。而在自我承担费用的人员中绝大多数是农民工，其无力承受职业病带来的巨额医疗费用和生活负担，生存状况艰难。

（二）我国尚未建立稳定有效的未参保职业病人员的保障渠道

目前我国缺乏对未参保职业病人员的有效保障渠道，现有的渠道比较脆弱。首先是用人单位渠道，存在难以得到赔偿或赔偿不足问题。

二是医疗保险支付渠道，只能解决部分医疗费用问题。三是民政救助渠道，也只能以救助水平解决部分医疗费用。上述解决渠道可以说都不是解决未参保人员医疗和基本生活的最根本的方式。

另外，对于通过民政救助渠道解决找不到责任单位的未参保职业病人员的方式存在不同意见。笔者认为职业病是因工作原因造成，和职业有唯一关联性，职业病人员应得到工伤保障。按照《职业病防治法》第五十八条规定“职业病病人的诊疗、康复费用，伤残以及丧失劳动能力的职业病病人的社会保障，按照国家有关工伤保险的规定执行”。目前我国将所有未参保人员的医疗问题在统一社会救助层面解决，实际上是对未参保职业病人员应有保障权利的剥夺。而在社会救助层面解决，其待遇项目和水平较低，不足以满足职业病人员医疗和基本生活需求。

未参保的职业病人员属社会弱势群体，如果缺乏充分保障及稳定的渠道，其无法承受的医疗及生活重压必然会转化为社会矛盾，影响社会和谐稳定。因此，笔者认为目前我国还没有建立起对未参保职业病人员充分保障的渠道。对于我国来说，没有一个有效及良好的保障渠道，确实很难解决数量庞大的未参保职业病人员的医疗和基本生活需求问题。

（三）工伤保险无力吸纳未参保职业病人员

一是工伤保险遵循权利义务对等原则。未参保职业病人员虽然是因工患病，但由于不符合参保缴费的基本前提，因此也就无法享有工伤保险待遇。即使按照“老工伤”纳入工伤保险统筹管理办法解决，因无法找到作为缴费主体的用人单位，无法实施，除非是政府承担起未参保职业病人群的补、缴费责任。

二是工伤保险基金无力承担未参保职业病人员的保障负担。从2008年以来工伤保险基金收支情况看，2008年的基金支缴率为58.54%，结存率为41.46%；2011年基金支缴率为61.40%，结存率为38.60%；2012年基金支缴率为77.14%，结存率为22.86%。工伤保险基金呈上升趋势，结存率不断下降。2012年表现得尤为明显，基金收入同比增长13%，支出同比增长42%，结存率降至历年来的最低点，且这种趋势还在持续。

虽然工伤保险基金有结余，但结余分布极不均衡，80%的基金结余集中在广东、浙江、山东、辽宁、江苏等几个参保大省。具体到这几个省，各个统筹的地市基金分布也不平衡，如辽宁主要结余在大连、沈阳两个城市，阜新、朝阳等市已出现当期收不抵支现象。基金结余省份多是农民工的输入地，而农民工患病后多选择返乡居住生活，其家乡多是经济不发达地区，工伤保险基金支撑能力较弱，解决较大数量职业病人员的能力有限。而测算结果也证明即使不考虑基金结余分布不均衡的因素，仅从结余总量计算，工伤保险基金也很难承受大量的未参保职业病人员带来的巨大经济压力。

五、解决未参保职业病人员工伤待遇问题的建议

职业病问题是许多国家在经济发展时期遇到的具有普遍性的难题，

各国为此花费了很多精力，付出了巨大的经济代价去解决，至今许多国家还在为职业病“买单”。我国职业病问题较为严重，而且已经进入爆发期，需要面对并予以妥善解决。从有利于解决问题的角度及能力看，依靠单位和个人的力量是无法解决职业病带来的医疗负担和经济需求的。而工伤保险目前也不具备接纳大量未参保职业病人员的经济能力。结合我国国情，笔者建议通过多渠道，分别解决不同情形职业病人员的工伤保障问题。

（一）加快推进工伤保险全覆盖，使所有职业劳动者享有制度保障

一是通过不断扩大工伤保险覆盖范围，使所有职业劳动者纳入工伤保险，以减少制度外职业病人群数量，尽可能使新发生的职业病人员都得到工伤保险制度保障。二是强化依法参保，尽快实现应保尽保。重点推进中小型企业、非国有煤炭企业参保，继续抓好农民工参保，将职业病发生率高的单位和职工纳入工伤保险制度。三是解决好集体企业遗留下来的“老工伤”问题，将国有、集体企业的“老工伤”全部纳入工伤保险统筹管理。

（二）加强用人单位责任监管，使其承担起法律赋予的未参保职工的工伤保障责任

根据法律规定，进一步明确用人单位对未参保职工的工伤赔偿责任。加强宣传教育，告知用人单位和职工的工伤保险权利和义务，及未参保单位的工伤赔偿责任。加强劳动监察，对于未能履行或未完全履行工伤赔偿责任的单位依法从严处理。

（三）以政府为主导，解决无用人单位的未参保职业病人员的保障问题

1. 保障对象——已经诊断为职业病，但没有参保，也无法确认用人单位的人员

职业病人群是一个特殊群体，罹患职业病和职业劳动有着密不可分的关系，对于这部分人的保障不应由个人及家庭承担。在没有有效保障渠道的情况下，职业病人员最终的保障责任应由国家承担。政府应建立一个特别的保障网，以使没有参加工伤保险及无法确定用人单位的职业病人员可以得到一定的工伤保障。

2. 保障方式——通过建立“职业病专项保障基金”解决

目前我国从法律上已经建立了无用人单位的未参保职业病人员的救助渠道，即通过民政救助予以解决。笔者认为对职业病人员的民政救助不应按照对一般社会成员的救助思路和水平进行设计，建议国家建立“职业病专项保障基金”，专门用于解决未参保职业病人员的医疗救治和生活保障问题。该基金主要由财政资金构成，也可吸纳社会捐资，以保证“职业病专项保障基金”有足够的经济能力承担起未参保职业病人员的保障责任。

3. 保障水平——保障医疗救治和基本生活

对于未参保职业病人员主要解决两个问题，一是医疗问题；二是生活保障问题。关于医疗保障可按照《工伤保险条例》标准，支付抢救治疗费用。生活保障以维持基本生活水平为原则，达到伤残等级的可参照《工伤保险条例》的标准给付生活津贴，也可根据各地实际情

况支付生活补助金。由于“职业病专项保障基金”不同于工伤保险基金，建议不支付类似工伤保险待遇中的一次性伤残抚恤金。这样既可以使未参保职业病人员得到医疗救治和基本生活保障，也可以避免两项不同制度若待遇一致造成不积极参加工伤保险的负面导向作用。

（四）疏通社会救助渠道，确保所有职业病人员都可以得到必要的医疗救治和最低生活保障

由于目前未参保的职业病人员生活状况普遍不是很好，即使有工伤保险、用人单位支付的待遇及国家专项救助，但有一部分人员生活依然很贫困。为此，应搭建或疏通保障与救助的通道，使享受了工伤保险待遇等其他相关待遇后，生活依然贫困的职业病人员及家庭，可继续申请民政的低保待遇，通过多层次、多渠道解决他们的基本生活问题。同时，鼓励非政府组织参与对未参保职业病人员的救助，从社会关爱的角度，给予职业病人员以精神抚慰和经济性援助。

（五）重视职业病预防工作，从源头控制职业病发生

要严格遵守《安全生产法》《职业病防治法》规定，强化用人单位安全生产和职业病预防责任，增强用人单位和职工对职业病的防控意识，不断改进生产设备和改善劳动条件，减少和控制引发职业病的各种不良因素，最大限度地保护广大职工的身体健康。重视职工的健康体检，做到职业病早发现早治疗。建立入职体检、离职体检的档案登记制度，做好职业健康管理，减少工伤责任纠纷。定期对高风险岗位的职工进行体检，对诊断出疑似职业病的职工要调换工作岗位，及时终止生产环境对职工身体的损害。加大对职业病危害的监管，建立重点企业职业病发病情况跟踪制度，对违反《安全生产法》和《职业病防治法》的行为要从严从重处理，对职业病高发企业通过浮动费率机制进行经济制约。

第十篇

工伤保险先行支付政策研究①

2010年10月《社会保险法》颁布，其中第四十一条规定：“职工所在用人单位未依法缴纳工伤保险费，发生工伤事故的，由用人单位支付工伤保险待遇。用人单位不支付的，从工伤保险基金中先行支付。从工伤保险基金中先行支付的工伤保险待遇应当由用人单位偿还。用人单位不偿还的，社会保险经办机构可以依照本法第六十三条的规定追偿。”第四十二条规定：“由于第三人的原因造成工伤，第三人不支付工伤医疗费用或者无法确定第三人的，由工伤保险基金先行支付。工伤保险基金先行支付后，有权向第三人追偿。”上述条款规定，开启了工伤保险先行支付的先河。此项法律条款的立法目的是为了保护职业劳动者，特别是农民工的权益，使其在遭受工伤事故时可以得到及时的医疗救治和基本的生活保障。但是，由于工伤保险先行支付在我国既无历史经验，又无实践基础，同时也是在诸多必要条件不完备的情况下诞生的，实施中此项工作进展缓慢。

① 本报告于2017年完成。报告中2014年、2015年、2016年是指案例的统计分析年度。

为了及时了解工伤保险先行支付政策的实施情况，找出该项工作进展缓慢的问题所在，本报告从案例分析入手，进行了工伤保险先行支付政策及实施情况的跟踪研究。从《社会保险法》实施起到2016年12月，共收集了各地进行先行支付的案例3 974个。通过对案例的整理和分析，完成了本报告。

一、工伤保险先行支付案例收集情况

（一）案例数量

此次跟踪研究主要收集了发生在2011年7月—2016年12月的工伤保险先行支付案例，分别在2014年、2015年、2016年进行了收集，共收集案例3 974个。其中，2014年收集案例1 445个，2015年收集案例1 807个，2015年收集案例722个。符合统计分析标准的案例为有效案例，有2 473个，其中2014年的有效案例为673个，2015年的有效案例为1 157个，2016年的有效案例为643个（见表10—1）。如果按实际年度折算，第一期案例的年度数为723个，第二期案例的年度数为1 205个，第三期案例的年度数为722个。从各省案例数量看，广东省的案例最多，其次是上海市、安徽省、山东省。另外，有11个省市（兵团）连续三年都是零报告。从案例数量比较看，2016年案例与2014年、2015年案例相比，案例数量有所减少。

表 10—1 工伤保险先行支付案例报送情况

省市	2011 年 7 月—2013 年 6 月有效案例数	2013 年 7 月—2014 年 12 月有效案例数	2015 年 1 月—12 月有效案例数
全国	673	1 157	643
北京	0	0	0
天津	0	0	4
河北	0	0	0
山西	2	0	2
内蒙古	0	0	0
辽宁	0	0	0
吉林	0	1	1
黑龙江	31	19	17
上海	30	755	3
江苏	87	0	0
浙江	4	8	33
安徽	89	27	21
福建	7	8	3
江西	0	0	14
山东	53	18	15
河南	71	31	8
湖北	0	0	0
湖南	17	0	0
广东	221	246	455
广西	20	6	2
海南	7	0	4
重庆	19	17	16
四川	1	3	5
贵州	4	6	29

续表

省市	2011 年 7 月—2013 年 6 月有效案例数	2013 年 7 月—2014 年 12 月有效案例数	2015 年 1 月—12 月有效案例数
云南	9	0	2
西藏	0	0	0
陕西	0	5	8
甘肃	0	0	0
青海	0	0	0
宁夏	0	0	0
新疆	1	7	1
新疆生产建设兵团	0	0	0

通过比较可以看出，2016 年工伤保险先行支付案例的数量没有增加反而比前一统计年度有较大幅度下降。这其中的原因是多方面的，但一定程度上可以说明 2016 年工伤保险先行支付工作没有太大进展，而且至今仍有三成左右的省市（兵团）没有全面开展先行支付工作。

（二）案例类型

按照《社会保险法》第四十一条、四十二条规定，将工伤保险先行支付案例分为三个类型，一是用人单位未依法缴纳工伤保险费且不支付待遇（以下简称“用人单位不支付”）；二是第三人不支付医疗费用（以下简称“第三人不支付”）；三是无法确定第三人。在 2 473 个有效案例中，用人单位不支付的案例有 128 个，占案例总数的 5.2%；第三人不支付的案例有 373 个，占总数的 15.1%；无法确定第三人的案例有 1 972 个，占总数的 79.7%。见表 10—2。

表 10—2 工伤保险先行支付案例类型

类型	有效案例数量			百分比		
	2014 年	2015 年	2016 年	2014 年	2015 年	2016 年
用人单位不支付	26	59	43	3.9%	5.1%	6.7%
第三人不支付	87	126	160	12.9%	10.9%	24.9%
无法确定第三人	560	972	440	83.2%	84.0%	68.4%
小计	673	1 157	643	100.0%	100.0%	100.0%

从案例类型看，2016 年案例中，用人单位不支付类型有 43 例，此类型在有效案例中的占比有所增加，2014 年占 3.9%，2015 年占 5.1%，2016 年占 6.7%。其中广东省用人单位不支付类型最多，有 17 例；其次是四川省，有 5 例；再次是天津市和贵州省，为 4 例。贵州省的用人单位不支付案例全部为职业病人员申请先行支付。2016 年第三人不支付类型有 160 例，高于 2014 年、2015 年的案例数。无法确定第三人情形的案例在三次案例报送中都是占比最大的类型，前两次占到有效案例总数的八成以上，2016 年的案例中此类案例占比不足七成，占比有所下降。

二、案例指标反映的情况

（一）人员的基本情况

2016 年的 643 个有效案例中，申请先行支付的男性职工为 370 人，占 58.4%；女性职工为 264 人，占 41.6%，男女比例为 1∶0.7。男女比例情况与前两次案例报送情况基本一致，也符合现实中的用工情况。

申请先行支付的最小年龄为 18 岁，最大年龄为 63 岁，平均年龄为 38.8 岁。以年龄段划分，18～35 岁的占 39.1%，36～45 岁的占 32.6%，45 岁以上的占 28.3%。从年龄段看，各年龄段的比例悬殊并不大，但 35 岁以下的年轻人申请先行支付的比例略高，说明各年龄段人员的自我维权意识都比较强，但年轻人对政策的理解能力更强。

从签订劳动合同的情况看，2016 年案例中有 97.2%的职工和用人单位签订了劳动合同，有 2.8%的人没有签订劳动合同。从参加工伤保险的情况看，2016 年的案例中申请先行支付的职工参加工伤保险的比例为 94.1%，与 2014 年、2015 年相比，略有下降，未参保人员申请先行支付的比例有小幅上升。见表 10—3。

表 10—3　工伤保险先行支付案例的参加工伤保险情况

类型	2014 年	2015 年	2016 年
参保	96.30%	94.60%	94.09%
未参保	3.70%	5.40%	5.91%

另外，针对目前工伤保险正在实施的"同舟计划"，笔者特别关注了建筑行业申请工伤保险先行支付的情况。在有效案例中，并没有发现典型的建筑企业用工申请工伤保险先行支付的案例，尤其是用人单位不支付的案例。有少量建筑业的劳务派遣公司申请先行支付，但均是第三人不支付或无法确定第三人的类型。到目前为止，并没有出现建筑企业用工申请先行支付的多发势态。

（二）伤害类型

此次对因工伤害类型分为两类，一是工作期间发生的事故伤，即

"三工"事故伤；二是上下班途中及因工外出期间发生的交通事故伤，即交通事故伤。在所有有效案例中，"三工"事故伤占25.3%，交通事故伤占74.7%。2016年与2014年、2015年的先行支付案例相比，"三工"事故伤明显上升（见表10—4），这与2016年未参保人员申请先行支付数量增多有一定的关系。

表10—4　工伤保险先行支付案例伤害类型情况

类型	2014年	2015年	2016年
"三工"事故伤	13.5%	10.8%	25.3%
交通事故伤	86.5%	89.2%	74.7%

（三）申请先行支付的原因

根据案例反映的情况，申请先行支付的原因主要有七种情形（见表10—5）。与2014年、2015年的情况相比，2016年由于"肇事逃

表10—5　工伤保险申请先行支付案例原因情况

序号	申请先行支付原因	2014年	2015年	2016年
1	肇事逃逸	77.7%	86.3%	73.0%
2	无财产可执行	8.5%	6.9%	17.2%
3	找不到赔偿人	5.9%	2.5%	0
4	单位关闭注销	0.9%	0.7%	0.9%
5	单位拒绝支付全部费用	1.0%	1.0%	3.3%
6	对方不支付医疗费	2.4%	1.4%	4.2%
7	其他	2.5%	1.2%	1.4%
总计		100.0%	100.0%	100.0%

逸”申请先行支付的案例仍是占比最大的，但与前两次报送情况相比，比例有所下降。值得关注的是2016年“无财产可执行”“单位拒绝支付全部费用”“对方不支付医疗费”的情形比例有所上升。

（四）申请周期

2016年的案例统计显示，职工从因工受伤（工亡）到申请先行支付的周期平均为111天，其中最短的周期为0天[①]，最长的周期为1 015天（包括劳动仲裁、法律诉讼的时间）。按时间段划分，10天以下的占2.4%，11～30天的占12.1%，30～60天的占26.4%，61～120天的占36.6%，121～365天的占16.5%，366天以上的占6%。从上述数据看，六成以上的先行支付案例是在事故发生后的1～4个月内申请完成的，这与2014年、2015年的情形大体相同。

（五）支付情况

1. 支付流程

由于在国家层面还没有工伤保险先行支付的经办流程规定，各地具体的经办流程不尽相同。天津市在实际经办中，依据《社会保险法》第四十一条和《社会保险基金先行支付暂行办法》第六条的规定审核其是否符合先行支付的条件。严格按照《社会保险基金先行支付暂行办法》的规定条件和程序进行审核和操作，明确了申请先行支付时需提供的材料，按照《工伤保险条例》的规定标准核定工伤待遇金额，核定工伤待遇后在3个工作日内用特快专递向申请人所在未缴纳工伤

① 有案例显示为当天受伤，当天申请。

保险费的用人单位发出《依法支付工伤保险待遇催告通知书》，要求用人单位在5个工作日内予以核实并依法支付工伤保险待遇，并将支付结果书面告知区社会保险分中心。告知其如在规定期限内不按时足额支付的，工伤保险基金在按照规定先行支付后，有追偿的权利。用人单位未在规定时限内将支付结果告知区社会保险分中心的，区社会保险分中心办理先行支付工伤待遇手续。区社会保险分中心将《先行支付工伤待遇核定结果通知书》书面告知待遇申请人，并将《天津市工伤保险待遇支出明细表（先行支付）》一式两份报送市社会保险中心，先行支付的工伤保险待遇支付到待遇申请人的存折账户。江西省是根据《社会保险基金先行支付暂行办法》，并参照省社会保险中心《关于规范省本级第三人责任工伤保险待遇补偿工作的通知》（赣社保中心发〔2014〕42号）规定，审核第三人伤害申请先行支付的医疗费，然后由财务作先行支付支出。重庆市按照《社会保险基金先行支付暂行办法》第八条规定，“用人单位未按照第七条规定按时足额支付的，社会保险经办机构应当按照《社会保险法》和《工伤保险条例》的规定，先行支付工伤保险待遇项目中应当由工伤保险基金支付的项目”。

2. 支付周期

支付周期是指从申请先行支付到领取待遇的时间段。2016年案例中先行支付的支付周期平均为67天，其中最短的时间为当天支付，最长的为1 319天。按时间段划分，支付周期在10天以下的占11.5%，11～30天的占27.3%，31～60天的占28.8%，61～120天的占19.8%，121～365天的占10.3%，365天以上的占2.3%。从上述数据看，工伤职工从申请先行支付到领到待遇一般在2个月以内，有四成的人在一个月内领到待遇，有七成的人在2个月以内领到待遇。可见，工伤保险先行支付待遇的支付周期大大低于申请周期。

3. 先行支付的金额

2016年的案例中，通过先行支付程序共支付工伤保险基金3 336.6万元，其中最小支付金额为110.84元，最高支付金额为157.2万元，人均支付金额约为5.2万元。工伤保险先行支付政策执行以来，根据报送案例统计，工伤保险先行支付基金共计10 881.9万元。与2014年、2015年相比，由于2016年申请先行支付的人数有所减少，总金额没有上升，但人均支付金额却有较大幅度增加，2014年约为4.0万元，2015年约为4.2万元，2016年比2015年人均多支付了1万元。

4. 分类型支付情况

2016年用人单位不支付的案例有45个，工伤保险通过先行支付支出基金1 033.6万元，人均支付约23.0万元。第三人不支付的案例有140个，工伤保险通过先行支付支出基金1 330.7万元，人均支付约9.4万元；无法确定第三人的案例有458个，工伤保险通过先行支付支出基金972.2万元，人均支付约2.1万元。从支出情况看，第三人不支付类型支付总金额最高，占总支付金额的39.9%；其次是用人单位不支付类型，占比为31.0%；无法确定第三人类型占比为29.1%。从人均支付金额看，由于《社会保险法》规定用人单位不支付类型按《工伤保险条例》待遇标准支付待遇，所以人均支付金额大大高于其他两种类型。见表10—6。

表10—6 工伤保险先行支付不同类型基金支付情况

类型	2014年	2015年	2016年	合计
用人单位不支付	721.2	2 173.1	1 033.7	3 928.0
第三人不支付	645.2	862.6	1 330.7	2 838.5
无法确定第三人	1 340	1 803.2	972.2	4 115.4
总计	2 706.4	4 838.9	3 336.6	10 881.9

2016年与2015年相比，用人单位不支付类型的案例数量有所减少，支付总金额也有所降低，这和2016年案例中用人单位不支付类型死亡案例减少有较大关系。2016年案例中第三人不支付类型数量有所增加，人均费用也有所增长，由2014年的6.8万元增加到9.4万元。

5. 因工死亡的支付情况

2016年案例中工亡有25人，工伤保险基金共先行支付1 121.2万元，人均支付44.8万元，与2015年的待遇支付水平相当。其中，用人单位不支付的工亡案例有17个，总支付金额为788.1万元，人均支付约46.4万元；第三人不支付的工亡案例有5个，总支付金额为237.6万元，人均支付约47.5万元；无法确定第三人的工亡案例有3个，总支付金额为95.5万元，人均支付约31.8万元。与2015年相比，工亡人数有所减少，基金支付总金额也有所下降。见表10—7。

表 10—7　　因工死亡情形工伤保险先行支付情况

类型	2014 年案例数（个）	2015 年案例数（个）	2016 年案例数（个）	2014 年支付金额（万元）	2015 年支付金额（万元）	2016 年支付金额（万元）
用人单位不支付	6	27	17	240.1	1 409.2	788.1
第三人不支付	7	3	5	211.7	43.6	237.6
无法确定第三人	9	4	3	267.7	60.3	95.5
小计	22	34	25	719.5	1 513.1	1 121.2

（六）个人维权

《社会保险法》第四十一条规定：“职工所在用人单位未依法缴纳工伤保险费，发生工伤事故的，由用人单位支付工伤保险待遇。用人单位不支付的，从工伤保险基金中先行支付。”第四十二条规定：“由于第三人的原因造成工伤，第三人不支付工伤医疗费用或者无法确定第三人的，由工伤保险基金先行支付。”对于“用人单位不支付”和“第三人不支付”的举证责任通常由工伤职工个人承担，工伤职工及其家属要提供相关部门的证明材料，例如法院的判决书、裁决书，公安交通部门的交通事故处理意见等具有法律效力的文书。为此，七成以上的工伤职工选择在发生事故时报警，有近二成的人通过法律诉讼获取相关法律文书，也有一部分人既有报警行为，也走了法律途径，几乎没有人选择直接向第三人进行追偿。2016 年与 2014 年、2015 年相比，通过法律途径的比例有所上涨，这与因用人单位不参保而申请先行支付的人数上升有一定的关系。

（七）经办管理

按照《社会保险先行支付暂行办法》规定，要向未参保用人单位发催告通知书，医疗费报销要求有原始单据，要提供相关部门的文件证明等。为此，通过上述指标考察各地社保经办机构开展工伤保险先行支付的管理情况，以判断管理是否符合规定，流程是否合规。从发出书面催告通知书的情况看，在有效案例中只有少数案例有发催告通知书的表述，大多数没有发出过催告通知书，这与无法确定第三人类型的案例较多有很大关系。成都市的做法是用中国邮政快递和直接送达（在用人单位地址书面张贴公告）的方式向用人单位发出书面催告通知。如用人单位拒收或查无此人，则在《四川法制日报》刊登公告，要求用人单位自公告发布之日起 7 日内到社会保险机构领取《依法支付工伤保险待遇催告书》，并依法支付工伤职工的工伤保险待遇。逾期未果，由社会保险机构向申请人发放待遇。从是否要求提供原始单据的情况看，反映出来的情况较好，操作比较规范，各地都要求工伤职工（或家属）提供原始单据。从要求提供相关部门证明文件的情况看，由于各地对处理先行支付案例持谨慎态度，在操作中都要求有据可依，所以相关部门的证明材料不可缺少。统计数据显示（见表 10—8），以交通事故认定书为依据的占比最大，达到 57.7%，其次是以公安、派出所出具的证明为依据的占 10.5%，再次是以法院判决书为依据的，占 6.8%。另外，一些地方是以上述三类证明文件的不同组合作为先行支付的依据。从上述一系列数据可以看出，各地在经办工伤保险先行支付业务时，都在力求做到合法合规、手续齐全，以避免产生职务风险。

表 10—8　　工伤保险先行支付经办的法律文件依据

法律文书	数量	百分比
交通事故认定书	340	57.7%
公安、派出所出具的证明	62	10.5%
法院判决书	40	6.8%
其他	50	8.5%
交通事故认定书＋公安、派出所出具证明	10	1.7%
交通事故认定书＋法院判决书	27	4.6%
交通事故认定书＋法院判决书＋其他	13	2.2%
交通事故认定书＋其他	5	0.9%
法院判决书＋其他	42	7.1%
小计	589	100.0%

（八）追偿情况

1. 追偿手段

在报送案例中多数地方没有对社会保险机构的追偿措施和手段进行表述，在少数有表述的案例中，申请法院强制执行的占比相对较高，主要体现在用人单位不支付的案例中。另外，要求公安部门侦查、直接向第三人追偿、提起诉讼等手段也有涉及。广东省的一个追偿成功的案例采取的做法是，第三方梁某在珠海市社会保险中心向其发出《追偿通知书》后依旧未及时偿还先行支付款项，但梁某是参保职工，在申请办理相应的社会保险业务时被发现其有未偿还款项，于是要求其先将先行支付的医疗费偿还给社会保险中心后再办理相关社会保险手续，否则将通过法律程序对其进行追偿。梁某迫于压力在事发两年后向珠海市社会保险中心偿还了先行支付的医疗费 138 759 元。

2. 追偿部门

从各地的案例看，追偿部门各有不同。一些地方是由稽核科负责追偿，一些地方由人社局负责追偿，一些地方是由医保中心负责追偿，还有一些地方是由工伤生育经办处负责追偿。在广东省，各地市负责追偿的部门也不同，有社会保险中心追偿的，有稽核科追偿的，有社会保险基金管理办公室追偿的。而有的地方没有标明具体负责追偿的部门。从追偿部门看，一是各地负责追偿工作的部门各不相同，全国不统一；二是负责追偿的部门多没有执法权，无法承担起到银行查账等工作。

3. 追偿数量及金额

在 2016 年案例中，追偿成功案例仅有 8 例（其中有 1 个广东省案例为 2015 年追偿，2016 年 1 月追偿金额实际到账），追偿成功案例占全国上报有效案例总数的 1.24%，追回金额占实际支付金额的 0.28%，即有 99.72%的先行支付基金没有被追回。2016 年追偿成功案例主要集中在广东省，有 7 例，还有 1 例在福建省。其中，有 6 个案例先行支付的基金全部追回，有 2 个案例为部分基金追回。见表 10—9。

表 10—9 2016 年工伤保险先行支付追偿金额情况表

<table>
<tr><th>省份</th><th>先行支付类型</th><th>申请支付金额（元）</th><th>实际支付金额（元）</th><th>追回金额（元）</th><th>追回比例（%）</th></tr>
<tr><td>广东省</td><td>用人单位不支付</td><td>1 600.00</td><td>1 600.00</td><td>1 600.00</td><td>100%</td></tr>
<tr><td>福建省</td><td>用人单位不支付</td><td>28 597.91</td><td>28 597.91</td><td>28 597.91</td><td>100%</td></tr>
<tr><td>广东省</td><td>第三人不支付</td><td>3 992.12</td><td>3 973.60</td><td>3 973.60</td><td>100%</td></tr>
<tr><td>广东省</td><td>第三人不支付</td><td>19 816.56</td><td>13 871.59</td><td>13 871.59</td><td>100%</td></tr>
<tr><td rowspan="2">广东省</td><td rowspan="2">第三人不支付</td><td>5 836.63</td><td>5 836.63</td><td rowspan="2">11 000.00</td><td rowspan="2">78.64%</td></tr>
<tr><td>8 603.15</td><td>8 151.70</td></tr>
<tr><td>广东省</td><td>第三人不支付</td><td>57 617.99</td><td>37 635.29</td><td>9 000.00</td><td>23.91%</td></tr>
<tr><td>广东省</td><td>无法确定第三人</td><td>23 123.68</td><td>23 123.68</td><td>23 123.68</td><td>100%</td></tr>
<tr><td>广东省</td><td>无法确定第三人</td><td>944.50</td><td>944.50</td><td>944.50</td><td>100%</td></tr>
<tr><td colspan="2">总计</td><td>150 132.54</td><td>123 734.90</td><td>92 111.28</td><td>74%</td></tr>
</table>

从先行支付政策执行的 5 年看，在全国范围工伤保险基金先行支付追偿成功案例共计有 24 例（见表 10—10），其中有 9 例是用人单位不支付的，占 37.5%，有 13 例是第三人不支付的，占 54.2%，有 2 例是无法确定第三人的，占 8.3%。从追回的金额看，5 年共计追回基金 206 万元，占先行支付基金支出（10 881.9 万元）的 1.9%，见表 10—11。

表 10—10 2012—2016 年工伤保险先行支付追偿成功案例类型

类型	2014 年	2015 年	2016 年
用人单位不支付	2	5	2
第三人不支付	5	4	4
无法确定第三人	0	0	2
总计	7	9	8

表 10—11 工伤保险先行支付基金追回情况

	2014 年	2015 年	2016 年
先行支付总金额	2706.4 万元	4838.9 万元	3336.6 万元
追回金额	13.1 万元	183.7 万元	9.2 万元
占比	0.48%	3.80%	0.28%

4. 未追回原因

2016 年案例中，未完成追偿的案例占绝大多数，643 个有效案例中有 98.8%的案例没有完成追偿，有 99.72%的先行支付基金没有被追回。从已有的数据看（见表 10—5），2016 年案例未追回的原因中肇事逃逸情形的占比最大，达到 73%，其次是无财产可执行，占比 17.2%。可见，九成以上的案例属于无追偿对象、无能力的情况，即使有追偿手段也很难追回。

5. 已追回及未追回基金的财务处理

对于已追回基金的财务处理，各地略有不同。黑龙江省对第三人不支付工伤医疗费用的做法是，按照相关政策核算其工伤保险待遇，由财务按照相关流程进行支付。工伤职工所在单位须每半年向医保中心提供由当地公安机关出具的案情进展情况。待被执行人有新的可供执行财产，须由工伤职工申请重新立案执行，恢复相应民事权利，获得相应民事赔偿。职工或其家属获得赔偿后由所在单位向医保中心提供相应文书及手续，由业务科进行登记备案并在业务系统中冲减已支付费用后制单并报内审部门审核，再由财务部门根据业务部门制表（单）将退回费用收存入基金支出户（冲减原工伤支出科目），并做好费用摘要，同时做好信息反馈工作。

对于未追回金额的财务处理，各地对该项支付款的处理没有统一做法。但总的来说分为两类，一是按正常支出处理，多是在处理第三人支付及无法确定第三人情形时使用；二是挂账处理，包括有的地方列入暂付款，多是在处理用人单位不参保且不支付情形。这两种做法严格来说都有一些问题，尤其是长期挂账方式，在一些地方审计时已被提出不符合规定，要求整改。

三、存在的问题

工伤保险先行支付政策的初衷是要解决工伤职工由于用人单位或第三人不履行赔偿责任，无法及时进行治疗及生活没有保障的问题。在《社会保险法》中规定工伤保险先行支付的内容，是作为帮助弱势群体，缓解社会矛盾，维护社会稳定的举措。目前，工伤保险先行支付政策在政策、法制建设层面有《社会保险法》《工伤保险条例》《社会保险基金先行支付暂行办法》的支撑，法律法规体系比较健全。但是在实施层面，由于先行支付工作既没有历史经验，又没有实践基础，而现行的政策规定又缺乏可操作性，因此产生了一系列问题无法解决，导致在政策制定后 5 年多时间里，工伤保险先行支付工作进展缓慢。分析其中原因，主要是工伤保险先行支付有三大风险没有解决。

（一）参保扩面风险

在我国工伤保险制度设计中，用人单位及职工参加工伤保险，由工伤保险基金承担工伤待遇给付责任；没有参加工伤保险的用人单位及职工，由用人单位承担工伤待遇给付责任。这样的制度设计，源于我国工伤保险制度是从企业保障过渡而来。在企业保障阶段，工伤待遇给付责任由企业承担。现阶段我国已经实行工伤社会保险，但是由企业保障向工伤社会保险转换需要一个较长的过渡时期。在这个过渡期内，虽然《社会保险法》《工伤保险条例》规定工伤保险属于强制性保险，用人单位应依法参保，但是由于我国法律强制力不足，仍有一部分用人单位不主动自觉参保。这种情况下，为了保护广大职工的工伤权益，督促用人单位承担起工伤保障责任，法律规定如用人单位没有参加工伤保险，由用人单位按照《工伤保险条例》规定的待遇标准给付职工的工伤待遇。

我国职业伤害保障实际上有两个系统，参保的用人单位由工伤保险系统解决待遇保障问题，未参保的用人单位由单位解决待遇保障问题。由于现实中有部分用人单位既不参加工伤保险，也不承担工伤赔偿责任，造成工伤职工无法得到及时医疗救治，伤后生活没有保障。为了保护工伤职工的权益，确保工伤职工得到及时的医疗救治和基本的生活保障，《社会保险法》规定对用人单位不依法支付的，由工伤保险基金先行支付。同时规定按《社会保险法》第六十三条对用人单位进行追偿和处罚。先行支付实际上是把用人单位的工伤待遇保障责任转移到工伤保险系统，同时将用人单位的违法责任和缴费责任进行了同步转移。但是实际执行中，用人单位赔偿责任向工伤保险系统的转移可以得到落实，但违法责任和缴费责任的转移和追究无法落实，造成用人单位转移赔偿责任的成本非常小，也产生了不参保也可享受待遇的负面导向作用，这也是各省市在推行先行支付工作时持谨慎态度的主要原因之一。

虽然我国工伤保险参保人数连年上升，已达到一定规模，但距离党的十八大提出的全覆盖目标要求还有一定距离，还存在一定的扩面空间。而且从具体参保情况看，规模以上的企业及事业单位都已参保，存在较大扩面空间的是小微企业、有雇工的个体工商户。这些用人单位由于经营利润较低，人员流动性较大，参保意愿不强。如果先行支付解决了其职工的工伤待遇保障问题，会更加降低其参保的主观能动性。这种情况下，人社部门的参保扩面工作将更加困难。从 2016 年案例中可以看出，没有参保的用人单位多是私营企业，在先行支付的过程中，用人单位一般会积极配合职工出具各种证明材料，将工伤待遇给付责任全部推给工伤保险，然后采取搬迁、注销企业或更换法人等办法，逃避其应承担的工伤待遇给付责任、缴费责任和对其的处罚。这种做法带有很强的效仿性和负面传导性，而人社部门对此无有效防控手段。

正因为如此，在各地还有一定数量的用人单位没有参保，且没有参保单位主要集中在缺乏组织管理的私营小企业和有雇工的个体工商户，在此种情况下各地不敢积极推行先行支付政策。一是担心影响已经参保的单位的参保积极性，造成单位退保或不全员参保的局面；二是担心影响未参保单位的参保积极性，造成未参保的用人单位更加不愿意参保。工伤保险先行支付政策在法律强制力不足，工伤保险参保覆盖比例没有达到足够大的情况下实施，可能会带来参保的逆选择、用人单位逃避应承担的工伤赔偿责任等副作用的产生。

（二）基金风险

我国工伤保险基金总体结余较多，但主要集中在广东、浙江、江苏、山东等省，结余基金的分布极不平衡。具体到各个省，目前多数地区还是市级统筹，各地市基金结余的差异更大，有的地市已出现当期收不抵支的情况发生。这种情况下，各地启动先行支付工作的顾虑较多，这一点从 2016 年的案例中可以看出。上海市、广东省先行支付案例较多，而中部、西部省份案例较少，与各省市基金的支撑能力有较大关系。先行支付带来的基金风险有以下几方面。

一是使用基金规模不可预知。目前，各地对参保单位的基本信息、安全生产管理情况，工伤事故情况都有基本的了解和掌握，但对没有参加工伤保险单位的基本情况不掌控，因此对未参保单位将使用基金的情况也无法预测，造成心里没底、心中没数，增加了不安全感。而目前对参保单位的管理可以根据工伤事故率、使用基金情况等指标实行浮动费率，以确保基金的平衡。但对未参保单位则无法使用浮动费率进行调节，所以社会保险机构对未参保单位既无法管理，也无法掌控，若只是先行支付待遇，这大大增加了工伤保险基金的风险。在先行支付案例中，群死群伤事故对基金造成的压力最大。2014 年、2015 年申报的案例中都有群死群伤事故，以山东寿光火灾事故最具代表性，有 18 人死亡，在第一时间政府要求先行支付，工伤保险基金一次性支付各项待遇 1 000 多万元。在这次事故中，工伤保险发挥了替政府分担、替政府解忧的重要作用，但同时也增加了工伤保险基金的压力。如果先行支付案例增多，特别是出现群死群伤事故，对工伤保险基金将是重大考验。2016 年，人力资源和社会保障部要求各地在基金收支平衡的前提下，下调工伤保险费率，并进一步冲减历史结余基金，这种情况下，各地推进先行支付工作更加慎重。

二是道德风险难以防控。①责任认定主体和待遇支付主体分离，存在基金流失风险。目前各地市普遍做法是必须要有法院、公安部门的相关证明材料才可申请先行支付。对于工伤保险先行支付来说，法院、公安部门的证明文件是前置条件，也是执行先行支付的重要依据，起着至关重要的作用。但操作中，法院、公安部门只负责责任认定，不承担待遇支付责任，由于不考虑经济问题，因此不可避免地会“大手大脚”。②工伤职工和肇事者串通，存在骗取工伤保险基金的不良行为。具体有两种情形，第一种为受伤方和肇事者进行私了后再报案。据了解，这种情形在一般交通事故的处理中普遍存在。肇事者与受伤方私下达成协议，给受伤方一定的金额赔偿。受伤方在肇事者离开后报警，然后申请先行支付。第二种为受伤方负主要责任的情况下，让肇事者离开，然后报警。这样警察出警后会给出肇事者逃逸承担主要责任的认定，受伤者以此申请先行支付。上述情形具有一定的普遍性，带来的是政策的负面导向和基金流失的风险。③企业和工伤职工恶意串通，存在骗取基金的风险。工伤职工因工伤亡后，企业让职工（家属）申请先行支付后注销企业，这种情况下工伤保险经办机构根本无从追缴。④第三人责任事故通过法院判决，第三人将已赔偿的金额都作为精神赔偿款（为获谅解减刑事判决），后期以无财产可执行为由终止执行民事判决，当事人随后申请先行支付工伤待遇。

三是追偿无力，基金存在流失风险。过去工伤保险经办机构主要履行基金征收和待遇发放的职能，现在还要担起先行支付的调查、决策、追缴等全新职能，原有的人力、物力和知识水平均无法适应。而且，先行支付追缴工作的顺利实施，需要得到法院、银行等多部门的大力支持。目前，工伤认定部门、劳动监察机构、劳动仲裁机构、地税部门、银行、法院、工商部门等对企业的管辖都是纵向管理，信息不互联互通，给追缴工作造成很大困难。由于社会保险机构没有执法权，到银行查账屡屡碰壁。另外，凡是申请先行支付的情况，都是经过劳动仲裁、法院裁定终结，在执行中遇到困难才转到社会保险经办机构来的。从工伤事故发生到工伤待遇申请，一般走流程需要一两年，等到手续齐全后，有的用人单位已经注销，或者不知所踪，或者第三人找不到或已无可执行财产等状况，致使追偿无果，工伤保险基金存在流失风险。

（三）职务风险

虽然《社会保险基金先行支付暂行办法》与《社会保险法》同步实施，但由于对先行支付的审批程序、支付追偿流程、先行支付基金财务管理等没有详细和明确的规定，经办人员在操作上存在着对是否合规及对个人职业风险的担忧。

一是流程不清晰。目前，在国家层面上没有明确规定先行支付的实施细则及经办流程，也缺乏可以借鉴的经验，致使先行支付的具体工作环节和各环节的目标任务、工作职责不清晰，目前各地都处于“摸着石头过河”状态。由于缺乏政策依据，容易产生社会对合规性的质疑。

二是审批权不明确。《社会保险基金先行支付暂行办法》第三条规定“社会保险经办机构接到个人根据第二条规定提出的申请后，经审核……”，第五条规定“社会保险经办机构接到个人根据第四条规定提出的申请后，应当审查……”，第七条规定“……社会保险经办机构……予以核实并依法支付工伤保险待遇……”。但在上述规定中，没有明确社会保险机构的哪个部门负责审核、审查和核实，是由业务部门负责还是相关部门共同负责，也没有明确哪个部门进行复核、哪个部门负责监督。

三是职务权限不明确。在《社会保险基金先行支付暂行办法》中明确规定了先行支付的经办责任在社会保险经办机构，但并没有明确各级的职务责任，如谁有审核权，谁有审查权，谁有核实权，先行支付的责任人是谁。这些职务权限的不明确，可能造成工作的疏漏、甚至违法行为的产生，也不利于保护社会保险部门的干部。

四是追偿责任不具体。《社会保险基金先行支付暂行办法》规定社会保险经办机构负责承担追偿责任，但具体到哪个部门没有规定。目前各地有的是由业务部门负责，有的是由稽核部门负责，有的是由基金征缴部门负责，有的是由劳动监察部门负责，形式多样。

四、政策建议

工伤保险先行支付政策是《社会保险法》规定的内容，即使存在一定的问题，但以法律形式确定的内容不可能在短期内进行调整及改变。按照依法行政的要求，工伤保险先行支付政策必须实施，工作必须推进。目前，人社部门应做好两个方面的工作。一方面是要进一步完善工伤保险先行支付政策，制定详细规范的管理办法和工作流程，最大限度地降低工伤保险先行支付带来的各项风险，提高各地推动工伤保险先行支付工作的积极性，保护广大职业劳动者的工伤权益，维护工伤保险制度的健康可持续发展。另一方面是要加大与法律、财政等相关部门的沟通，及时报告工伤保险先行支付工作的进展情况，反映存在的问题，并提出进一步完善法律政策的建议。完善工伤保险先行支付政策、推进工伤保险先行支付工作的具体建议如下：

（一）进一步加快参保扩面工作，尽快实现全员参保

先行支付政策的产生与当前工伤保险参保不到位有较大关系。正是因为有一定数量的未参保人员存在，才有实施先行支付的动因，也才有各地开展先行支付的各种顾虑。因此说，实现全员参保是解决先行支付问题的根本办法，可以说工伤保险覆盖面越大，参保人数越多，先行支付带来的问题就会不断弱化。

当前应重点做好以下单位和人员的参保工作。一是小微企业，主要分布在服务业、电商等私营企业，参保率较低；二是有雇工的个体

工商户，这一群体是参保扩面的难点，还有一定数量的人员没有参保；三是农民工，一直是参保扩面的重点，经过“平安计划”，农民工参保已经达到一定数量规模，但仍有一部分农民工没有参保。2015 年，人社部门实施“同舟计划”，进一步推进建筑行业农民工参保，农民工参保规模将进一步提升，但对农民工的参保工作仍不可松懈。

同时，应积极采取措施，增大扩面力度。一是通过全面参保登记，掌握未参保人群的情况，采取措施针对性扩面；二是在政策上允许小微企业和灵活就业人员先行参加工伤保险；三是制定灵活的参保缴费政策，例如网上参保、定额缴费；四是加大对不依法参保单位的处罚力度，增强工伤保险征缴的强制性，可将罚款的金额和上限大幅提高，增大违法成本，提高法律的严肃性。

（二）完善政策规定，实现规范化管理

在总结各地先行支付管理经验的基础上，进一步完善《社会保险基金先行支付暂行办法》，增加政策的可操作性。明确先行支付申请受理部门、审批部门、待遇支付部门、追缴部门的职权范围。明确行政、经办、征缴及劳动监察等部门的职责。明确先行支付基金的追偿途径、手段及异地追偿办法。

（三）通过政府购买服务，加强追偿工作

鉴于社会保险经办机构现有的人力、物力及知识结构都无法适应先行支付的追偿工作，为了提高工作效率，减少工伤保险基金流失风险，可探索建立通过政府购买服务的方式，委托第三方专业机构承担

工伤保险先行支付的追偿工作。当前可委托律师事务所承担工伤保险先行支付的追偿工作，发挥律师事务所的专业优势和人力优势，形成社会资源的优势结合。由于政府购买服务方式在工伤保险工作是新的尝试，可先鼓励部分地市进行试点，并及时总结经验，再在更大区域进行推广。

（四）制定先行支付财务处理办法

启动先行支付工作，就不可避免地出现无法追回基金的问题。从历年的案例看，部分地区对先行支付基金做挂账或暂付款处理，但长期挂账不冲兑，既不符合财务规定，也经不住审计。目前，应研究制定工伤保险先行支付的财务处理办法，规定先行支付的财务记账方式、未追回基金的财务处理方法，包括作为呆坏账条件的处理方法。

（五）加强先行支付信息化管理

加强对未参保单位和职工的信息化管理，在工伤保险信息系统中增加先行支付信息模块，对先行支付的信息进行记录和保存。掌握先行支付单位的基本信息，记录职工的工伤情况、待遇支付情况，并将先行支付的信息与工伤保险基金征缴部门、先行支付追偿部门共享，实现多部门联动，推进工伤保险的参保征缴和先行支付的追偿工作。

（六）建立未参保单位先行支付的公示制度

为了增强法律的严肃性，促使用人单位自觉参保，建议建立未参保单位先行支付公示制度，将未参保单位名称、法人、工伤情况，待遇支付情况，追偿情况通过相关媒介渠道向社会公示。一是接受社会监督检查，力求先行支付工作公平、公正；二是对未参保单位进行警示，促使其主动参保；三是通过社会力量提供未参保单位信息，提高先行支付追偿工作的效率。

（七）加强与相关部门的沟通

从先行支付成功追偿案例的经验看，相关部门的配合起着至关重要的作用。应进一步加强与法院、公安、银行等部门的沟通协调，充分交流意见和建议，形成统一思想，以促进工伤保险先行支付工作的顺利开展。同时，协调公安机关等相关部门进一步规范其出具的证明材料的内容、形式，以规范工伤保险先行支付的法律文书。

第十一篇 我国工亡职工供养亲属政策及实施情况[①]

工伤保险制度规定，职工因工死亡，其近亲属如果是工亡职工生前所供养人员，可按规定按月领取供养亲属抚恤金待遇，以保证工亡职工供养亲属的基本生活。

一、各时期因工死亡职工供养亲属抚恤政策

我国对因工死亡职工供养亲属实行抚恤的历史由来已久，先后有四部法律法规对此进行了规定。

（一）1951年《劳动保险条例》

1951年政务院颁布了《劳动保险条例》，1953年1月颁布《劳动保险条例实施细则修正草案》。作为新中国成立后的第一部劳动保险的专项法规，对因工死亡职工遗属的待遇进行了明确规定。《劳动保险条例实施细则修正草案》第六章第二十二条规定："工人职员因工死亡时或因工残废退职后死亡时，根据劳动保险条例第十四条甲款的规定，

① 本报告于2017年完成。

由企业行政方面或资方发给本企业的平均工资3个月作为丧葬费，并按下列规定，由劳动保险基金项下每月付给供养直系亲属抚恤费：其供养直系亲属1人者，为死者本人工资25%；2人者，为死者本人工资40%；3人或3人以上者，为死者本人工资50%。此项抚恤费付至受供养者失去受供养的条件时止。”第十一章是对供养直系亲属资格条件的规定，第四十五条规定：“工人职员的直系亲属，其主要生活来源，系依靠工人职员供给，并合于下列各款规定之一者，均得列为该工人职员的供养直系亲属，享受劳动保险待遇：一、祖父、父、夫年满60岁或完全丧失劳动力者；二、祖母、母、妻未从事报酬的工作者；三、子女（包括养子女，前妻或前夫所生子女，非婚生子女）、弟妹（包括同父异母或同母异父的弟妹）年未满16岁；四、孙子女年未满16岁，其父死亡或完全丧失劳动能力，母未从事有报酬的工作者。”第四十六条规定：“工人职员自幼依靠他人抚养长大，现抚养人男年满60岁或完全丧失劳动力，子女未从事有报酬的工作，须依靠工人职员本人供养且共同居住者，得以供养直系亲属论。”第四十七条规定：“工人职员因工死亡后，其遗腹子得列为供养直系亲属。”第四十八条规定：“工人职员的供养直系亲属，如不与工人职员同在一处居住，须取得其所在地政府机关证明，确系依靠工人职员供养，方得列为供养直系亲属。”

此外，有关职权部门和省市对供养直系亲属作出过相关补充规定，如：全国总工会对岳父母列为供养直系亲属的规定有：“为有利于计划生育的开展，男职工到女家落户，如果女方无经济收入，而且女方父母符合供养条件又确由男职工供养，则可以将岳父母列为供养直系亲属。但是，该男职工的父母就不能再列为其供养直系亲属。”

山东省对祖母、母、妻列为供养直系亲属的补充规定有：“①职工之祖母、母、妻年满50周岁，未从事有报酬的工作或没有比较稳定的收入来源，主要生活来源确系由职工本人提供，以维持相当于当地居民最低生活水平的，可列为该职工的供养直系亲属。②职工之母、妻不满50周岁，有劳动能力，可通过劳动，获得劳动报酬，能够维持相当于当地居民最低生活水平的，不应列为该职工的供养直系亲属；如经鉴定，完全丧失劳动能力，又无其他收入来源，确系由职工本人提供收入维持基本生活的，可列为该职工的供养直系亲属。③根据《劳动保险条例》及有关规定，供养直系亲属原则上以劳保卡片中的登记为准。如果单位未办理劳保卡片登记，应按以下原则处理：其母首先应由其父供养，如果其父工资收入较低，难以维持家庭最低生活水平的，也可将其母列为该职工的供养直系亲属。”

对正在学校就读的供养亲属规定有：国家劳动总局〔76〕劳薪字95号文件明确，实行劳动保险条例的单位，凡符合《劳动保险条例实施细则修正草案》所列的，由职工供养的子女、弟妹等，在年满16岁以后继续在中学学习的，可列为职工的供养直系亲属，享受有关劳动保险待遇。对在校学生列为供养直系亲属的补充规定为：企业职工供养直系亲属中虽年满16周岁，但系初中毕业直接进入职业高中、职业中专、技工学校就读的学生可继续按现行规定享受供养直系亲属的有关待遇。

部分省市在此期间根据自身的具体情况，出台了有关供养亲属的管理办法，以规范本地区供养亲属抚恤的经办管理行为。例如辽宁省劳动厅颁发了《企业职工供养直系亲属管理暂行办法》（辽劳险字〔1992〕141号），大连市出台了《企业职工供养直系亲属管理暂行规定》（大劳险字〔1994〕124号）等。

（二）1996年《企业职工工伤保险试行办法》

1996年劳动部颁布《企业职工工伤保险试行办法》，其中第二十五条规定："职工因工死亡，应按照以下规定发给丧葬补助金、供养亲属抚恤金、一次性工亡补助金：（一）丧葬补助金按省、自治区、直辖市上年度职工平均工资六个月的标准发给。（二）供养亲属抚恤金发给由死者生前提供主要生活来源的死者的亲属。其标准为：配偶每月按本省、自治区、直辖市上年度职工月平均工资的百分之四十发给，其他供养亲属每人每月按百分之三十发给，孤寡老人或者孤儿每人每月在上述标准的基础上加发百分之十。抚恤金总额不得超过死者本人工资。"

在国家政策出台后，一些省市出台了供养亲属抚恤的具体管理办法，进一步规范操作行为。如：陕西省劳动和社会保障厅颁发了《关于进一步确定供养直系亲属范围和条件有关问题的通知》（陕劳社发〔2000〕37号），四川省劳动和社会保障厅颁布了《关于严格掌握职工供养直系亲属范围条件的通知》（川劳社医〔2000〕12号）等。

（三）2003年《工伤保险条例》

2003年国务院颁布《工伤保险条例》，对工亡职工供养亲属抚恤待遇进行了规定。其中第三十七条规定："职工因工死亡，其直系亲属按照下列规定从工伤保险基金领取丧葬补助金、供养亲属抚恤金和一次性工亡补助金：（一）丧葬补助金为6个月的统筹地区上年度职工月平均工资；（二）供养亲属抚恤金按照职工本人工资的一定比例发给由因工死亡职工生前提供主要生活来源、无劳动能力的亲属。标准为：配偶每月40%，其他亲属每人每月30%，孤寡老人或者孤儿每人每月在上述标准的基础上增加10%。核定的各供养亲属的抚恤金之和不应高于因工死亡职工生前的工资。供养亲属的具体范围由国务院劳动保障行政部门规定；（三）一次性工亡补助金标准为48个月至60个月的统筹地区上年度职工月平均工资。具体标准由统筹地区的人民政府根据当地经济、社会发展状况规定，报省、自治区、直辖市人民政府备案。"

（四）2010年修订的《工伤保险条例》

2010年修订的《工伤保险》第三十九条规定："职工因工死亡，其近亲属按照下列规定从工伤保险基金领取丧葬补助金、供养亲属抚恤金和一次性工亡补助金：（一）丧葬补助金为6个月的统筹地区上年度职工月平均工资；（二）供养亲属抚恤金按照职工本人工资的一定比例发给由因工死亡职工生前提供主要生活来源、无劳动能力的亲属。标准为：配偶每月40%，其他亲属每人每月30%，孤寡老人或者孤儿每人每月在上述标准的基础上增加10%。核定的各供养亲属的抚恤金之和不应高于因工死亡职工生前的工资。供养亲属的具体范围由国务院社会保险行政部门规定；（三）一次性工亡补助金标准为上一年度全国城镇居民人均可支配收入的20倍。”

在2010年修订的《工伤保险条例》中首次使用了“近亲属”一词。按照刑事法律规定：近亲属只包括“夫、妻、父、母、子、女、同胞兄弟姊妹”。从字面含义看，“同胞兄弟姊妹”仅指同父同母的兄弟姐妹。而最高人民法院《关于贯彻执行〈中华人民共和国民法通则〉若干问题的意见（试行）》第12条规定：“民法通则中规定的近亲属包括配偶、父母、子女、兄弟姐妹、祖父母、外祖父母、孙子女、外孙子女。”参照《中华人民共和国继承法》（以下简称《继承法》）第十条的规定，父母包括生父母、养父母和有抚养关系的继父母；子女包括婚生子女、非婚生子女、养子女和有抚养关系的继子女；兄弟姐妹包括同父母的兄弟姐妹、同父异母或者同母异父的兄弟姐妹、养兄弟姐妹、有抚养关系的继兄弟姐妹。现行《工伤保险条例》采纳了《继承法》对“近亲属”的界定。

表11—1所示为我国不同时期因工死亡抚恤条件和待遇比较。

从上述各个时期的法律规定看，我国供养亲属抚恤待遇政策总体来说没有太大的变化，保持了政策的连续性和稳定性。具体看各时期的规定，共同点为：一是抚恤对象都为因工死亡职工生前主要提供生活来源的、无劳动能力的亲属。范围主要包括五类人员：配偶、子女、父母、兄弟姐妹、孙子女。二是支付标准都为工资水平的一定比例，如30％、40％。三是按月支付，直至资格丧失。不同点在于：一是供养子女的年龄条件有所变化，由建国初期的16岁提高到18岁。二是

表 11—1　　不同时期因工死亡抚恤条件和待遇比较

时间	供养范围	供养条件	待遇标准
1951 年《劳动保险条例》	供养直系亲属	1. 祖父、父、夫年满 60 周岁或完全丧失劳动能力者；2. 祖母、母、妻未从事有报酬的工作者；3. 子女（包括养子女，前妻或前夫所生子女，非婚生子女）、弟妹（包括同父异母或同母异父的弟妹）年未满 16 周岁；4. 孙子女未满 16 周岁，其父死亡或完全丧失劳动能力，母未从事有报酬的工作者	供养直系亲属 1 人者，为死者本人工资 25%；二人者，为死者本人工资 40%；3 人或 3 人以上者，为死者本人工资 50%
1996 年《企业职工工伤保险试行办法》	死者生前提供主要生活来源的死者的亲属		配偶每月按本省、自治区、直辖市上年度职工月平均工资的 40%发给，其他供养亲属每人每月按 30%发给，孤寡老人或者孤儿每人每月在上述标准的基础上加发 10%。抚恤金总额不得超过死者本人工资
2003 年《工伤保险条例》	由因工死亡职工生前提供主要生活来源、无劳动能力的直系亲属	1. 完全丧失劳动能力的；2. 工亡职工配偶男年满 60 周岁、女年满 55 周岁的；3. 工亡职工父母男年满 60 周岁、女年满 55 周岁的；4. 工亡职工子女未满 18 周岁的；5. 工亡职工父母均已死亡，其祖父、外祖父年满 60 周岁，祖母、外祖母年满 55 周岁的；6. 工亡职工子女已经死亡或完全丧失劳动能力，其孙子女、外孙子女未满 18 周岁的；7. 工亡职工父母均已死亡或完全丧失劳动能力，其兄弟姐妹未满 18 周岁的	配偶每月 40%，其他亲属每人每月 30%，孤寡老人或者孤儿每人每月在上述标准的基础上增加 10%。核定的各供养亲属的抚恤金之和不应高于因工死亡职工生前的工资
2010 年修订的《工伤保险条例》	由因工死亡职工生前提供主要生活来源、无劳动能力的近亲属		配偶每月 40%，其他亲属每人每月 30%，孤寡老人或者孤儿每人每月在上述标准的基础上增加 10%。核定的各供养亲属的抚恤金之和不应高于因工死亡职工生前的工资

对供养的配偶、母亲的年龄有了规定。新中国成立初期由于女性普遍没有参与社会劳动，所以对工亡职工配偶和母亲享受抚恤待遇没有年龄规定。到了 1996 年后，由于女性就业非常普遍，对女性配偶及供养的母亲有了年龄规定，以国家规定的退休年龄为界限。三是计发基数有了变化。20 世纪 50 年代供养亲属抚恤金的计发基数为本人工资，1996 年后改为按本省、自治区、直辖市上年度职工月平均工资计发，到了 2003 年后又改为职工本人工资。四是对供养亲属抚恤金的总额限定有不同的规定。20 世纪 50 年代供养亲属抚恤金的总金额为本人工资的 50%，从 1996 年起改为不超过本人工资。五是对特殊人群给予特别照顾。从 1996 年起对孤寡老人或者孤儿给予了在原标准基础上增加 10%待遇的政策，体现了国家对弱势群体的扶助原则。

2003 年 4 月《工伤保险条例》颁布后，9 月劳动和社会保障部颁布了《因工死亡职工供养亲属范围规定》（劳动和社会保障部令第 18 号）。该规定对供养亲属的范围、抚恤金的申请条件及停发条件进行了详细规定。由于《工伤保险条例》没有授权各省市自行制定本地区的供养亲属抚恤办法，因此目前各省市基本上都是按照《工伤保险条例》和《因工死亡职工供养亲属范围规定》执行。2010 年《工伤保险条例》修订，并没有对工亡职工供养亲属内容进行调整和出台具体办法。

二、现行供养亲属抚恤政策的执行情况

（一）供养亲属人数及待遇发放情况

截至 2016 年年底，全国工伤保险供养亲属人数为 31 万人，占享

受工伤保险待遇人数的15.8%，占参保总人数的0.14%。2016年，全国月人均供养亲属抚恤金1 158元。有13个省份高于全国水平，其中北京市人均超过了2 000元，天津市、西藏自治区和上海市人均超过1 500元。另外有8个省份人均供养亲属抚恤金低于1 000元。

为了进一步了解各地因工死亡职工供养亲属抚恤待遇的执行情况，课题组先后赴山西省，内蒙古自治区赤峰市，辽宁省朝阳市、葫芦岛市等地进行了调研，具体情况为：

山西省截至2014年6月底，工伤保险参保人数为553.7万人，工亡职工供养亲属有23 234人，供养亲属人数占参保人数比例为0.4%，供养亲属抚恤金月平均934元。太原市参保人数为91.58万人，工亡职工供养亲属有2 729人，供养亲属人数占参保人数比例为0.3%。供养亲属抚恤金最高达到每月2 894元，最低为每月666元，平均待遇水平为900元。山西省焦煤集团直管单位2013年年底参保人数为8.3万人，工亡职工供养亲属有1 791人，供养亲属人数占参保人数比例为2.2%。其中父母487人，人均领取抚恤金912.6元；配偶1 140人，人均领取抚恤金834.2元；子女164人，人均领取抚恤金1 199.5元。2006年以来，山西省先后8次调整工伤保险待遇，调整后的工亡职工供养亲属抚恤金与2006年相比大幅增长，供养抚恤亲属的待遇水平稳步提高。

内蒙古自治区赤峰市截至2014年5月，参保人数为27万人，工亡职工供养亲属有536人，供养亲属人数占参保人数的比例为0.2%。

辽宁省朝阳市是老工业城市，截至2014年6月参保人数为26.9

万人，其中工亡职工供养亲属有 2 464 人（包括北票矿区的“老工伤”人员的遗属 1 753 人），供养亲属人数占参保人数比例为 0.9%。2014 上半年共支付供养亲属抚恤金 1 140 万元，月人均 771 元。

（二）存在的问题

通过调查了解，各地对现行因工死亡职工供养亲属政策的反映，主要集中在范围界定不清晰、部分条款操作性不强、相关保险待遇关系不明确和个别规定不适应现实需求等问题。具体为：

1. 工伤保险供养与婚姻法中规定的抚养、赡养、扶养的关系不清晰

按照现行政策规定，配偶、子女、父母及兄弟姐妹首先必须是依靠因工死亡职工生前提供的经济支持为主要生活来源，然后是要具备完全丧失劳动能力、无再婚等条件。工伤保险“提供主要生活来源”的规定涉及与《中华人民共和国婚姻法》（以下简称《婚姻法》）中几个关系[①]的处理问题，但目前规定不清晰。一是，与法律规定的对父母赡养义务的关系。例如，父母有几个孩子，工亡职工是否可作为“提供主要生活来源”的唯一人，其他孩子在抚恤和赡养的关系中承担什么责任？二是，与法律规定的夫妻间互相扶养的关系。例如，工亡职工父亲有经济来源，母亲没有收入，母亲是否完全由工亡职工供养。在此夫妻间的扶养义务如何体现？三是，与法律规定的夫妻对子女的抚养义务的关系。例如：夫妻有 3 个子女，夫妻有一方工亡，3 个子

① 《中华人民共和国婚姻法》第二十条规定：“夫妻有互相扶养的义务。”第二十一条规定：“父母对子女有抚养教育的义务；子女对父母有赡养扶助的义务。”

女年龄都符合供养条件，是否都作为工亡职工的供养人，夫妻的另一方如何承担抚养义务？上述三种关系反映的是工伤保险供养待遇与《婚姻法》规定的责任和义务的关系处理问题，由于目前对相互间的关系没有清晰的规定，因此出现操作上的不一致。产生的直接问题是，由于经济利益的诱惑，工亡职工亲属会想尽办法争取获得供养亲属抚恤待遇，而忽略了其应尽的责任和义务。对于工伤保险政策制定来说，应正确处理好工伤保险待遇和《婚姻法》规定的责任和义务关系，在法律间保持立法思想的一致性，弘扬社会道德风尚。

2. 工亡职工提供主要生活来源证明的真实性无法确认

现在的操作方式是“工亡职工提供主要生活来源证明”由镇级以上政府开具，工伤保险经办机构凭此证明和相关资格证明确认供养亲属。一些地方政府因为不为此承担经济支付责任及其他制约性责任，即便是出于同情，也会配合开具证明，因此存在把关不严的问题。“工亡职工提供主要生活来源证明”对于工伤保险来说是非常重要的材料，意味着后续的基金支出，但是工伤保险经办机构明知“工亡职工提供主要生活来源证明”有“水分”，却没有权力推翻。只要是手续齐全、资料完整，就只能确认为供养人，发放抚恤待遇。在“工亡职工提供生活主要来源证明”的确认问题上，工伤保险经办机构往往处于被动地位。

3. 供养子女 18 周岁的限定与现实中就学需求不对应

多数地方认为，政策规定的供养子女 18 周岁的年龄限定，不符合实际需求。现实情况是，有些孩子 18 周岁时可能还没有完成高中学业，而有些孩子正处于上大学阶段。建议适当放宽子女（孙子女）的年龄限制，增加灵活性规定。另外，一些地方认为，工伤保险对工亡职工子女就读应放在大学本科的水平，大连市现规定是供养到大学毕业。随着社会的发展，目前我国大学升学率已达到近90%，工伤保险供养子女政策不应再以高中毕业为限定标准。从情感上说这些因工伤而失去父亲或母亲的孩子应该享有和同龄孩子一样的大学梦，工伤保险应通过延长抚恤金发放形式帮助他们完成学业。

4. 工伤保险抚恤待遇和养老保险抚恤待遇的关系没有理顺

目前，对工伤保险抚恤待遇和养老保险抚恤待遇的关系如何处理，没有明确的政策规定。例如：职工退休后死亡，其妻子已享受养老保险支付的抚恤金，在其子工亡后，母亲是否可以再按规定享受工伤保险支付的抚恤金。这个问题的提出，反映了目前政策在不同保险项目的相同内容待遇如何处理问题上的缺失，同时更是提出了不同保险项目的相同内容待遇是否可以双重享受的问题。

5. 供养亲属抚恤双重管理增加了管理难度和成本

供养亲属特别是“老工伤”供养亲属待遇目前由养老保险与工伤保险共同保障，双重管理增加了管理难度和管理成本，不利于待遇的统一核定和发放，也容易造成待遇重发或漏发。

（三）有争议的问题

1. 关于是否放宽配偶享受抚恤待遇的年龄条件

山西煤炭系统提出，煤矿企业从事劳动生产的大多是青壮年，工亡时其配偶一般达不到领取抚恤待遇的年龄条件。而煤矿企业多在偏远之地，就业机会少，配偶多数没有就业，一旦职工工亡，其家庭很快陷入困境，所以山西省主张对职工工亡时不符合领取抚恤金条件的配偶，在年满 55 周岁且未再婚的配偶进行审核，符合条件的要发放抚恤金。内蒙古自治区在 2004 年前规定，供养亲属在职工工亡时不符合条件的，到 55 周岁时符合条件后，可重新申请供养亲属抚恤待遇。但与此同时，部分省市认为不应调整这项规定，认为配偶没有达到规定年龄，说明有劳动能力，有获取经济收入的能力，不应享受抚恤金待遇。而如果对此项规定进行调整，涉及待遇的衔接问题，可能会出现以前没有享受到抚恤金而现在达到领取条件的人重新要求给付待遇，出现政策“翻烙饼”情况，影响稳定。

2. 关于退休金是否算作生活来源

目前政策规定“工亡职工配偶男年满 60 周岁、女年满 55 周岁的”“工亡职工父母男年满 60 周岁、女年满 55 周岁的”，可申请供养亲属抚恤金，但政策没有规定达到 60 周岁或 55 周岁有退休金的情况如何处理。按照社会保险制度的设计，退休金是保障退休人的基本生活的。而抚恤待遇的发放也是以保障基本生活为目的，两者的目的相同，存在着是各自发放还是整合的问题。现在的做法是不考虑配偶或父母的退休待遇，只考虑年龄因素。但一些地方认为，我国目前退休金待遇水平较高（城镇职工月平均 2 100 元），应统筹考虑供养亲属抚恤待遇和退休待遇问题，不应造成国家资源的浪费。但有些地方反映，目前“城居保”（城镇居民社会养老保险）的退休待遇较低（“城居保”月平均 82 元），不能满足基本生活需要。现阶段对于供养亲属抚恤待遇和退休待遇的关系问题，要分别考虑，确实做到既能满足享受退休待遇的供养亲属的基本生活，也不能因有了退休待遇而丧失享受抚恤待遇的资格，使生活窘迫。

三、政策建议

（一）细化“工亡职工生前提供主要生活来源”的范围

处理好工伤保险供养亲属抚恤和赡养、抚养、扶养的关系，使其不与国家法律规定冲突。工亡职工应和其父母的其他子女承担共同的赡养责任，不应作为父母的唯一供养人。同样，工亡职工和其配偶有共同抚养子女的义务，不应因职工工亡，其抚养责任全部由工伤保险承担。夫妻两人也应按法律规定有相互扶养的义务，不能因为其子女工亡而改变。以此为基点，工伤保险供养亲属抚恤应在赡养、抚养和扶养的关系之下，进一步确定“工亡职工生前提供主要生活来源”的范围，明确工亡职工所应承担的责任和义务，从而确定供养亲属抚恤待遇的比例。

（二）建立供养亲属公示制度

一是通过公示制度，建立公平、公正的制度实施环境，保证工伤保险的抚恤金发放给真正符合条件的供养亲属，以在一定时间内解决其基本生活问题。二是在现有管理体制下，通过公示制度，加强社会监督，及时纠正违规行为，增加政府的公信力。三是通过建立公示制度，确保工伤保险基金合法、有效使用。

（三）适当放宽供养子女的条件

我国在2003年颁布《工伤险条例》时，将供养子女的年龄从16周岁提高到18周岁，从初中毕业提高到高中毕业，当时的调整主要是根据社会发展需要。现在看18周岁的年龄限制也已不适合现实需求。一是，如今高等教育在我国已经较为普及，许多孩子18周岁时还在上大学甚至高中就读，未完成学业。二是，从情感说，工亡职工子女不应因为父母一方工亡造成经济状况改变而丧失和其他孩子同等的教育机会，工伤保险应帮助遭受丧失父亲或母亲打击的孩子继续完成学业。因此建议，适当放宽工亡职工供养子女的条件，对于年满18周岁仍在高中及大学继续学业的，可继续享受供养子女抚恤金待遇。

（四）不宜放宽配偶供养条件

工伤保险供养亲属抚恤金主要是给依靠工亡职工生活的近亲属的经济性帮助，让其在失去亲人后继续有一定的经济来源，以度过特殊时期。所以供养亲属抚恤金的发放应以职工工亡时的状况为考察基础，是有条件发放，只有没有劳动能力和未成年的人才有资格获取。与此同时，各国政策都会规定丧失领取资格的条件，即受益人改变了对工亡职工的依存状况时就丧失了资格。以发放供养亲属抚恤金的出发点和目的为思考基点，课题组认为不应对职工工亡时不符合条件的配偶在符合条件后给予供养亲属抚恤金。未达到退休年龄的配偶应视为有劳动能力，可通过自己的劳动获得经济收入。对于煤炭系统反映的工亡职工配偶多年轻，就业困难、生活困难的现实情况，可通过扶持就业、最低生活保障等系统予以解决。

（五）处理好工伤保险抚恤待遇和养老保险待遇的关系

一是年满60周岁或55周岁的亲属，在职工工亡时已享受企业职工退休金，或者在职工工亡时已享受供养亲属抚恤金，遵循就高不就低原则，在两者中选择其一享受待遇不应兼得。二是考虑到目前“城居保”的退休金待遇较低，现阶段工伤保险供养亲属抚恤金发放时可不考虑“城居保”退休金的因素。三是建立工伤保险待遇和养老保险待遇发放的信息比对机制，防止相同内容的待遇重发和漏发。

第十二篇

突发疾病条款工伤认定基本准则研究[①]

《工伤保险条例》第十五条第一款（一）项规定“在工作时间和工作岗位，突发疾病死亡或者在48小时内抢救无效死亡的”（以下简称“突发疾病条款”）视同工伤，享受同等的工伤保险待遇。在《工伤保险条例》规定的7种工伤情形、3种视同工伤情形中，突发疾病条款是认定工伤（视同工伤）条款中唯一的因疾病认定工伤的条款。由于患病属于大概率事件，工伤是小概率事件，且工伤保险待遇远远高于医疗保险待遇，使人产生了由大概率事件向小概率事件转换，以获得更大经济利益的冲动，目前导致因突发疾病死亡认定工伤的数量不断上升，并存在着工伤保险部门、用人单位（包括参保单位和非参保单位）、工亡职工家属及法院等多方角色和不同立场的博弈。这种复杂关系的交织，使得原本工伤保险条例中的一个小条款，变得不同寻常，社会上多种思想观点在此聚集，并形成各自声音在社会传播，甚至有人认为此条款为“冷血”条款。

① 本报告于2016年完成。

这种情况下，不得不让我们进行思考。一方面从工伤保险制度本身对突发疾病条款进行审视，通过总结和分析条款规定和执行中存在的问题，找出症结所在。另一方面在众多思想导向和社会声音中分辨出突发疾病条款应秉持和遵循的基本原则，在工伤保险制度建设和社会需求两者间找到平衡点。在这一基点上，探寻进一步完善和规范突发疾病条款的判定标准和方法，从而促进工伤保险制度的健康发展。

一、突发疾病条款产生的历史背景及演变过程

（一）突发疾病条款的演变过程

我国突发疾病情形纳入工伤保险的保障范畴，经历了一个发展过程，期间经过多次调整，从部门复函、到部门规章、到法律规定，最终以《工伤保险条例》的形式确定为工伤情形，这期间走过了40多年的历程。纵观其发展演变过程大致可分为四个阶段：

第一阶段，工作时间因病死亡不算工亡。大致为1951年至1963年期间，以《劳动保险条例》和全国总工会劳动保险部《关于劳动保险问题解答》为标志。在这一阶段，对因工死亡与因病死亡有着严格的区分，因病致残或者死亡“不算因工”，“应算因病”。

1.1951年2月26日政务院颁布的《劳动保险条例》，1953年1月26日劳动部公布的《劳动保险条例实施细则修正草案》，分别对“工人职员在何种情况下负伤、残废或死亡时，应享受因工负伤、残废或死亡的待遇”以及相关待遇标准进行了规定，但是没有对因病致残或

者死亡认定工伤或者比照（视同）工伤作出任何例外规定。

2.1964年4月，全国总工会劳动保险部发布《关于劳动保险问题解答》，采用问答的方式对工伤和非工伤的界限进行了解答，其中就疾病问题进行了专门列举。如“工厂企业内的绘图员、会计员等成天在桌子上办公，不可能像工人那样容易因工负伤，但因工作紧张，天长日久，得了肺结核等病算不算工伤?”“某职工患有高血压症，在工作中突然因脑溢血死亡算因工死亡还是疾病死亡?”“在工作时间生急性病（如霍乱、盲肠炎等）死亡是否算因工?”全国总工会劳动保险部的答复均为“不算因工”，“应算因病”。

第二阶段，对与工作有关联的几类特殊情况下的因病死亡可比照工亡（伤）处理。大致为1965年至2003年期间，以全国总工会《关于职工在工作时间工作地点突然发病死亡待遇如何处理问题的复函》（〔65〕险字第760号）为发端。在这一阶段，对职工在正常工作中患病死亡按因病非因工处理，但对与工作有关联的几类特殊情况，如加班加点、带病工作、执行任务、因工作而延误抢救治疗等突发疾病死亡的，可比照工亡处理。

1.1965年12月14日，全国总工会《关于职工在工作时间工作地点突然发病死亡待遇如何处理问题的复函》（〔65〕险字第760号）规定:“职工在正常的工作中，确因患病而造成死亡的，原则上应按非因工死亡处理。但是对于个别特殊情况，例如由于加班加点突击任务（包括开会）而突然发生急病死亡，或正在执行任务中，突然发病但没有条件离开工作岗位去进行治疗（如火车、轮船司机等，发病不能进行抢救治疗）而造成死亡，或者患病后经医师令其休息治疗，但本人为了工作坚持上班，而突然病变造成死亡，以及其他类似上述特殊情况，经职工群众讨论，党委同意，可以当作个别特殊问题，予以照顾，比照因工死亡待遇处理。”

2.1982年12月7日，全国总工会《关于执行（65）险字第760号文的复函》（〔82〕活字第193号）对此又明确规定：“职工在正常工作中患病死亡的，应按非因工死亡处理。对于特殊情况给予照顾的必须有以下几个前提：一是，由于工作确实需要而领导安排连续加班加点突击任务，突然发病造成死亡的；二是，在执行任务中突然发病，没有条件离开工作岗位（如火车司机、轮船司机等）去抢救治疗而死亡的；三是，职工患病并有医生证明需要休息，而由于非本人参加不能完成某项紧急任务，领导安排其带病坚持工作，突然发生病变死亡的。上述情况，经职工群众讨论，党委同意，可以作为特殊情况，比照因工死亡待遇处理。”

第三阶段，对由于工作紧张或因工外出突发疾病造成死亡或经第一次抢救治疗后全部丧失劳动能力的认定为工伤。《企业职工工伤保险试行办法》（劳部发〔1996〕266号）实施前，不断有地方请示外出开会突发疾病死亡问题如何处理，主管部门都采取了一事一答复的做法。为了体现制度的公平性，《企业职工工伤保险试行办法》将原来对突发疾病情形的特殊处理变为普遍适用的条款。

1.1996年7月11日，劳动部办公厅在《关于在工作时间发病是否可比照工伤处理的复函》（劳办发〔1996〕133号）中对山西省劳动厅请示郭云梅工伤劳动争议有关问题的请示给予了回复，明确山西东方化工机械厂起重工（天车司机）郭云梅在车间发生“高血压脑出血”，可以比照工伤处理。回复的主要内容为：“山西东方化工机械厂起重工（天车司机）郭云梅，1991年1月31日下午上班时，在车间发生‘高血压脑出血’，经抢救治疗后，造成瘫痪，生活不能自理。郭云梅及其家属要求按照或比照工伤处理，厂方不同意，双方发生劳动争议。1994年5月6日，你厅向我部发出《关于高血压病人在特殊工种现场犯病是否可比照工伤处理的请示》（晋劳仲函字〔1994〕7号），我们按照现行办法的一般规定，发出《关于在工作时间发病不作工伤处理的复函》（劳办发〔1994〕177号）。根据这一规定，山西省劳动争议仲裁委员会和太原市北城区人民法院以及太原市中级人民法院分别裁决和判决不应按工伤或比照工伤处理。对此，郭云梅不服，又向太原市中级人民法院提出申诉，太原市中级人民法院经调查、研究，认为法院一审、二审的判决在认定事实上和适用法规上存在着一些缺陷，对是否适用我部劳办发〔1994〕177号文件提出疑问。据此，我们研究后认为，此案不适用劳办发〔1994〕177号文件，应予重新研究处理，理由如下：根据太原市中级人民法院的有关调查，在处理此案时，应当注意郭云梅在发病前两个月，有连续加班加点工作的具体情节，这在一定程度上影响了郭云梅高血压病的复发。1965年全国总工会劳动保险部（65）险字第760号文件规定：‘职工在正常的工作中，确因患病而造成死亡的，原则上应按非因工死亡处理。但是对于个别特殊情况，例如由于加班加点突击任务（包括开会）而突然发生急病死亡，……可以当作个别特殊问题，予以照顾，比照因工死亡待遇处理。’按照这个文件的精神，郭云梅经抢救造成全残，应按比照工伤待遇处理。”

2.1996年8月12日，劳动部颁布《企业职工工伤保险试行办法》（劳部发〔1996〕266号），这是我国全面实施工伤保险制度的标志。《企业职工工伤保险试行办法》适当吸取上述政策，并进行类型化处理，在第八条第（四）项规定，“在生产工作的时间和区域内，由于不安全因素造成意外伤害的，或者由于工作紧张突发疾病造成死亡或经第一次抢救治疗后全部丧失劳动能力的”；第（八）项规定，“因公外出期间，由于工作原因，遭受交通事故或其他意外事故造成伤害或者失踪的，或因突发疾病造成死亡或者经第一次抢救治疗后全部丧失劳动能力的”，应当认定为工伤。至此，由于工作原因导致的因病死亡由当初的个别特殊照顾政策正式列入部颁规章的认定范围。

第四阶段，在工作时间和工作岗位，突发疾病死亡或者在48小时之内经抢救无效死亡视同工伤。时间为2004年至今，以《工伤保险条例》实施为标志。职工在工作时间和工作岗位，突发疾病死亡均可视同工亡，不再要求与工作具有关联性，但增加了死亡结果在48小时之内的限制条款。

1.2003年4月27日《工伤保险条例》（国务院第375号令）第十五条第（一）项规定：“在工作时间和工作岗位，突发疾病死亡或者在48小时之内经抢救无效死亡的，视同工伤。”

2.《关于实施〈工伤保险条例〉若干问题的意见》（劳社部函

〔2004〕256号）第三条规定："条例第十五条规定'职工在工作时间和工作岗位，突发疾病死亡或者在48小时之内经抢救无效死亡的，视同工伤'。这里'突发疾病'包括各类疾病。'48小时'的起算时间，以医疗机构的初次诊断时间作为突发疾病的起算时间。"

3.2010年12月20日国务院第586号令对《工伤保险条例》进行修订，继续沿用在工作时间和工作岗位，突发疾病死亡或者在48小时之内经抢救无效死亡的视同工伤的规定。

（二）突发疾病条款内容的变化分析

1.前置条件的变化

在第二阶段，对于在工作岗位突发疾病造成伤残亡的情形比照或视同工伤的处理，强调的是突发疾病情形的特殊性，即或者由于加班加点突击任务（包括开会）而突然发生急病死亡；或者正在执行任务中突然发病，但没有条件离开工作岗位进行治疗（如火车、轮船司机等，发病不能进行抢救治疗）而造成死亡；或者患病后有医嘱令其休息治疗，但本人为了工作坚持上班而突然病变造成死亡。这一时期的规定，强调的是非正常工作状态下的突发疾病死亡或伤残，而且还要经过"职工群众讨论，党委同意，才可以作为特殊情况，比照因工死亡处理"，可以说对突发疾病情形比照工伤处理的条件是非常严苛的，只是对个别情况的特殊处理。在工作岗位上突发疾病的职工多数是不能比照工伤的，只能按因病处理。

在第三阶段，即《企业职工工伤保险试行办法》实施时期，将突发疾病情形列入视同工伤范围，但是条款规定的前置条件，不再像前一阶段那么严苛。只是强调两种情况，一是由于工作紧张突发疾病造成死亡或经第一次抢救治疗后全部丧失劳动能力的；二是因公外出期间，因突发疾病造成死亡或者经第一次抢救治疗后全部丧失劳动能力的。从这一时期条款的规定可以看出，对突发疾病有两种情形可以认定，一种前置条件是工作紧张，一种是因公外出，其中只有一种情况提及工作状态必须为工作紧张，对因公外出没有限制。第三阶段开始不再向第二阶段那样强调必须从事超出正常工作状况造成的突发疾病，这是突发疾病类条款在《企业职工工伤保险试行办法》时期的重大变化，原来严苛的限制条件开始松动，从而使条款的认定范围大大放宽。

在第四阶段，即《工伤保险条例》实施时期，突发疾病条款的前置条件进一步放宽，不再限制在非正常工作状态下工作，也不提及工作紧张，只强调工作时间和工作岗位。可以理解为不再问突发疾病的原因，只强调死亡的时间和空间。这一时期的突发疾病条款彻底将工作原因与工作时间、工伤岗位分隔，在该条款认定上，“三工”变成了“二工”。从前置条件看，该条款比第十四条认定工伤的条款还要宽泛。

2. 疾病规定的变化

第二阶段和第三阶段对突发疾病的“疾病”没有规定，在比照工伤处理时不考虑本身是否有基础病，对本人的疾病史是否对突发疾病产生影响的问题也不予考虑。第四阶段对突发疾病死亡是否是基础病的诱因问题，存在很多争议和操作难点。2004 年，劳动和社会保障部下发《关于实施〈工伤保险条例〉若干问题的意见》（劳社部函〔2004〕256号）第三条规定，“条例第十五条规定‘职工在工作时间和工作岗位，突发疾病死亡或者在48小时之内经抢救无效死亡的，视同工伤’。这里‘突发疾病’包括各类疾病”。因此，这一阶段在政策上明确了突发疾病死亡的认定不考虑基础病的因素，也不局限于心脑血管类疾病。

3. 死亡时间限定的变化

第二阶段对突发疾病死亡的认定必须是当场、直接发生的，范围较窄；第三阶段规定，“经第一次抢救治疗后全部丧失劳动能力的”亦可获得工伤保障，范围大大放宽；在第四阶段，由于第三阶段对突发疾病死亡过程的要求放宽为“经第一次抢救治疗后”，造成在实施过程中对第一次抢救治疗的理解不同，产生很多争议，因此，在第四阶段改为“突发疾病死亡或者在48小时之内经抢救无效死亡”。对48小时的规定是从医学的角度进行考虑，医学上通常认为在48小时基本上可以判断一个人是否有抢救价值。实际上第四阶段是对第三阶段“第一次抢救”作了一个限制性规定，可以看出《工伤保险条例》想对突发疾病死亡进行时间上的量化，以减少对“第一次抢救”规定的争议。但是在实施过程中对48小时起始点的把握又存在较多的解读和争议，因此，《关于实施〈工伤保险条例〉若干问题的意见》（劳社部函〔2004〕256号）规定“48小时”以医疗机构初次诊断时间算起。

4. 突发疾病后果的变化

在第二阶段和第四阶段，都要求因突发疾病造成死亡的情形才能比照工伤处理或纳入工伤保险范围，但两者之间也有一些区别。第二阶段要求必须在工作岗位死亡，第四阶段则是可以经过抢救后死亡。从突发疾病后果的规定上看，第二阶段是最严苛的。第三阶段规定是不仅对突发疾病死亡情形进行保障，对全丧失劳动能力的状况也给予保障，所以说，第三阶段对突发疾病的后果规定最为宽泛。实际上《工伤保险条例》对突发疾病情形的后果要求有所收窄，对突发疾病条款后果采取了从严处理的做法。

从以上分析可以看出，第一阶段完全是“闭合式”做法，对在工作岗位突发疾病死亡情形一律不认定（比照）工伤。第二阶段的规定在前置条件、发病治疗过程及结果要求上都十分严苛，可以称之为“窄进窄出”。第三阶段前置条件放宽了，对发病治疗过程的要求放宽了，对后果要求也宽泛了，可视为“宽进宽出”。第四阶段前置条件放得很宽，过程相对收紧，对后果要求只有死亡结果一种情形，实际上为“宽进窄出”，呈喇叭口状。这样的规定方法容易让人产生只要是职工突发疾病死亡都可申请工伤、享受工伤待遇的错觉，但实际上突发疾病情形的认定存在自身的苛刻性，因此形成了职工家属期望与现实结果的落差，也导致职工家属不肯轻易放弃认定工伤的要求。同时，在其他因素的共同影响下，使得突发疾病条款成为工伤认定条款中矛盾冲突最大、最有争议的条款。

表 12—1 所示为突发疾病条款四个阶段的政策规定比较。

表 12—1　　突发疾病条款四个阶段的政策规定比较

阶段	法律政策依据	规定内容	特点
第一阶段	1951 年 2 月 26 日，政务院颁布《劳动保险条例》；1953 年 1 月 26 日，劳动部公布《劳动保险条例实施细则修正草案》	工作时间因病死亡不算工亡	闭合
第二阶段	1965 年 12 月 14 日，全国总工会《关于职工在工作时间工作地点突然发病死亡待遇如何处理问题的复函》（〔65〕险字第 760 号）	职工在正常的工作中，确因患病而造成死亡的，原则上应按非因工死亡处理。但是对于个别特殊情况，例如由于加班加点突击任务（包括开会）而突然发生急病死亡，或正在执行任务中，突然发病但没有条件离开工作岗位去进行治疗（如火车、轮船司机等，发病不能进行抢救治疗）而造成死亡，或者患病后经医师令其休息治疗，但本人为了工作坚持上班，而突然病变造成死亡，以及其他类似上述特殊情况，经职工群众讨论，党委同意，可以当作个别特殊问题，予以照顾，比照因工死亡待遇处理	窄进窄出
第三阶段	1996 年 8 月 12 日，劳动部颁布《企业职工工伤保险试行办法》（劳部发〔1996〕266 号）	在第八条第（四）项规定，在生产工作的时间和区域内，由于不安全因素造成意外伤害的，或者由于工作紧张突发疾病造成死亡或经第一次抢救治疗后全部丧失劳动能力的；第（八）项规定，因公外出期间，由于工作原因，遭受交通事故或其他意外事故造成伤害或者失踪的，或因突发疾病造成死亡或者经第一次抢救治疗后全部丧失劳动能力的，应当认定为工伤	宽进宽出
第四阶段	2003 年 4 月 27 日，国务院颁布《工伤保险条例》（国务院第 375 号令）	第十五条第（一）项规定，在工作时间和工作岗位，突发疾病死亡或者在 48 小时之内经抢救无效死亡的，视同工伤	宽进窄出

二、突发疾病条款的实施情况

（一）工伤认定情况

从对广州、武汉、长沙等10个城市的调查情况看，各地工伤认定基本上都是按照《工伤保险条例》“突发疾病条款”执行的。但由于在操作过程中，遇到的案件不同，具体情况各有差异，加之对条款中各基本要件的理解有所不同，造成各地在实际做法中存在一定差异。

1. 工伤认定条件

各地在执行“突发疾病条款”时，对工伤认定主要把握三个基本条件。

（1）具备“在工作时间和工作岗位”的条件。“在工作时间”是指突发疾病发生在工作时间内。《工伤保险条例》不仅包括上班时间而且将工作时间前后进行的预备性工作及下班后的收尾性工作所占时间都一并视为工作时间。除此，广州等地将职工在正常工作时间之外，经单位合法要求的加班加点或者单位违法延长的时间，只要是在从事本职工作，都认定为工作时间。“在工作岗位”主要是指用人单位能够对从事日常生产经营活动进行有效管理的区域和职工为完成某项特定生产经营活动所涉及的相关区域。北京等一些地区将工作岗位扩展到工作场所，即工作单位生产和管理所覆盖的区域。

（2）具备“48小时内”的条件。“48小时内”指从发病到死亡的时间不超过48小时（含48小时）。“48小时”的起始时间，以医疗机构记录的发病时间或医疗机构的初次抢救时间作为突发疾病的起算时间。“48小时”的截止时间即“死亡时间”，以临床医学证明上的时间为准。河南省人力资源和社会保障厅2012年11月颁布了《关于工伤保险若干问题的意见》（豫人社工伤〔2012〕15号），第七条规定：这里的“48小时之内经抢救无效死亡”，应按“在工作时间、工作岗位突发疾病，从工作岗位上直接前（送）往医院或当场抢救，经抢救无效在48小时之内死亡”把握。

现实生活中，发病时间和医疗机构诊断记录时间有时会存在时间差。对于此种情况，各地做法有所不同，有的地方采取从宽原则，将发病时间和诊断时间连带考虑，即职工在其工作单位内出现发病症状或者有确凿的证据能够证明其是在工作岗位上发病，但离开单位后病情加重导致死亡的，通常会依据该条款予以认定视同工伤死亡；有的地方则以医疗机构的诊断记录为准，对于上述情况不予认定工伤；有的地方是以离开单位不超过48小时死亡为时间认定标准。

（3）具备“死亡”的条件。死亡的判定以医疗机构出具的死亡证明为依据。大多数城市执行的是以“心脏死亡”为死亡标准，不采用“脑死亡”标准。但在个别案例中，有些法院曾以“脑死亡”的医疗证明作为判定依据，例如广州。另外，厦门市劳动和社会保障局曾出台过政策，规定利用呼吸机延续病人生命超过48小时后死亡的，也给予办理工伤认定手续。

2. 工伤认定数量

从全国情况看，2011年符合“突发疾病条款”的工伤认定人数为

5 750 人，2012 年为 6 295 人，2013 年为 7 182 人，2014 年为 7 344 人，2015 年为 8 192 人，与同期的工亡人数相比，占比分别为 25.3%、28.2%、31.1%、31.2%、37.1%，见表 12—2。

表 12—2　2011—2015 年全国工伤保险突发疾病死亡情况

年份	突发疾病死亡（人）	工亡（人）	占比（%）
2011 年	5 750	20 586	25.3
2012 年	6 295	22 313	28.2
2013 年	7 182	23 107	31.1
2014 年	7 344	23 508	31.2
2015 年	8 192	22 060	37.1

从对广州等 10 个城市的调查情况看，突发疾病死亡的原因以心源性猝死居多，且绝大部分无有效抢救条件或发现时已死亡。发病地点多为独居地或不能及时提供医疗救治条件的位置。突发疾病死亡人员的年龄大多集中在 45～55 岁之间。其中，多数是在工作岗位突发疾病，其次是在因工外出期间突发疾病。在有完整数据显示的 7 个城市中（见表 12—3），2011—2014 年各年突发疾病死亡人数占工亡总人数的平均比例超过 35%，占比较大，这种情况应当值得关注。从各年的数据看，2011—2014 年每年突发疾病死亡人数的占比平均值波动不大，在 35%～40%之间，与全国突发疾病死亡情况数值基本吻合，说明突发疾病死亡情形受外界及人为干预因素的影响较小，基本上处于疾病自身发病的概率范围内。表 12—4 所示为 2013—2015 年长沙市市本级突发疾病申报工亡的情况。

表 12—3　　2011—2014 年部分城市工伤保险突发疾病死亡人数与工亡人数比例　　(%)

城市	2011 年	2012 年	2013 年	2014 年
广州	30.2	36.3	38.9	30.6
武汉	33.0	35.0	37.0	34.0
银川	47.8	51.1	22.2	28.3
哈尔滨	71.0	57.0	49.0	50.0
郑州	32.0	41.0	36.0	47.0
长沙	16.0	24.2	33.3	33.8
南宁	40.0	42.0	32.5	42.0
平均值	38.6	40.9	35.6	38.0

表 12—4　　2013—2015 年长沙市市本级突发疾病申报工亡的情况

年份	申报人数	在工作时间和工作岗位，突发疾病死亡或在 48 小时之内经抢救无效死亡的	加班时突发疾病在 48 小时之内经抢救无效死亡的	上班时感到不舒服回家或回宿舍后送医院 48 小时之内经抢救无效死亡的	出差期间或因工外出时突发疾病送医院 48 小时之内经抢救无效死亡的	值班休息时突发疾病送医院 48 小时之内经抢救无效死亡的
2013	21	13	2	1	5	0
2014	35	16	4	4	6	5
2015	49	29	2	8	4	6
合计	105	58	8	13	15	11

3. 突发疾病条款认定的争议点及难点

实际工作中，突发疾病条款常常遇到一些基本要件不齐全、不完整的特殊案例，形成了案例认定的难点和争议点。具体表现在以下情形：

（1）发病情况不完全符合工作时间和工作岗位的前提条件。一种情况是职工上班途中或到达厂区门口“突发疾病死亡”的情形，如打卡前或在单位的通勤车上。例如某市工亡人员郎某，2012年4月17日乘坐单位通勤车上班途中突发疾病死亡，市工伤行政部门认为乘坐通勤车属单位福利性待遇，不属于工作时间、工作地点、工作过程，故不予认定工伤。当事方提起行政诉讼，初审法院支持工伤行政部门的认定，但最终市中级人民法院作出终审判决，驳回不予认定工伤的决定。另一种情况是非工作状态下在工作场所内突发疾病死亡的情形。如下班后在食堂用餐过程中，工作场所洗澡、打球等。长沙市有案例显示，教师王某约学生在教学楼前指导论文，之后又把地点变更为篮球场附近。在等候学生过程中，王某参与打篮球活动。在打球期间，王某突发疾病死亡。法院认为，王某死亡的时间和地点为工作时间和工作岗位，王某突发疾病死亡，符合《工伤保险条例》第十五条第一款（一）项规定的视同工伤情形，应当认定为工伤死亡。对于上述情形案例，在一些城市则不予认定工伤。

（2）死亡情形发生在工作时间和工作岗位之外，工作时间和工作岗位上没有明确发病迹象。例如以下情形：职工在回家途中死亡；职工在回家后死亡；职工因身体不适请假，在未就医情况下死亡；职工在就医回家后死亡等。

（3）工作时间和工作岗位难以判断。一是因工出差人员在出差期间开展与工作无关的个人活动中突发疾病死亡。例如，对因工外出期间“工作时间和工作岗位”的界定存在较多争议。有人认为，因工外出期间从出发至返回期间，均应认定为“工作时间和工作岗位”；也有人认为，因工外出期间也应排除与工作无关的情形。对于此问题，《最高人民法院关于审理工伤保险行政案件若干问题的规定》（法释〔2014〕9号）规定：“职工因工外出期间从事与工作或者受用人单位指派外出学习、开会无关的个人活动受到伤害，社会保险行政部门不认定为工伤的，人民法院应予支持。”二是上下班途中突发疾病死亡的。对于这种情况的争议点在于上下班途中是否属于工作时间的延续。对此工伤保险行政部门和法院存在争议，法院间也存在着不一致的观点。例如有案例显示，黑龙江省哈尔滨市南岗区人民法院对职工李某2014年2月下班途中因心脏病突发猝死情形，人社部门作出的不认定工伤决定予以驳回。而云南省临沧市临翔区人民法院同年对于同种情形人社部门作出的不认定工伤决定予以了支持。三是灵活工作和不定时工作人员如律师、业务员、管理和专业技术人员等在非正常工作时段突发疾病死亡的，对工作时间、工作岗位的认定更为困难。

（4）死因是否与工作相关难以判断。广西壮族自治区南宁市有案例显示，丘某下班后在其单位提供的临时住房内洗澡时突发疾病死亡，后经法医鉴定属于“潜在性疾病突发（如冷热等诱因刺激）引起猝死”。恰巧当日气温较低，其同事证明其在上班时感觉天气很冷，由此单位认为该职工是在上班时因天气冷致其突发疾病，申请视同工伤。对于上述情形，一种观点认为，鉴定结论证明丘某属于潜在性疾病突发（如冷热等诱因刺激）引起猝死，丘某在上班时因天气冷受凉，是导致丘某突发疾病死亡的主要原因，应当认定为视同工伤。但另一种观点认为，虽然鉴定结论证明丘某属于潜在性疾病突发（如冷热等诱因刺激）引起猝死，但没有证据证明丘某在上班时已经出现突发疾病的症状表象，不能推断出丘某在上班时已突发疾病，故不能认定为工伤。本案抛开其他因素，仅就丘某突发的疾病是否与工作相关这一点，就很难判断。

（5）超过“48 小时”，以“脑死亡”证明申请的。尽管目前我国主要是以“心脏死亡”作为死亡的判定标准，但是在突发疾病死亡条款的执行中，依然存在以“心脏死亡”还是以“脑死亡”作为死亡判断标准的分歧和争议。长沙有案例显示，龚某在工作时间和工作岗位突发疾病，送至医院抢救，医生在抢救 48 小时之前出具了“脑死亡”的诊断证明，最终龚某抢救 60 多个小时后“心脏死亡”，医院开具了《居民医学死亡证明》。一审法院采纳了“脑死亡”的标准；二审法院认为死亡应以《居民医学死亡证明》为准，但是该证明有瑕疵，所以采纳了“脑死亡”的诊断证明。但是即使该证明有瑕疵，医院还有《死亡记录》同样可以证明龚某的“心脏死亡”时间，二审法院只采纳对劳动者有利的证据，而不提对劳动者不利的《死亡记录》，直接认定龚某为工亡。

（二）突发疾病死亡情形的待遇支出情况

突发疾病死亡职工享受的工伤保险待遇主要有医疗费、一次性工亡补助金、丧葬费和供养亲属抚恤金四项。由于一些城市社会保险信息系统中没有突发疾病死亡的专项统计指标，对突发疾病死亡待遇支出情况没有单独统计，故无法做全面的数据分析。

从郑州市情况看，2011—2014年突发疾病死亡待遇支出占工亡待遇支出比例各年均超过50%，平均值为58.8%；突发疾病死亡待遇占工伤保险待遇总支出比例各年均超过20%，平均值为24%（见表12—5）。

表12—5　　2011—2014年郑州市工亡待遇支出情况

支出项目	2011年	2012年	2013年	2014年
工伤保险待遇总支出（万元）	8 725	11 368	20 648	18 240
工亡待遇支出（万元）	3 096	4 681	9 694	7 906
突发疾病死亡待遇支出（万元）	1 804	3 381	4 947.49	4 276
占工亡待遇支出比例（%）	58	72	51	54
占工伤保险待遇总支出比例（%）	21	29	23	23

从南宁市情况看，2011—2014年突发疾病死亡待遇支出占工亡待遇支出的比例浮动较大，有20%多的，也有50%多的，平均值为37.5%；突发疾病死亡待遇占工伤保险待遇总支出比例在20%左右，平均值为19.7%（见表12—6）。

表12—6　　2011—2014年南宁市工亡待遇支出情况

支出项目	2011年	2012年	2013年	2014年
工伤保险待遇总支出（万元）	2 195.30	1 954.94	3 539.36	3 647.36
工亡待遇支出（万元）	995	942	2 134	2 445
突发疾病死亡待遇支出（万元）	413.34	499.42	618.34	618.10
占工伤待遇支出比例（%）	41.54	53.02	28.98	25.28
占工伤保险待遇总支出比例（%）	18.83	25.55	17.47	16.95

从长沙市情况看，2011—2014年各年度的数值都大大低于郑州市和南宁市。突发疾病死亡待遇支出占工亡待遇支出比例在20%左右，平均值为22.2%；突发疾病死亡待遇占工伤保险待遇总支出比例在6%左右，平均值为5.7%（见表12—7）。长沙市突发疾病死亡待遇支出占比较低，与工伤保险待遇总支出规模较大有一定的关系。但是，近年来长沙市突发疾病死亡待遇支出金额上涨较快，2011年为243.2万元，2014年为1 417.1万元，2015年上升到3 584.07万元，5年间上涨了近15倍。

表12—7　　2011—2015年长沙市工亡待遇支出情况

支出项目	2011年	2012年	2013年	2014年	2015年
工伤保险待遇总支出（万元）	7 237.8	10 674	15 198.5	20 897	56 461
工亡待遇支出（万元）	1 689.3	3 368.7	3 598.8	5 443.3	12 892.2
突发疾病死亡待遇支出（万元）	243.2	704.5	917	1 417.1	3 584.07
占工亡待遇支出比例	14.40	22.90	25.50	26.00	28.0
占工伤保险待遇总支出比例（%）	3.40	6.60	6.00	6.80	6.30

综合各地数据情况，每年突发疾病死亡待遇支出占工亡待遇支出比例大体为35%～45%，突发疾病死亡待遇支出占工伤保险待遇总支出比例在20%左右。由此可见，突发疾病死亡待遇支出金额较大，对工伤保险基金的支出规模会产生一定影响，应加强对该项待遇支出情况的监控，同时应采取积极预防措施，减少突发疾病死亡情形的发生。

三、突发疾病条款存在的问题

（一）现行政策规定较粗，可操作性不强

现行政策中，围绕突发疾病条款的配套政策较少，目前只有《工伤保险条例》和《关于实施〈工伤保险条例〉若干问题的意见》（劳社部函〔2004〕256号）两个法规性文件。而上述法规文件对于突发疾病条款中的基本要件没有详尽的规范和指导，缺乏可操作性。以“突发疾病”规定为例，按照劳社部函〔2004〕256号文件规定，“突发疾病”包括各类疾病，然而“突发疾病”的症状表象有“轻”和“重”的不同情形。“轻”的症状表象可能只是工作时自身感觉不舒服或旁人发现其“脸色不好”等，未及时送医治疗，正常下班回家后病情突然加重，后经抢救无效死亡。“重”的症状表象则是在工作场所昏迷后，经抢救无效死亡。在工伤认定实践中，对“重”症状表象的“突发疾病”界定容易把握，对“轻”症状表象的“突发疾病”难以界定把握。再如，对于工作时间和工作岗位的条件规定，是需要与工作原因关联考虑，还是只要在工作时间和工作岗位上突发疾病就予以认定工伤，在政策上没有明确规定，致使在实际工作中，同类情形在不同地区出现过截然相反的认定结果。

（二）对突发疾病条款的理解存在差异，出现同类案例不同认定结论

从对突发疾病条款的案例分析看，各地对同类案例的认定结果，存在一定的差异。主要原因为：一是各地工伤保险机构对法律条款的

理解和把握不同。由于突发疾病条款的配套政策较少，各地主要通过对条款的文字表述进行理解和操作。由于对法律条款理解的差异，造成各地认定结果不同。二是工伤保险机构和法院对条款的理解和把握不同。在相关案例中明显看到，一些地方的工伤保险机构与法院对突发疾病条款的理解和把握有较大差异，甚至出现相反的认定结论，造成工作上的被动。

（三）单纯强调“工作时间和工作岗位”，不考虑“工作原因”

在突发疾病条款中没有特别提出必须因“工作原因”。如果仅从条款的字面理解，只需要在工作时间内、工作岗位上突发疾病就可认定为工伤，而不需要考虑是否因工作原因。在实际操作中，法院系统容易做这样的理解和判断。但是从工伤保险制度建立的初衷，从政策规定的历史沿革看，工伤的本意就是因工作原因而受伤，很难割裂工作原因。由于现行政策中没有明确在“突发疾病死亡”条款中是否要考虑“工作原因”的因素，导致对一些案例的认定结论出现较大差异。另外，在实际操作中，许多地方将工作岗位扩大到工作场所或工作区域。在空间扩大的情况下，如果不考虑“工作原因”，该条款的适用范围有扩大化的趋势。

（四）对“48小时”的限定存在争议，认为缺乏人文关怀

《工伤保险条例》第十五条第一款（一）项规定了“48小时”界限，而且在界限内外有巨大的待遇差。这样的政策规定，特殊情形下，给突发疾病职工家属出了一道残酷的选择题，即或者坚持治疗，失去

工伤待遇；或者放弃治疗，保有工伤待遇。而无论如何选择，对职工家属来说都是一种伤害。现实中，确实存在着选择放弃治疗，要工伤待遇的情况，造成了不良的社会影响。另外，对突发疾病经抢救脱离生命危险但留下残疾的情形，却没有任何伤残待遇的规定，也引发了社会质疑，认为“48 小时”的规定“冷血”，缺乏人情味。

（五）用人单位应履行的责任发生扭曲

不同的用人单位对突发疾病条款规定也表现出截然不同的态度。对参保的用人单位而言，由于职工突发疾病工亡，用人单位不需要支付任何工伤待遇，也不算作安全生产事故，因此一般情况下用人单位会积极配合家属按突发疾病死亡情形申报工伤，甚至有编造事实、出具虚假证明的情况发生。但若用人单位没有参保，要承担所有的经济补偿责任，一些用人单位则想尽办法推脱责任。例如，有的用人单位与医院协商，将患者死亡时间拖过“48 小时”；有的用人单位以事实不清、理由不充分、条款不合理为由，执意走法律程序，导致工亡职工家属和用人单位严重对立。尽管参保或未参保的用人单位表现出的态度不同、目的不同，但是都不同程度地干扰着对突发疾病死亡情形的工伤认定工作。

四、进一步完善突发疾病条款的建议

（一）完善突发疾病条款的思路

基于政策延续性的考虑，也考虑到目前因社会生活节奏快、工作压力大等因素，造成因工作任务重、工作紧张等导致突发疾病死亡的情形确实存在，在没有新的保障措施替代的情况下，当前一段时期不宜对“突发疾病条款”采取简单删除的做法，建议继续保留该条款，但需要做一定的调整，对条款规定进行完善。

调整思路是，明确突发疾病条款是对职工因为工作原因导致在工作时间、工作岗位突发疾病死亡情形的保障。突发疾病原因应和工作任务及工作压力有较强的关联性，死亡的时间和空间要求要有严格的限定。

（二）遵循的基本原则

1. 坚持工伤保险保职业伤害的原则

工伤保险制度的定位是对职工职业伤害的保障，从工伤认定、到劳动能力鉴定、到待遇给付都是以劳动关系、丧失劳动能力程度及工资水平作为参照标准。突发疾病死亡情形应该在职业伤害范畴内进行工伤判断，不应自行扩大范围，更不可伤、病不分，以病入伤，这样会造成制度规则的混乱，影响制度的公平性。

2. 坚持以“三工”原则作为判定标准

工伤保险的认定标准是“三工”原则，即工作原因、工作时间和工作岗位，三者缺一不可，不能分割。在突发疾病条款中不应仅强调工作时间和工作岗位，还要强调与工作原因的关联性。

3. 坚持保伤亡不保病亡的原则

从突发疾病条款的产生背景看，对在工作岗位突发疾病情形是有特指的，是针对因工作原因造成突发疾病死亡的情形，只有这种情形才是工伤保险的保障范畴，才符合“三工”原则。对于在工作岗位因个人基础病原因发病应属于疾病范畴，可在医疗保险中解决。

（三）政策建议

1. 制定“突发疾病条款”的配套政策，提高可操作性，减少认定差异化结果

（1）细化突发疾病条款，减少执行中的争议。进一步明确和细化突发疾病条款的内涵和外延，增加对条款内容理解和把握的一致性，避免出现实际操作中范围缩小化和扩大化情况。

（2）完善“48小时”规定，增加可操作性。明确和细化“48小时”的规定，特别是对突发—抢救—死亡情形的各个环节认定依据、证明材料、出具证明单位资质等进行明确，以增加可操作性，减少工伤认定结论的差异化。同时，在不违背法律规定的基础上作出较为宽泛的规定，比如规定：经抢救后依赖呼吸机等辅助设备维持生命的，不受“48小时”的限制，以利于对职工生命的保护。

（3）在突发疾病条款的认定中考虑工作原因因素。明确突发疾病条款与工作原因的关联性，排除在工作时间和工作岗位的非工作原因（生理上必要需求不包括在内）的突发疾病情形，以充分体现工伤保险制度的初衷和立法本意，保障因工作原因伤残和死亡的职工。

2. 建立突发疾病梯级待遇标准，避免待遇悬殊造成逆选择

为解决突发疾病条款引起的“不死不算工伤”，不能享受工伤待遇

的问题，建议进一步完善工伤保险待遇体系，增加突发疾病死亡情形经抢救脱离危险后的伤残评级及待遇保障。突发疾病情形的职工在病情稳定后，应进行劳动能力鉴定，根据鉴定等级享受相应的工伤待遇。如果劳动能力鉴定标准中，没有相应的病种标准，可根据肢体伤残情况对应相应的伤残标准。

3. 加强部门间合作，建立联席会议机制

借鉴部分地市，如哈尔滨市的经验，集思广益，发挥各部门的优势资源，提高工伤认定的准确性，建议各地建立调查取证联动机制及工伤认定联席会议制度，对工伤认定中的重大、疑难案件在事故调查、责任划分、办理程序、法律适用、医疗诊断等方面充分听取各方面及相关专家的意见和建议，做到工伤认定事实清楚、适用法律法规正确、程序合法。

4. 加强劳动保护，提高对突发疾病情形的预防意识

提高职工对心脑血管及慢性病的自我防控意识，做到早诊断、早治疗，并遵照医嘱及时休息。用人单位要定期对职工进行体检，对病情不适合现有岗位的职工应及时调整工作岗位。各地工伤保险部门要督促企业做好职工体检工作。

（四）条款修订建议

针对突发疾病条款的修改完善，通常会考虑以下几种方法：一种是封闭型做法。仿照第一阶段的做法，不考虑在工作岗位突发疾病死亡的情形，取消现有的突发疾病条款。但是，从制度发展延续性和社

会需求的角度讲，在没有新的替代办法的前提下，简单删除的做法不是一个好的选择。二是收紧型做法。即把喇叭口收缩，增加突发疾病认定的限制条件。三是放宽型做法，即把喇叭口的尾部打开，让各种类型的突发疾病死亡情形都可享受到工伤待遇。但是，放宽对突发疾病情形的认定虽然可以减少一些矛盾和争议，但势必会造成制度新的不公平，使真正在“三工”原则下发生工伤的职工形成心理落差，也会使该条款单项地向意外伤害保障方向发展，造成制度内部运行的混乱。基于上述分析，建议采取以下具体修订方法：

修订建议一：参照江苏省的做法，对死亡过程进行限定。2016 年 10 月，江苏省人力资源和社会保障厅印发了《关于实施〈工伤保险条例〉若干问题的处理意见》，第十一条对突发疾病条款进行了规定，具体为：“《条例》第十五条规定的‘在工作时间和工作岗位，突发疾病死亡或者在 48 小时之内经抢救无效死亡’，是指职工在工作时间和工作岗位上突发疾病于工作场所内死亡或者从工作场所直接送医抢救无效死亡。‘48 小时’的起算时间，以医疗机构的初次诊断时间记录作准”。江苏省的规定对死亡的过程进行了明确，实际上也是对突发疾病条款在实际操作中的复杂情形进行了简单化处理。例如，将身体不适回家休息后送医不治、在上下班路上发病送医不治等情况予以排除，更加清晰地明确了突发疾病条款是对职工因为工作原因致病导致死亡的保障。这种规定可有效地减少对突发疾病条款的争议和诉讼，降低了工伤认定难度，也是突发疾病条款最平稳的一种修订方法。

修订建议二：借鉴国外做法，将死亡结果与工作原因进行关联。

具体为：因工作原因，在工作时间和工作岗位，突发疾病死亡或者在48小时之内经抢救无效死亡。其逻辑链条为：因工作原因造成过度劳累，导致疾病突发或导致基础病显著恶化，最终导致死亡。这种表述更加符合工伤保险的立法初衷，对于真正因工作原因导致死亡的职工及家属给予保障。但是，这种修订方法对工作原因的判断是个难点，《企业职工工伤保险试行办法》实施时期就曾遇到过这个问题。日本对工作中过度劳累的判断是以加班工作的长短作为判断标准，但是在我国，对加班时间证明的真实性难以保证，如操作不好，反而成为政策的漏洞，导致道德风险的产生。

修订建议三：对现行工伤认定情形的结构进行整体调整。这是一个大的调整做法，将现行政策规定的工伤认定情形，包括认定工伤和视同工伤，进行重新划分，分为与“三工”情形直接关联和间接关联两大情形。符合“三工”原则的职业伤害情形纳入基本工伤保险制度，与职业伤害有间接关联的纳入附加保险保障范围，形成“基本保险＋附加保险”的工伤保险架构。将上下班途中交通事故伤害、突发疾病死亡、参加单位组织活动（如运动会、文娱活动、团队建设）等都纳入附加保险的保障范围。

参考文献

［1］劳动和社会保障部工伤保险司，社会保障研究所. 工伤预防理论与实践［M］. 北京：中国劳动社会保障出版社，2006

［2］孙树菡. 工伤保险［M］. 北京：中国劳动社会保障出版社，2007

［3］郭晓宏. 日本劳动安全管理与工伤保险体制研究［M］. 北京：中国劳动社会保障出版社，2010

［4］冯英，康蕊. 外国的工伤保险［M］. 北京：中国社会科学出版社，2009

［5］郭晓宏. 中国工伤保险制度研究［M］. 北京：首都经济贸易大学出版社，2010

［6］余飞跃. 工伤保险预防制度研究——目标、机制与条件［M］. 北京：光明日报出版社，2011

［7］郑尚元. 工伤保险法律制度研究［M］. 北京：北京大学出版社，2004

［8］曾宪树. 处理工伤保险待遇的政策［J］. 北京：劳动保护杂志，1999 年第 11 期

[9] 许建宇. 工伤保险立法完善刍议 [J]. 北京：工会理论与实践，2002 年第 10 期

[10] 吕琳. 工伤保险与民事赔偿适用关系研究 [J]. 北京：法商研究，2003 年第 3 期

[11] 国务院研究室课题组. 中国农民工调研报告 [M]. 北京：中国言实出版社，2006

[12] 陈诗达. 农民工问题研究 [M]. 北京：中国劳动社会保障出版社，2007

[13] 乔庆梅. 中国职业风险与工伤保障——演变与转型 [M]. 北京：商务印书馆，2010

[14] 黄乐平，叶明欣. 职业病法律制度研究 [M]. 北京：法律出版社，2013

[15] 于欣华. 工伤保险法论 [M]. 北京：中国民主法制出版社，2011

[16] 刘波. 当代英国社会保障制度的系统分析与理论思考 [M]. 上海：学林出版社，2006

[17] 国际劳工局. 职业病的鉴别和认定 [M]. 北京：中国科学技术出版社，2012

[18] 赵永生. 日本国民皆保险研究 [M]. 北京：中国劳动社会保障出版社，2013

[19] 郭捷. 劳动法与社会保障法 [M]. 北京：法律出版社，2011

[20] 栾居沪. 工伤保险理论与案例评析 [M]. 山东：山东大学出

版社，2011

[21] 向春华，张军. 典型工伤保险案例解析 [M]. 北京：中国劳动社会保障出版社，2017

[22] 于欣华. 亚洲国家工伤保障法概要 [M]. 陕西：西北大学出版社，2014

[23] 劳动和社会保障部社会保险研究所组织翻译. 贝弗里奇报告——社会保险和相关服务 [M]. 北京：中国劳动社会保障出版社，2004